그린 소프트웨어

Building Green Software

by Anne Currie, Sarah Hsu, and Sara Bergman

© 2025 J-Pub Co., Ltd

Authorized Korean translation of the English edition of Building Green Software,
ISBN 9781098150624 © 2024 Working Program Ltd., The Writer's House LTD, and
Sara Bergman AS.
This translation is published and sold by permission of O'Reilly Media, Inc.,
which owns or controls all rights to publish and sell the same.

그린 소프트웨어

1판 1쇄 발행 2025년 4월 5일

지은이 앤 커리, 세라 수, 사라 베리만
옮긴이 차건회
펴낸이 장성두
펴낸곳 주식회사 제이펍

출판신고 2009년 11월 10일 제406-2009-000087호
주소 경기도 파주시 회동길 159 3층 / **전화** 070-8201-9010 / **팩스** 02-6280-0405
홈페이지 www.jpub.kr / **투고** submit@jpub.kr / **독자문의** help@jpub.kr / **교재문의** textbook@jpub.kr

소통기획부 김정준, 이상복, 안수정, 박재인, 송영화, 김은미, 나준섭, 배인혜, 권유라
소통지원부 민지환, 이승환, 김정미, 서세원 / **디자인부** 이민숙, 최병찬

진행 송영화 / **교정·교열** 김은미 / **내지디자인** 이민숙 / **내지 편집** 최병찬
용지 타라유통 / **인쇄** 해외정판사 / **제본** 일진제책사

ISBN 979-11-94587-02-6 (93000)
책값은 뒤표지에 있습니다.

제이펍은 여러분의 아이디어와 원고를 기다리고 있습니다. 책으로 펴내고자 하는 아이디어나 원고가 있는 분께서는
책의 간단한 개요와 차례, 구성과 지은이/옮긴이 약력 등을 메일(submit@jpub.kr)로 보내주세요.

그린 소프트웨어
Building Green Software
A Sustainable Approach
to Software Development
and Operations

앤 커리, 세라 수, 사라 베리만 지음
차건회 옮김

Jpub
제이펍

CHAPTER 1 친환경 소프트웨어 소개   1

CHAPTER 2 구성 요소   20

이 머리말을 쓰고 있는 지금, 제가 살고 있는 LA 지역은 대규모 산불로 인해 큰 어려움을 겪고 있습니다. 뉴스에서는 이러한 산불의 근본 원인이 기후변화에 있다고 분석합니다. 전 세계가 기후변화로 인한 자연재해로 몸살을 앓고 있는 상황에서, 과학자들은 지구의 평균기온이 산업화 이전 대비 1.5℃ 이상 상승하면 돌이킬 수 없는 기후변화의 임계점에 도달할 것이라고 경고하고 있습니다.

솔직히 말하자면 이전에는 이러한 경고에 크게 공감하지 못했습니다. 각국의 정부나 국제기구가 알아서 해결하겠지 하는 막연한 기대와 더불어, 전기를 아끼거나 가솔린차 대신 전기차를 타는 정도면 현시대를 살아가는 지구인으로서의 책무는 충분히 다하는 것이라고 생각했기 때문입니다.

단 한 번도 제가 작성하는 코드나 팀이 운영하는 시스템, 소프트웨어 서비스가 지구의 기후변화와 어떤 연관이 있을지 고민해본 적이 없었습니다. 오히려 소프트웨어 관련 종사자는 이러한 기후 문제와는 직접적인 관련이 없다고 생각했고, 그로 인해 기여할 여지도 크지 않다고 아쉬워하기도 했습니다. 예를 들어, 데이터 센터의 서버를 구매할 때 가격이 저렴하면 전력 소비량 같은 환경적 요인은 꼼꼼히 따져보지 않고 구매하면서 말입니다.

이 책은 그런 저에게 신선한 충격을 안겨주었습니다. 우선 소프트웨어 업계 종사자, 나아가 IT 업계 종사들도 기후변화에 대응할 책임이 있으며, 그 책임이 단지 상징적이거나 추상적인 차원이 아니라는 점을 일깨워주었기 때문입니다. 코드 한 줄부터 스마트폰 하드웨어까지 우리가 다루는 모든 것이 친환경에 기여할 수 있고, 기여해야 한다는 메시지는 강렬했습니다.

책에서는 IT 업계 종사자가 기여할 수 있는 부분을 다각도로 심도 있게 분석하며, 현재의 업계 트렌드를 반영한 시의적절한 예시들을 제공합니다. 예컨대 머신러닝에서 데이터 전처리나 클라우드의 서버리스 서비스가 친환경에 왜 중요한지 구체적으로 설명합니다. 우리가 흔히 고민하는 성능, 알고리즘, 효율성 같은 엔지니어링 요소들이 사실 친환경에도 긍정적인 영향을 줄 수 있다는 점을 깨달았습니다. 물론 예외도 있습니다. 지나치게 세분화된 마이크로서비스나 고가용성을 위해 과도하게 복제된 데이터는 친환경 관점에서 부정적인 영향을 미칠 수 있습니다.

저 자신을 포함한 IT 업계 종사자들은 때로 관성적인 사고방식에 갇혀 있기도 합니다. 처리 속도, 생산성, 비용 절감을 우선시하며, 다른 요인들을 후순위로 미뤄두는 경우가 많습니다. 하지만 이 책은 우리가 당연시해온 관행이나 원칙이 환경에 어떤 영향을 미치는지, 나아가 우리의 작업이 지구를 지속 가능하게 만드는 데 어떤 역할을 할 수 있는지 생각할 거리를 던져줍니다.

이 책이 독자 여러분에게도 새로운 관점과 통찰을 제공하길 바랍니다.

차건회

허먼 멜빌의 《모비딕》은 기름을 얻기 위해 향유고래와 목숨을 걸고 사투를 벌이는 사람들의 이야기를 담고 있습니다. 하지만 오늘날, 고래를 잡아 기름을 얻겠다는 발상은 상상조차 하기 어렵습니다. 마찬가지로 전기를 얻기 위해 막대한 탄소를 뿜어내는 우리의 모습을 미래의 사람들이 본다면 한숨을 내쉴지 모를 일입니다.

최근 딥시크로 인해 효율적인 인공지능 개발에 대한 논의가 뜨거워지고 있습니다. 때마침 친환경 소프트웨어에 대한 내용을 다루는 책이 나왔습니다.

이 책은 코드, 운영, 하드웨어, 네트워크, 인공지능 등 다양한 분야에서 우리가 배우고 실천해야 할 지침을 명확하게 제시합니다. 생김새로 사람을 판단하지 않도록 다문화 교육을 받는 것처럼, 결과물만 보고 모든 것을 평가하지 않기 위해 IT 분야에 몸담고 있다면 누구나 이제는 탄소 인식을 갖추어야 합니다. 그렇지 않으면 모비딕의 에이허브 선장처럼 한쪽 다리를 잃고도 복수에 눈이 멀어 결국 모든 것을 잃어버리는 상황에 처할지도 모르니까요.

박해선, Microsoft AI MVP, 《혼자 공부하는 머신러닝+딥러닝》 저자이 책은 개발자의 관점에서 환경을 고민할 계기를 만들어준 책입니다. 우리가 만드는 소프트웨어가 환경에 미치는 영향을 이해하고, 지속 가능한 방식으로 개발하려면 어떻게 해야 할지 깊이 생각하게 만듭니다.

책을 읽으며 개발 과정에서 고려해야 할 새로운 영역을 인지하게 되었고, 지속 가능한 소프트웨어 개발에 대해 고민하게 되었습니다. 특히 탄소 배출량을 줄이는 다양한 방법을 다룬 부분이 인상적이었으며, 적용할 수 있는 부분부터 실천해나가기를 추천합니다.

자연환경은 우리의 삶과 떨어질 수 없는 부분이라 많은 개발자께서 이 책을 읽고 환경을 고려한 개발에 대해 함께 고민해보셨으면 합니다.

변성윤, 카일스쿨

책을 받아 들고 가장 먼저 떠오른 질문은 '당장 우리가 할 수 있는 일은 무엇일까?'였습니다. 다행히 이 책은 그린 소프트웨어의 개념과 필요성은 물론, 이를 실천할 수 있는 친환경 IT 전략과 구체적인 방법까지 상세하게 안내합니다. 덕분에 '친환경'과 '지속 가능성'이 거대 IT 기업이나 미래 세대만의 문제가 아니라, 지금 우리 모두가 고려해야 할 현실적인 이슈임을 깨달았습니다.

실제로 작은 기업들도 AWS, 구글, 마이크로소프트 등이 제공하는 친환경 클라우드 서비스와 다양한 오픈소스 도구를 활용해 당장의 운영 비용을 절감하고 비즈니스 경쟁력을 높일 수 있습니다. 게다가 많은 정부 지원 사업과 벤처캐피털에서도 그린 소프트웨어 도입 기업에 가산점을 부여하는 등 실질적인 지원이 이루어지고 있습니다.

머지않아 기업들은 탄소 배출 규제와 친환경 기술 도입 요구에 직면할 것입니다. 글로벌 IT 대기업들은 이미 2030년까지 탄소 중립을 목표로 삼고, 친환경 데이터 센터 구축과 소프트웨어 최적화를 핵심 전략으로 채택했습니다. 우리나라에서도 SK그룹을 비롯한 여러 기업이 이러한 변화에 발맞추고 있습니다.

이 책은 IT 리더와 실무 엔지니어들이 함께 읽고 논의해야 할 중요한 화두를 던져줍니다. '그린 소프트웨어'가 낯선 모든 엔지니어에게 이 책을 권해드립니다.

이복연(개앞맵시), 《구글 엔지니어는 이렇게 일한다》 역자

로봇 소프트웨어 개발자인 저에게 '친환경 소프트웨어' 또는 '그린 소프트웨어'는 낯선 개념이었습니다. 하지만 이 책을 읽고 나서, 그린 소프트웨어가 단순히 지구를 위한 착한 일이 아니라 '제품의 경쟁력'이라는 사실을 깨달았습니다.

효율성을 높이고 낭비를 줄이는 것은 성능 향상과 직결되며, 이는 곧 지속 가능한 개발 환경을 만드는 길이기도 합니다. '친환경'이라는 단어를 익숙하게 들어왔지만, 이를 소프트웨어 개발에 어떻게 적용할 수 있을지 궁금했던 분들이라면 이 책을 꼭 읽어보시길 바랍니다.

그린 소프트웨어는 특정 분야의 개발자들만 고민해야 하는 문제가 아닙니다. 이 책은 누구나 한 번쯤 고민해야 할 문제를 쉽고 명확하게 풀어냈습니다. 그린 소프트웨어 개발에 첫발을 내딛고 싶은 모든 개발자에게 이 책을 추천합니다.

표윤석, 로보티즈 이사

김효진(에스지코드랩)

친환경 프로그래밍이라는 개념은 처음 접해보는 것이었고, 이를 어떻게 실현할 수 있을지 막연하기만 했습니다. 그러나 《그린 소프트웨어》를 읽고 나니, 그 방법과 핵심 요소가 명확해졌습니다. 이 책은 단순히 개념을 이해하는 데 그치지 않고, 이를 실천해야 할 당위성과 팀이나 회사를 효과적으로 설득할 수 있는 논리적 근거와 전략까지 제시합니다.

문주영(프런트엔드 개발자)

'그린 소프트웨어'라는 개념을 명확하게 이해할 수 있는 최고의 도서입니다. 소프트웨어 개발을 하면서 쉽게 접하지 못했던 개념을 이 책을 통해 알게 되었습니다. 소프트웨어 개발이 환경과 얼마나 밀접한 관련이 있는지, 그리고 개발을 통해 환경 보호에 기여할 수 있다는 점이 무척 흥미로웠습니다. 또한, 비용 절감과 성능 최적화분만 아니라 환경 보호라는 개발 관점도 함께 고려해야 한다는 점을 새롭게 깨닫게 되었습니다.

윤병조(소프트웨어 개발자)

지구온난화로 인한 기후변화로 인해 세계 곳곳에서 기후 재난을 겪고 있습니다. 탄소 배출을 줄여 온난화를 늦추는 것이 전 세계적인 과제가 된 지금, 소프트웨어 개발 분야에서는 어떤 방식으로 동참할 수 있을까요? 이 책은 바로 그 답을 알려줍니다. 코드 한 줄 없이도 개발자에게 깊은 통찰을 던지는 이 책을 꼭 한번 읽어보시길 추천합니다.

 **임승민(CSLEE)**

이 책은 '소프트웨어의 탄소 배출량을 어떻게 측정할 수 있을까?'라는 질문에서 출발해 '친환경 소프트웨어'의 필요성을 명확히 설명합니다. 탄소 배출을 인식하고, 운영 효율성과 코드 효율성을 극대화하면서도 현대적인 요구사항을 충족하는 그린 소프트웨어의 개념을 다룹니다. 특히 친환경 소프트웨어 성숙도 매트릭스를 통해 탄소 배출을 최소화하는 기술을 단계적으로 구축하는 방법을 제시합니다. 지속 가능한 소프트웨어 개발을 고민하는 모든 분께 이 책을 추천합니다.

 **최아름(티오더)**

'친환경 소프트웨어 성숙도 매트릭스'가 특히 인상적이었습니다. 이 매트릭스는 각 단계별 기준과 주요 활동을 구체적으로 설명하며, 현재 조직이나 개인이 어디에 있는지 평가하고 다음 단계로 나아갈 방향을 제시합니다. 책에서 소개하는 방법론이 최근 주목받는 핀옵스FinOps 기술과 유사하다고 느꼈습니다. 단순히 재무적 효율성을 넘어, 환경 보호까지 확장될 수 있는 중요한 기술적 접근법이라는 점이 인상 깊었습니다.

이 책에 보내는 찬사 _____

소프트웨어 시스템의 지속 가능성을 높이기 위한 실제적인 방안을 중점적으로 다루는 이 책은 기후변화 위기에 직면해 소프트웨어 전문가들이 할 수 있는 역할이 무엇인지 궁금한 사람들에게 훌륭한 길라잡이다.

— 샘 뉴먼Sam Newman, 《마이크로서비스 아키텍처 구축》 저자

친환경 소프트웨어는 에너지 전환에서 필수적인 역할을 하며 이 책은 이에 대한 완벽한 개론서다.

— 아심 후세인Asim Hussain, 그린 소프트웨어 재단 이사

이 분야의 전문가들이 집필한, 우리 업계가 기다려온 책!

— 홀리 커민스Holly Cummins, 레드햇 수석책임연구원

적합한 용어는 '기후 비상사태, 위기 또는 붕괴'다.

—가디언

변화는 어렵습니다. 전 세계적으로 이상기후 현상이 나타나면서 산호초부터 인간에 이르기까지 모든 생물의 서식지와 생태계가 파괴되고 난민과 전쟁이 끊이지 않고 있습니다. 그럼에도 불구하고 화석연료를 기반으로 하는 세계경제의 현 상태를 유지하려는 이해관계, 투자, 법률, 규제, '모범 사례'가 존재합니다. 한 개인으로서 우리는 지속 가능한 미래를 위한 윤리적 행동을 실천할 수 있습니다. 투표할 수 있고, 일할 곳을 선택할 수 있습니다. 친환경 제품만 구매하거나 특정 제품의 불매 운동에 동참할 수 있습니다. 투자 포트폴리오를 재조정할 수 있으며, 더 나은 법률과 규제를 위해 목소리를 높일 수 있습니다. 소프트웨어 개발자로서 우리는 한 발 더 나아가 친환경 소프트웨어를 구축하기 위한 새로운 모범 사례를 개발하고 구현해야 합니다. 이 책에서는 바로 이러한 부분에 관한 내용을 다룹니다.

비즈니스 세계는 세 가지 범주로 나뉩니다. 첫 번째는 화석연료를 판매하며 기후 위기를 유발하고 변화에 저항하면서 수익을 올리는 기업입니다. 두 번째는 풍력발전소나 열펌프heat pump와 같은 새로운 미래를 구축함으로써 변화를 통해 수익을 얻는 기업입니다. 세 번째는 가장 큰 범주로, 기후 위기와 직접적으로 관련 있지는 않지만 해당 비즈니스에서 살아남고 성장하려는 기업입니다. 왜 이들 기업은 친환경을 지향하는 목표를 설정하고, 친환경을 지향하는 자원에 투자하며, 친환경을 지향하는 직원을 지원하는 것일까요? 모든 방향에서 압박해오고 점점 강해지는 것이 작금의 현실입니다. 위에서는 규제 기관과 투자자로부터, 아래로부터는 직원들에게서 압박이 들어옵니다. 고객과 공급 업체로부터 가해지는 횡적인 압력도 있습니다. 각국의 정부와 규제 기관은 재무 보고서와 함께 감사를 받은 탄소 배출 보고서를 요구하는 단계에 이르렀습니다. 또한 기후 위기로 인한 환경적 리스크와 시장 리스크를 투자자에게 공개해야 하는 기후 리스크 평가를 최소 규모 이상의 기업에게 요구하는 초기 단계에 있습니다. 예를 들어 '마이애미 비치 스파크 플러그 회사'라면 생산 시설이 자주 홍수에 휩쓸려 보험에 가입할 수 없는 점, 더 빈번해진 홍수, 폭염과 허리케인으로 인해 직원들이 출근을 못 할 때가 늘어나고 있는 점, 그리고 고객들이 전기차의 부품을 구매하는 쪽으로 전환하고 있는 점을 공개해야 합니다. 이는 모든 비즈니스의 지속 가능성과 관련된 감사 및 리스크 주제에 대한 이사회 수준의 관심으로 이어집니다. 직원들로부터 오는 압박도 간과해서는 안 됩니다. 특히 젊은 세대와 자녀를 둔 사람들은 지속 가능한 미래에 강한 관심을 가지고 있으며, 그들이 어디에서 일하고 무엇을 하고 싶은지 선택하는 것을 통해 제 의견을 표출합니다. 고객과 공급 업체들도 마찬가지입니다. 공급망은 구매하는 모든 제품과 관련된 탄소 데이터를 수집하고, 판매하는 모든 제품과 관련된 탄소 데이터를 요구하고 있습니다. 이런 사항은 정부 규제로 인해 의무화되고 있는데, 예를 들어 유럽연합에 제품을 판매하려면 국경 간 탄소세를 내야 합니다. 비즈니스 우선순위와 목표를 설정할 때 이러한 변화를 고려해야 합니다. 변화하는 환경에 맞서거나 저항하는 기업은 실패할 가능성이 큽니다.

우리는 우리가 구축하는 소프트웨어의 영향을 줄이는 방법을 고려해야 하지만, 동시에 앞으로의 전망도 가지고 있어야 합니다. 대부분의 경우, 기업의 탄소 발자국carbon footprint은 물리적 비즈니스 프로세스, 건물, 직원 활동이 결정적 요인입니다. 이런 상황이라면 소프트웨어를 사용해 물리적 프로세스를 최적화하고 탄소를 제거할 수 있는 기회를 엿봐야 합니다. 순수한 디지털 비즈니스, 예를 들어 온라인 은행이나 소프트웨어

서비스 제공 업체와 같은 경우에는 컴퓨팅 자원만이 탄소 발자국의 결정적 요인입니다. 어느 경우건, 즉 탄소 집약적인 물리적 프로세스를 최적화하기 위한 소프트웨어를 구축하든, 아니면 서비스 운영에 필요한 코드를 최적화하든 간에, 소프트웨어가 어떻게 에너지 사용, 제조 공급망, 탄소로 이어지는지에 대한 이해가 우리 머릿속에서 명확하게 이루어져야 합니다. 그러고 나면 여러분의 회사가 소프트웨어를 구축하고 운영하는 방식을 변화시켜 탄소 발자국을 최적화하고 줄이는 방법에 대해 조언해야 합니다. 바로 이 부분에서 이 책이 진가를 발휘합니다. 이 책에는 여러 해 동안 그린 소프트웨어 재단과 함께 일해온 실무자와 많은 회원이 기여한 폭넓고 깊이 있는 풍부한 경험이 녹아 있습니다. 또한 저자들의 의견을 뚜렷하고 재미난 방식으로 담아내어 친환경 소프트웨어의 구축과 운영의 모든 측면에 대한 실용적이고 유용한 조언으로 가득 차 있습니다.

캘리포니아 살리나스Salinas, 2024년 2월
에이드리언 콕크로프트Adrian Cockcroft, OrionX.net 파트너

녹색으로 산다는 게 쉽지 않아.

—커밋 더 프로그Kermit the Frog[1]

기후변화는 현실이다. 2022년의 기후변화에 관한 정부 간 협의체Intergovernmental Panel on Climate Change, IPCC 보고서를 보면 확실하게 알 수 있다. 전 세계가 대응에 나서고 있으며, 기업들 또한 에너지 전환에 동참하지 않으면 뒤처질 것으로 보인다. 하지만 안타깝게도 우리 시대의 어느 현명한 문화 아이콘이 위에서 지적했듯이, 지속 가능한 지구를 위해 필요한 변화를 이루어내기란 결코 쉽지 않다. 다행히도 대부분의 공공 클라우드 제공 업체가 이미 넷제로net-zero 운영을 약속했다(이 약속이 지켜지도록 해야 한다). 우리 업계의 다른 지속 가능성 선도 기업뿐만 아니라 이들을 보고 배우고 따라 할 수 있다. 사실 우리가 필요로 하는 도구 중 일부는 이미 오픈소스로 제공되거나 상업적으로 이용할 수 있다.

이는 다행스러운 일이다. 왜냐하면 고객, 인프라 제공 업체, 치솟는 비용, 조만간 시행 예정인 법규 때문에 우리 역시 곧 강력한 탄소 목표를 설정하고 달성해야 하기 때문이

---

1 [옮긴이] 커밋 더 프로그는 1955년 짐 헨슨(Jim Henson)의 인형극 캐릭터로, <세서미 스트리트(Sesame Street)>와 <The Muppet Show(머펫 쇼)>에서도 등장하는데 'It's not easy being green(녹색으로 산다는 게 쉽지 않아)'이라는 대사로 유명하다.

다. 그렇다면 이 지구를 구하고 기업이 살아남기 위해 소프트웨어 개발과 운영은 어떻게 변화해야 할까?

이 책은 이 질문에 답하는 데 목적이 있다. 이 책에서 재생 가능 에너지원에 대응하여 국가 전력망이 어떻게 진화해야 하는지, 그 변화가 운영에 어떤 영향을 미칠지, 그리고 에너지 전환이 개발자들의 일상에 어떤 변화를 가져올지에 대해 개괄적으로 살펴본다. 이 책에 포함된 많은 인용문은 주로 하이퍼스케일러hyperscaler, 즉 대규모 클라우드 업체에서 일했던 사람들이 언급한 것이다. 그렇다고 해서 이들이 반항적인 내부 고발자인 것은 아니다. 단지 비대한 PR 조직의 규칙에 더 이상 매어 있지 않은 자유로운 개인으로서 의견을 제안할 뿐이다. 신입 개발자부터 오랜 경험을 가진 CTO에 이르기까지 모든 사람이 다가오는 세상을 형성하는 데 중요한 역할을 하므로 여과되지 않은 의견을 듣는 것은 유익하다.

어떻게 하면 더 친환경적인 방식으로 비용이 저렴하면서도 위험성이 낮은 코드를 구축하고, 호스팅하고, 운영할 수 있을까?

누가 이 책을 읽어야 하는가?

누구나 이 책을 읽을 수 있다. 우리가 가정하는 독자의 층은 매우 광범위하며 다음과 같다.

- 조직의 지속 가능성 이니셔티브에 기여해야 하는 개발자로서, 이 주제에 대한 기초 지식을 얻고자 하는 사람
- AWS의 지속 가능성 아키텍처 원칙을 잘 이해하고 따르기를 원하는 아키텍트
- 새로운 기능을 설계하면서 그 기능을 최대한 친환경적이고 비용 효율적으로 운영하고자 하는 제품 관리자
- 기존 애플리케이션의 탄소 영향을 줄이거나 비용 절감을 요구받고 아이디어가 필요한 데브옵스DevOps 또는 사이트 신뢰성 엔지니어링site reliability engineering, SRE

물론 위에서 소개한 것과 전혀 상관없는 사람이 이 책을 읽어도 무방하다. 어떤 역할을 맡고 있든 여러분은 기후 해결의 선도자로 중요한 역할을 할 수 있다.

이 책을 다 읽고 나면 여러분은 다음 사항을 더 잘 이해하게 될 것이다.

- 지속 가능한, 즉 친환경 소프트웨어 개발의 기본적인 아키텍처 원칙과 적용 방법
- 에너지 전환이 자사 데이터 센터와 클라우드 호스팅에 미칠 영향과 기업의 대응 방안
- 하드웨어의 수명을 연장하는 개념과 소프트웨어의 역할

또한 여러분은 다음을 할 수 있게 될 것이다.

- 미래 계획에 대해 위험이 낮은 선택을 할 수 있다.
- 시스템의 어떤 부분에 변화가 필요할지, 그리고 그 방법에 대해 더 현명하게 추측할 수 있다.
- 자신이 수행한 변경 사항의 영향을 가능한 한도까지 측정할 수 있다.
- 친환경 소프트웨어의 혜택과 신뢰성, 성능, 그리고 모든 CFO가 좋아할 만한 '비용 절감'과 같은 다른 고려 사항 사이의 긴밀한 연관성을 파악할 수 있다.

이 책을 어떻게 읽어야 하는가?

이 책은 현시대의 초석이 되는 아리스토텔레스Aristotle와 데일 카네기Dale Carnegie(《데일 카네기의 인간관계론(How to Win Friends and Influence People)》의 저자)의 조언을 따르고 있다. 그들은 둘 다(사실 그들 중 어느 누구도 그렇게 말한 적이 없다. 인용문이란 대체로 가짜 뉴스일 때가 많다.) '먼저 무엇을 말할 것인지 말해주고, 그것을 말하고, 말한 것을 다시 말해라'라고 했다. 그래서 도입부는 '그린 소프트웨어'의 개념을 잘 이해할 수 있는 방향으로 구성했다. 이후 각 장은 세부 사항을 더 깊이 탐구하는 방식으로 진행해나간다. 마지막으로 인간 독자가 점점 사라지고 있는 시대에 챗GPT와 몇몇 독자를 위해 모든 내용을 표현을 약간 달리하여 요약한다. 이 책은 전체를 처음부터 끝까지 읽어도 무방하고 관심 있는 부분만 선택적으로 읽어도 좋다. 심지어 도입부만 읽어도 괜찮다.

왜 기술 업계 종사자들이 중요한가?

다른 주요 글로벌 산업들처럼 기술 업계도 기후변화에 큰 역할을 하고 있다. 일부 추정[2]에 따르면 기술 업계는 (최종 사용자 기기의 내재 탄소까지 포함해) 연간 탄소 배출량의 5~10%를 차지한다. 이 말인즉, 우리가 항공 산업보다 잠재적으로 훨씬 더 큰 영향을 미치고 있다는 것을 의미한다. 거대한 데이터 센터가 항공기처럼 사람들의 머리 위로 떠다니는 것이 아닌 탓에 이 사실과 관련해 기술 업계를 향해 우려를 제기하거나 항의하는 일 없이 넘어가곤 한다. 이러한 사실이 좋으면서도 조금은 부끄러운 현상이기도 하다. 데이터 센터가 하늘을 날아다닌다면 멋진 일이긴 할 터이다.

일부 사람들은 우주에 데이터 센터를 설치할 계획도 가지고 있다(이것도 멋지지만 장단점이 있다). 하지만 우주에 있더라도 여전히 우리 눈에는 보이지 않기 때문에 대중의 의견에 크게 영향을 미치지는 않을 것이다. 눈에서 멀어지면 마음에서도 멀어진다. 결론적으로 기술 업계에서 지속 가능성을 촉진하려면 외부 사회가 아닌 내부에서의 압력이 필요하다.

이는 긍정적인 측면이 있을 수 있는데, 어떤 행동이 실제로 환경에 영향을 미치는지 명확하지 않기 때문이다. 의도는 좋지만 근거가 부족한 조언이 넘쳐 난다. 예를 들어 오래된 개인 이메일을 삭제하는 것이 도움이 된다고 느낄 수 있지만, 이는 시간 낭비에 가깝다. 전 세계적으로 보면 그런 개인적인 행동은 거의 영향을 미치지 않으며, 이 책을 읽는 사람이 최우선적으로 집중해야 할 일도 아니다.

개인적인 행동도 좋지만 집단적이거나 더 큰 영향을 미칠 수 있는 행동이 진정한 변화를 가져온다. 우리가 목표로 삼아야 할 것은 바로 이 부분이다. 기술 업계 종사자로서 우리는 큰 변화를 일으킬 수 있는 위치에 있다.

이 책을 읽는 모든 사람은 널리 사용되는 소프트웨어의 개발자로서, 또는 더 나아가 소프트웨어를 사용하며 그 소프트웨어를 제작한 회사나 그룹에 압력을 가할 수 있는 소

---

2   https://oreil.ly/boE4m

비자로서 상당한 영향력을 행사할 수도 있다.

여러분의 힘은 자신이 생각하는 것보다 크다. 압축 가능한 텍스트 파일을 수동으로 삭제하는 것보다 더 유용한 일을 지금 할 수 있다.

문제의 원인은 무엇인가?

기술 산업의 탄소 배출에는 두 가지 주요 원인이 있다.

- 데이터 센터에서 코드를 실행하는 데 필요한 전기를 생산하는 과정에서 발생하는 탄소 배출
- 사용자 기기(예: 노트북과 스마트폰)의 제조 과정에서 발생하는 '내재된' 탄소. 이러한 기기들은 우리의 앱을 호스팅하며, 사용되지 않는 기기들은 때때로 전자 폐기물 e-waste이라고 부른다.

중요한 것은 모든 시스템이 동일하지 않다는 점이다. 어떤 시스템은 같은 작업을 수행하는 데 더 많은 전력과 하드웨어를 필요로 한다. 다행인 점은 이 문제는 해결할 수 있다는 것이다. 하지만 자동으로 이루어지는 것은 아니다. 지속 가능하고 더 친환경적인 소프트웨어 시스템을 구축하려면 개발, 제품 관리, 마케팅 팀의 적극적인 의사 결정이 필요하다. 이 책은 이 세 팀 모두에게 어떤 작업이 필요한지 개괄적으로 소개한다.

우리가 다루지 않을 주제는?

이 책은 소프트웨어의 탄소 영향carbon impact, 즉 탄소 발자국에 관한 것이다. 따라서 이 책에서는 새로운 소프트웨어의 응용이 다른 산업 부문의 탈탄소화를 가속화하는 데 도움을 줄 수 있는 멋진 주제, 때때로 '탄소 핸드프린트carbon handprint'라고 불리는 개념에 대해서는 다루지 않는다. 이는 논의할 가치가 있는 주제이지만 다음 기회에 다른 책에서 다룰 예정이다.

누가 말하는가?

'어떻게 친환경적이 될 수 있는가'라는 주제는 중요하지만, 그 전에 먼저 이 주제와 관련해 잘못된 정보와 '그린워싱greenwashing'이라고 불리는 개념으로 가득하다는 점을 짚고 넘어가야 한다. 그렇다면 이 책의 내용을 왜 신뢰할 수 있을까? 이 질문에 대한 정답은 항상 그렇듯이 이 책의 내용을 무조건 신뢰해서는 안 된다는 것이다. 의심해야 한다.

이 책의 저자인 사라, 세라, 앤은 모두 오랜 기간 소프트웨어 개발자로 일해오면서 확장성, 효율성, 복원력, 성능에 중점을 두었다. 다행히도 시스템에 대한 새로운 요구사항인 지속 가능성, 즉 친환경성은 기존의 아키텍처 원칙과 많은 부분에서 일치한다. 세 사람 모두 리눅스 재단의 그린 소프트웨어 재단의 일원으로서 이 재단의 전문가뿐만 아니라 기술 업계의 다른 분야의 구루guru에게서도 지식을 얻었다. 따라서 이 책은 공동의 노력을 반영한 결과물과 다름없다. 사실 이 책을 읽으면 독자들은 리눅스 재단의 '친환경 소프트웨어 실무자' 테스트를 통과할 수 있을 것이다. 온라인에서 이 테스트를 제공하는데, 통과하면 무료 인증서를 받을 수 있다.[3]

이 모든 것에도 불구하고 여러분이 정확히 무엇을 해야 하는지 이 책이 알려줄 것이라고 기대해서는 안 된다. 왜 그럴까?

이 책은 왜 모든 것을 정확하게 알려줄 수 없는가?

이 책이 친환경으로 나아가는 데 필요한 모든 것을 정확히 말해줄 수 없는 이유는 최소한 두 가지가 있다. 우리는 독자들에게 친환경 아파트 타임셰어 혹은 그보다 더 매력적인 친환경 아파트 사진 NFT를 홍보하려는 것이 아니다.

이 책을 무조건 신뢰해서는 안 되는 이유는 다음과 같다.

- 상황은 변한다. 현대 출판의 좋은 점은 책을 발간한 후에도 업데이트할 수 있다는

---

3   https://oreil.ly/tgdt2

점이다. 하지만 이 책을 읽는 지금도 우리가 아직 소개하지 않은 새로운 기술이나 도구가 이미 등장했을 수 있다. 그린 테크green tech는 빠르게 발전하는 분야다! 우리의 목표는 독자 스스로 새로운 제품을 판단할 수 있도록 충분한 배경 지식을 제공하는 것이다.

- 우리는 독자의 상황을 모른다. 때로는 친환경적인 선택이 가장 단순한 옵션이 될 수 있지만, 그게 결코 쉬운 일은 아니다. 우리가 요구하는 노력은 여러분이 코드를 운영하는 규모에 따라 다를 것이다. 소규모 기업이 내부적으로 해야 할 일과 전 세계 수백만, 혹은 수십억 대의 기기에 배포할 오픈소스 코드를 개발하는 이들에게 요구하는 사항은 다를 수밖에 없다. 친환경으로 나아가는 첫 단계는 항상 자신과 자신의 시스템을 이해하는 것이다. 가장 효과적으로 기여할 수 있는 방법은 무엇일까? 독자마다 답은 다르다. 아주 어려운 일(예: 시스템을 러스트로 다시 작성하는 것)부터 아주 쉬운 일(예: 클라우드 담당자에게 지속 가능성 모니터링을 원한다고 말하는 것)까지 다양하다.

개발자가 소프트웨어 시스템의 탄소 영향을 줄이기 위해 할 수 있는 일은 많다. 시스템 수준의 운영적 선택에서부터 시스템 설계 시의 결정, 코드 수준의 효율성 최적화까지 다양하다. 하지만 너무 세부적인 사항에 빠져 헤매기 십상이다. 모든 전문가가 동의하는 공통점 하나는 측정할 수 있는 것을 측정하고 무엇에 집중할지 선택하는 것이 중요하다는 점이다. 이는 해야 할 것이 많기 때문이다.

먼저, 거의 사용되지 않는 소프트웨어를 최적화하는 데 시간을 낭비하지 말아야 한다. 시작하기에 앞서 애플리케이션이 실행될 때 얼마나 많은 하드웨어(서버 또는 기기)와 에너지(데이터와 CPU)를 사용할지 파악해야 한다. 당분간은 대규모로 운영되는 것에만 집중하자.

여러분의 노력이 효율적인지는 상황에 따라 다르며, 친환경으로 나아가면서 고통을 겪었다고 해서 이것이 반드시 이익으로 돌아오는 것은 아니다. 다음번 호스팅 지역을 선택할 때 더 친환경적인 위치를 선택하는 것이 여러분의 회사가 친환경을 위해 가장 크게 영향을 미치는 변화일 수 있다. 더 나아가 호스팅 담당자나 제품 공급 업체 또는 오픈소스 프로젝트 유지 관리자에게 여러분이 지속 가능성을 중요하게 생각한다는 것을 알려주고, 이를 바탕으로 의사 결정을 내리겠다고 말하는 것일 수도 있다.

공공 클라우드 제공 업체는 모두 넷제로를 달성하겠다는 약속을 했고, 우리는 그들이 더 빨리 그 목표에 도달하기를 바라고 있다. 그들을 그렇게 만들 수 있는 것은 고객들의 요구다. 데이터 센터는 클라우드 업체보다 더 뒤처져 있기 때문에 데이터 센터의 고객은 더 많은 요구를 해야 한다. 오픈소스 제품들 또한 탄소 발자국에 충분한 관심을 기울이지 않고 있기에, 더 많은 압박을 느끼도록 해야 한다.

여러분이 친환경적으로 가장 큰 영향을 미칠 수 있는 것은 키보드 앞에서 코드를 타이핑하는 것이 아니라는 점은 거의 확실하다. 그보다 훨씬 더 간단한 방법이 있는데, 그것은 바로 말하는 것이다. 여러분의 힘을 발휘하기 바란다. 그렇다고 AWS 사무실 앞에서 털옷을 입은 채로 플래카드와 보온병을 들고 캠핑할 필요는 없다. 충성스러운 고객으로서 자신이 친환경과 관련해 무엇을 선호하는지를 알리는 친절한 이메일이 더 효과적이고 덜 춥기도 하다. 그런 이메일을 보내는 순간을 인스타그램에 올리는 것도 좋다.

감사의 글 _____

먼저 훌륭한 오라일리O'Reilly 팀에게 감사 인사를 전합니다. 특히 시라Shira와 Megan, Jonathon, Chris에게 감사드리며, 최선을 다해 리뷰해주신 홀리 커민스, 샘 뉴먼, 아심 후세인과 Bill Johnson, Kerim Satirli, Henry Richardson에게도 깊이 감사드립니다. 또한 인터뷰에 응해주셔서 전문적인 관점을 피력해주신 업계의 모든 관계자께도 감사의 말씀을 드립니다. 마지막으로 우리의 산업이 앞으로 나아가야 할 방향을 제시해주신 에이드리언에게도 감사의 인사를 전합니다. 여러분의 도움이 없었다면 이 책은 세상에 나오지 못했을 것입니다.

앤Anne

정말 멋진 팀워크였어요! 먼저 모든 노력을 즐겁게 만들어준 세라, 사라 그리고 우리의 편집자 시라에게 감사합니다. 그리고 저만큼이나 이 책을 꼼꼼히 읽어준 남편 Jon에게 이 자리를 빌려 감사 인사를 전합니다. 오랜 친구이자 동료인 로스 페어뱅크스Ross Fairbanks와 Charles Humble이 추가로 리뷰해준 것 또한 고맙습니다. 그리고 화상통화에서 우리를 웃게 해주고 이 모든 일이 왜 중요한지 상기시켜준 아기 Hugo에게도 특별히 고마워요!

세라 Sarah

'목적지가 아니라 여정이다!' 앤과 사라와 함께한 놀라운 모험을 설명하는 데 이보다 더 적절한 말은 없을 거예요. 내 놀라운 동료들, 친구들, 가족들에게 진심 어린 응원을 보내며, 특별히 내 어머니께 감사의 마음을 전하고 싶습니다. 어머니의 변함없는 지지와 희생이 오늘날 저를 이 자리까지 오게 만든 원동력이었습니다!

사라 Sara

앤과 세라, 나의 동반자들, 정말 멋진 여정이었어요! 두 분 모두에게 정말 큰 감사를 전합니다! 임신한 상태에서 책을 쓰기로 결심한 것은 쉬운 선택이 아니었지만, 그러한 결정을 내려서 정말 다행이라고 생각해요. 계속해서 저를 지지해준 파트너 Jonatan에게도 감사드립니다. 당신 없이는 이 모든 것이 불가능했을 거예요. 그리고 책을 쓰는 도중에 태어난 아들 Hugo, 이 책은 너와 너의 세대를 위한 거란다.

표지에 대하여 _____

표지에 나오는 동물은 필리핀 서부, 특히 팔라완Palawan섬 주변에서 서식하는 화려한 색상의 앵무새인 파랑머리라켓꼬리새(학명 *Prioniturus platenae*)다.

이 앵무새는 선명한 깃털 색으로 유명하다. 성체는 일반적으로 올리브색과 녹색에 노란색 배를 가졌다. 가장 눈에 띄는 특징은 파란색 머리지만, 암컷의 경우는 덜 두드러진다.

파랑머리라켓꼬리새는 습한 저지대 숲의 조용한 한적함을 좋아한다. 이들은 사회적 동물이며 작은 무리를 지어 나무 사이를 날아다니는 모습을 볼 수 있다. 주로 과일, 씨앗, 견과류를 먹는다.

파랑머리라켓꼬리새는 국제자연보호연맹IUCN에서 취약종으로 분류하고 있다. 삼림 벌채로 인한 서식지 손실이 이들의 생존에 가장 큰 위협이 되고 있지만, 애완용 거래를 위한 포획도 또 다른 문제다. 이 아름다운 새와 점점 줄어들고 있는 서식지를 보호하기 위한 보존 노력이 진행 중이다. 오라일리 표지에 등장하는 많은 동물은 멸종 위기에 처해 있으며, 이들 모두 세상에 중요한 존재다.

표지 그림은 《Histoire Naturelle》에서 가져온 판화를 바탕으로 캐런 몽고메리Karen Montgomery가 작업했다. 시리즈 디자인은 에디 프리드먼Edie Freedman, 엘리 폴카우젠Ellie Volckhausen, 캐런 몽고메리가 맡았다.

친환경 소프트웨어 소개

내가 화나면 넌 나를 좋아하지 않게 될 거야.

—**브루스 배너 박사**Dr. Bruce Banner, **초록색 과학자**

활동가들이 화를 내는 데는 다 그럴 만한 이유가 있다. 에너지 전환을 지원하기 위해 신속한 조치를 취한 산업 분야가 거의 없기 때문인데 이는 기술 분야도 마찬가지다. 하지만 다행히도 변화의 조짐이 물결치고 있다.

1.1 IT 업계에서 친환경이란 무엇을 의미할까?

그린 소프트웨어 재단Green Software Foundation, GSF[1]은 친환경 소프트웨어green software 또는 지속 가능한 소프트웨어sustainable software에 대해 실행 시 탄소 배출을 최소화하는 소프트웨어라고 정의한다. 이 정의를 좀 더 풀어보면 다음과 같다.

* 친환경 소프트웨어는 더 적은 전력과 하드웨어로도 작업이 실행되도록 설계한다. 이를 **탄소 효율성**carbon efficiency이라고 하는데, 이 개념은 전력 생산과 하드웨어 제조가 탄소 배출을 초래한다는 가정에 기반한다.

---

1   https://greensoftware.foundation/

- 또한 친환경 소프트웨어는 사용하는 전기를 풍력, 태양열, 지열, 수력, 원자력 등과 같이 저탄소 소스로부터 가져옴으로써 전력 소비를 줄이는 방향으로 작동 방식을 바꾸고자 한다. 혹은 사용 가능한 전기가 탄소 집약적인 경우에는 가급적 실행하지 않는 것을 목표로 한다. 예를 들어 바람이 없는 한밤중에 사용 가능한 전기가 석탄을 통해 생산된 것밖에 없다면 의도적으로 서비스 품질을 저하시킨다. 이것을 **탄소 인식**carbon awareness이라고 한다.

에너지 효율성, 하드웨어 효율성, 탄소 인식 이 세 가지가 친환경 컴퓨팅의 기본적인 원칙이다(그림 1.1).

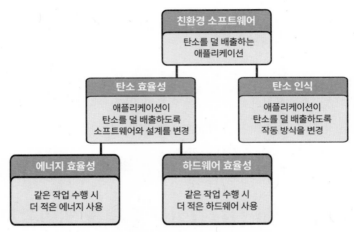

그림 1.1 그린 소프트웨어 재단의 친환경 소프트웨어 정의

친환경 소프트웨어 성숙도의 정의를 살펴봤으니 이제 이러한 소프트웨어를 어떻게 만들 수 있는지 알아보자.

1.2 우리의 신념

이 책은 기술적인 내용을 담은 13개의 장으로 구성되어 있다.

각 장의 내용을 간략하게 살펴보자.

1.2.1 2장: 구성 요소

본격적으로 시작하기 전에 한 가지 확인하고 넘어가야 할 것이 있는데, 그것은 바로 용어 문제다. 기술 업계에 종사하는 사람이라면 누구나 인정하겠지만 새로운 분야나 문제를 제대로 이해하려면 그 분야에서 사용하는 전문용어를 바르게 이해하는 것이 반드시 필요하다.

2장에서는 모든 기후 관련 논의가 실제로 무엇을 의미하는지 탄소부터 시작해 설명한다. 이 책 전체에 걸쳐 탄소carbon라는 용어는 모든 종류의 온실가스, 즉 열을 가두는 대기 중의 모든 기체를 의미한다. 대부분 자연적으로 발생하지만, 인간의 활동으로 인해 과다하게 발생할 수 있고 이로 인해 기후 재앙을 초래할 수 있다. 이를 피하려면 지구의 온도 상승을 막아야 한다.

기본 개념과 용어를 살펴보고 나면 주변의 친구나 동료에게 기후 설루션 구축의 중요성을 설파하기 위해 알고 있으면 좋을 몇 가지 지식을 다룬다. 기후와 날씨의 차이, 지구온난화가 기후변화와 어떻게 대비되는지, 국제사회가 이런 것들을 어떻게 모니터링하는지 살펴본다. 또한 온실가스 프로토콜(즉, 범위 1, 2, 3 배출량)을 소프트웨어 시스템에 어떻게 적용할 수 있는지에 대해 다룬다.

그다음은 전기다. 중고등학교에서 전기에 대해 배운 내용을 아직 기억하고 있다면 이 절은 건너뛰어도 무방하다. 하지만 (저자와 같이) 복습이 필요한 독자를 위해 전기와 에너지의 기본 개념과 이것들이 어떻게 소프트웨어와 관련되는지 살펴본다. 또한 에너지 생산이 고탄소 및 저탄소 에너지원과 어떻게 비교되는지 간략하게 알아볼 것이다.

마지막으로 하드웨어hardware를 다룬다. 이 책은 소프트웨어에 대한 것인데 왜 하드웨어를 다루는지 궁금할지도 모르겠다. 결론부터 말하자면 하드웨어에 대해서도 알아야 한다. 하드웨어는 모든 소프트웨어에 필수적이며 애플리케이션이 실행되기 전부터 탄소와 관련되어 있다. 내재 탄소embedded carbon는 장비가 만들어지고 폐기되는 과정에서 배출되는 탄소를 의미한다. 2019년에 애플Apple은 아이폰의 수명 주기에서 발생하는 탄소 배출량의 85%가 생산과 폐기 단계에서 발생한다고 보고했다.[2] 소프트웨어의 설계, 개발, 배포 시 수치를 염두에 두어야 한다. 탄소를 줄이고자 하는 노력은 더욱 많이 필요하기 때문에 사용자 기기의 수명이 중요하다.

하지만 서버와 같은 다른 기기는 어떨까? 자사 데이터 센터나 클라우드에 애플리케이션을 배포할 때 주의해야 할 사항은 무엇일까? 다행히도 전문적으로 운영되는 데이터 센터에서는 서버 하드웨어가 사용자 기기보다 더 엄격하게 관리되고 훨씬 더 효율적으로 작동한다. 데이터 센터 사용자로서 관심을 가져야 하는 것은 전기다.

1.2.2 3장: 코드 효율성

3장에서는 애플리케이션에 필요한 전력량이 CPU/GPU의 사용과 어떻게 직간접적으로 관련 있는지를 살펴본다. 따라서 소프트웨어 처리 요구사항을 줄이는 것은 에너지 사용량과 탄소 배출량을 줄이는 데 핵심적인 역할을 한다. 이를 위한 한 가지 방법은 코드 효율성을 개선하는 것이다. 하지만 코드 효율성을 높인다고 해서 실제로 친환경에 기여할까, 아니면 단순히 개발자에게 필요 없는 부담만 가중시키는 것이 될까? 이 문제가 정말로 친환경 소프트웨어에서 가장 논란의 여지가 많은 개념일까?

---

2   https://oreil.ly/zzLKB

① 코드 효율성은 까다롭다

CPU/GPU 사용량을 줄이면 잠재적으로 탄소 배출에 큰 영향을 미칠 수 있다는 사실은 잘 알려져 있으며, 이 기술은 지난 수십 년 동안 고성능 컴퓨팅high-performance computing, HPC 분야에 사용되어왔다. 하지만 코드 효율성을 위해서는 개발자의 더 많은 노력이 필요하다. 예를 들어 파이썬Python에서 훨씬 더 효율적인 언어인 러스트Rust로 전환하면 탄소 배출량을 100배까지 줄일 수 있지만 개발자의 생산성은 줄어든다. 개발자가 파이썬처럼 기계 수준의 효율성이 좋지 못한 언어를 사용할 때 오히려 개발 작업은 훨씬 더 빨라진다. 따라서 개발자가 효율적인 코드를 작성하기보다는 새로운 기능을 구현하는 데 시간을 투자하길 원하는 기업 입장에서는 코드 효율성이 그다지 설득력 있게 다가오지 않는다.

다행히도 다음과 같이 비즈니스 목표에 부합하는 코드 효율성도 있다.

- 관리형 서비스의 사용
- 더 적합한 도구, 라이브러리, 플랫폼의 사용
- 더 간결하고 더 적은 작업의 수행

관리형 서비스의 사용

이 책의 뒷부분에서는 관리형 클라우드와 온라인 서비스의 실제적인 운영 효율성에 대해 논의한다. 그러한 서비스는 수백만 명의 사용자가 플랫폼과 리소스를 공유할 수 있으며, 매우 높은 수준의 하드웨어와 에너지 효율을 달성할 수 있다. 하지만 관리형 서비스를 사용하는 것으로 인해 얻을 수 있는 가장 큰 잠재적 이점은 코드 효율성이다. 관리형 서비스의 상업적 전제는 간단한데, 관리형 서비스 사용을 정당화할 수 있는 규모와 수요가 있는 비즈니스는 운영과 코드의 효율성을 달성하고자 막대한 투자를 한다는 점이다. 그리고 그러한 기업은 운영 비용이 더 싸기 때문에 많은 수익을 창출한다. 그럼에도 불구하고 관리형 서비스의 사용 여부와 상관없이 코드 효율성을 높여야 한다. 현실을 직시하면 이는 매력적인 거래라는 것을 알 수 있다.

더 적합한 도구, 라이브러리, 플랫폼의 사용

관리형 서비스 대신 자사 데이터 센터를 사용해야 하는 경우 오픈소스 라이브러리와 제품을 사용하는 것이 가장 효율적이다. 하지만 대부분의 오픈소스 설루션이 지금까지는 에너지 효율성을 최우선으로 고려하지 않았다는 것이 문제다. 오픈소스 소비자로서 우리는 이것을 요구해야 한다.

더 간결하고 더 적은 작업의 수행

가장 효율적인 코드는 코드가 전혀 없는 것no code이다. 거대 클라우드 업체의 수익을 늘려주고 싶지 않다면 이들의 컴퓨팅 자원을 덜 사용하는 것도 대안이 될 수 있다. 이전 AWSAmazon Web Services 지속 가능 아키텍처 담당 부사장이었던 에이드리언 콕크로프트는 "요구사항이나 서비스 수준 계약을service-level agreements, SLA을 변경하는 것만으로도 큰 효과를 볼 때가 종종 있다. 로그 파일의 보존 기간을 줄인다든지 과도하게 높게 설정된 목표를 낮출 수도 있다"[3]라고 밝혔다. 일단 SLA나 기능을 클라이언트에게 약속하고 나면 이를 변경하기가 어렵기 때문에 제품 설계의 초기 단계에서 불필요한 항목을 발견하는 것이 바람직하다.

때로는 지나치게 구체적인 목표(예를 들어 반드시 준수해야 하는 법규나 규정)가 불가피한 경우도 있다. 하지만 그런 요구사항이 외부의 압력으로 주어질 때도 있고, 세부 사항이 정말로 사용자에게 필요해서라기보다는 조직 내부로부터 오는 경우도 있다. 여러분의 회사나 조직에서 그런 경우가 있다면 제품 관리자에게 해당 항목을 삭제해달라고 요청해야 한다.

구매나 포기가 불가능하고 반드시 구축해야 한다면 어떻게 해야 할까?

탄소 집약도가 높은 시간대에 실행해야 하고 CPU 사용량이 많은 작업을 반드시 직접 구축해야 한다면 추천하는 몇 가지 방안은 다음과 같다.

- 비효율적인 사용자 정의 코드를 효율적인 서비스 또는 라이브러리로 대체한다.

---

3   에이드리언 콕크로프트와 사적인 대화에서 나온 말이다.

- 비효율적인 서비스나 라이브러리를 더 나은 서비스나 라이브러리로 대체한다.
- 좀 더 경량의 플랫폼, 프레임워크, 프로그래밍 언어[4]를 사용하도록 코드를 다시 작성한다. 파이썬에서 러스트로 전환하면 CPU 요구사항이 100배 이상 감소하는 것으로 알려져 있다. 그뿐 아니라 러스트는 C나 C++과 같이 전통적으로 코드 효율성이 높은 언어들에 비해 보안상의 이점을 가지고 있다.
- C 언어와 속도는 비슷하면서도 사용성은 향상된 사이썬Cython이나 모조Mojo 같은 새로운 언어의 사용을 고려해보라.
- 로컬 배터리가 재생에너지로 충전될 가능성이 있다면 서버가 아닌 클라이언트 기기에서 작업을 수행하는 것을 고려하라. 단, 이 부분은 좀 더 신중하게 접근해야 한다. 만약 추가적인 데이터 전송이 필요하거나, 사용자가 기기를 업그레이드하도록 유도하거나, 서버 쪽에서 처리하는 것이 더 효율적인 경우에는 이렇게 하는 것이 오히려 더 바람직하지 않을 수도 있다. 언제나 그렇듯이, 설계에는 충분한 고민과 제품 관리 부서의 참여가 필요하다.
- 데이터 스토리지 정책이 너무 느슨하지는 않은지 확인해야 한다. 또한 데이터베이스를 최적화해야 한다(저장되는 데이터는 최소화해야 하고 쿼리는 최적화되어야 한다).
- 계층을 과도하게 나누는 것을 피해야 한다. 예를 들어 서비스 메시service mesh를 사용하는 것은 서버에서 비트코인을 채굴하는 것과 같다.

2 콘텍스트를 고려하라

에너지 효율적인 소프트웨어를 제공하려면 많은 노력이 필요하다. 따라서 특히 사용량이 많고 항상 높은 성능을 유지해야 하는 중요한 애플리케이션에 에너지 효율성을 우선적으로 적용해야 한다.

기후 운동가 폴 존스턴Paul Johnston은 "만약 여러분이 대규모 클라우드 서비스를 구축하고 있다면 사용하는 프로그래밍 언어에서 최대한의 성능을 끌어내야 한다. 하지만 극소수의 사람들만 사용하는 서비스, 예를 들면 여러분 사무실에서 일하는 직원들이

---

4   https://oreil.ly/LPmpy

내부적으로 사용하는 도구를 개발한다면 그런 시스템이 10MWh의 전력을 사용하는 것이 아닌 한 성능 최적화는 무의미하다"[5]라는 주장을 통해 규모의 중요성을 강조했다.

③ 친환경 설계

소프트웨어 시스템은 탄소 인식, 에너지 효율성, 하드웨어 효율성 측면에서 더 개선되도록 설계할 수 있으며, 훌륭한 설계가 퍼뜨리는 영향은 코드가 끼치는 영향을 뛰어넘는다. 하지만 이러한 것들이 저절로 이루어지는 것은 아니다. 친환경적인 소프트웨어를 만든다는 것은 그저 단순히 설계를 개선해나간다기보다는 끊임없이 고민하고 재검토하는 것을 의미한다. 따라서 창고에 처박혀 먼지만 잔뜩 쌓여 있는 화이트보드와 마커를 다시 꺼내 들고 논의를 시작해보길 바란다. 다른 색깔의 마커는 잉크가 말라버렸어도 녹색 마커는 아직 나올지도 모른다.

1.2.3 4장: 운영 효율성

4장에서는 운영 효율성을 다룬다. 이견은 있겠지만 이 책에서 가장 중요한 장이라고 할 수 있다. **운영 효율성**operational efficiency은 더 적은 컴퓨팅 자원으로 동일한 결과를 얻는 것을 의미한다. 이는 잠재적으로 탄소 배출량을 5~10배 줄일 수 있으며, 다른 방안과 비교해 상대적으로 간단하다.[6] 왜냐하면 운영 효율성을 지원하는 서비스와 도구가 클라우드에 이미 존재하기 때문이다. 하지만 자사 데이터 센터에서 직접 호스팅하는 경우에도 운영 효율성을 높일 수 있는데, 높은 기계 활용률, 우수한 운영 관행, 멀티테넌시multitenancy와 같은 기술을 적용할 수 있다.

① 높은 기계 사용률

유용한 작업의 단위당 탄소 배출량을 줄이기 위한 주된 방식은 유휴시간을 줄이는 것이다. 프로세서, 메모리, 디스크, 네트워크에 대해 높은 사용률로 시스템을 운영해야 한다. 이것을 고밀도 서버 운영이라고도 하는데, 이를 통해 에너지와 하드웨어 효율성을

---

5 폴 존스턴과 사적인 대화에서 나온 말이다.
6 https://oreil.ly/jXLmC

모두 개선할 수 있다.

일례로 구글Google이 지난 15년 동안 내부 시스템 활용도를 개선하기 위해 수행한 작업이 있는데, 컨테이너화를 통한 작업 캡슐화, 상세한 작업 레이블링labeling 및 클러스터 스케줄러cluster scheduler라고 부르는 툴을 활용해 다양한 워크로드를 테트리스Tetris 게임처럼 서버에 응축시켰다. 그 결과 구글은 하드웨어와 전력 사용량(기존 사용량의 3분의 1 미만)을 줄이는 데 성공했다.

 구글이 10년 전에 발표한 논문[7]은 이 작업을 자세히 소개한다. 논문의 저자들은 클러스터 스케줄러에 '보그(Borg)'라는 멋진 이름을 붙였다. 이 책의 저자 중 한 명인 앤은 구글의 이 논문을 읽은 것을 계기로 삶의 변화를 모색하고 운영 효율적인 기술을 향한 여정을 시작했다. 보그는 이후에 쿠버네티스를 탄생시켰다.

❷ 멀티테넌시

모든 공용 클라우드public cloud 제공 업체는 운영 효율성을 위해 막대한 투자를 한다. 따라서 현재 취할 수 있는 최선의 지속 가능한 조치는 시스템을 클라우드로 이전하고 클라우드가 제공하는 서비스를 사용하는 것이다. 클라우드의 고수준 **멀티테넌시**, 즉 여러 사용자 간의 머신 공유로 인해 클라우드의 머신 활용률[8]은 자사 데이터 센터에서 달성 가능한 수준을 훨씬 능가한다.[9] 자사 데이터 센터는 평균 10~20%에 불과하지만 클라우드는 65% 이상의 활용률이 가능하다(단, 전용 클라우드 서버로 단순히 '리프트 앤드 시프트lift and shift'[10]하는 경우에는 이러한 이점을 얻기 어렵다).

사용자가 전용 서버 옵션을 선택하지만 않는다면 대형 클라우드 업체들은 자체 스마트 오케스트레이터orchestrator와 스케줄러를 사용해 다양한 워크로드를 대형 서버에서 실행함으로써 효율성을 달성한다. 물론 자사 데이터 센터에서라도 잘 설계된 마이크로서

---

7 https://oreil.ly/iVaP9
8 https://oreil.ly/iU7rT
9 https://oreil.ly/pTeCN
10 [옮긴이] 리프트 앤드 시프트는 자사 데이터 센터에서 실행하던 시스템을 특별한 변경 없이 그대로 클라우드로 옮기는 것을 의미한다.

비스 아키텍처라면 쿠버네티스Kubernetes 스케줄러나 하시코프HashiCorp의 노마드Nomad와 같은 사용자 클러스터 스케줄러를 활용할 경우 사용률을 크게 높일 수 있다.

머신 활용도machine utilization를 최적화하는 클러스터 스케줄러는 캡슐화된 작업(일반적으로 가상 머신, 컨테이너, 서버리스 함수로 실행되는 작업)을 필요로 하며, 이러한 작업은 시작, 중지, 머신 간 이동이 가능한 오케스트레이션 계층 위에서 실행된다.

효율적인 실행을 하려면 오케스트레이터와 스케줄러가 작업에 대해 잘 알고 있어야 하는데, 이를 기반으로 어떻게 배치를 할지에 대한 결정을 효율적으로 내릴 수 있다. 스케줄러는 자신이 스케줄링하는 작업에 대해 더 많은 정보를 가지고 있을수록 리소스를 더 잘 사용할 수 있다. 클라우드에서는 올바른 인스턴스 유형을 선택함으로써 워크로드의 특성을 전달할 수 있으며, 리소스 또는 가용성 요구사항을 과도하게 지정하지 않도록 주의해야 한다(예: 성능 확장 가능burstable 인스턴스로도 충분한데 전용 인스턴스를 요청하는 경우).

AWS 람다Lambda, 애저 함수Azure Functions, 구글 서버리스Google Serverless와 같은 고도의 멀티테넌트 서버리스 설루션은 하드웨어 사용 공간을 최소화하고 **자동 확장**autoscaling(필요할 때만 하드웨어 리소스를 가용 상태로 만듦)이나 라이트사이징rightsizing과 같은 운영 효율성 기능도 제공한다. 자체 데이터 센터에서도 이러한 종류의 운영 작업을 수행할 수 있지만, 클라우드에서와 같은 효과를 거두려면 엔지니어링 노력 측면에서 큰 비용이 들어간다. 클라우드 제공 업체야 이런 일이 그들의 주요 서비스 항목이고 시간과 비용을 투자할 가치가 있지만, 그렇지 않은 경우라면 굳이 자체적으로 구축할 필요가 없다.

③ 모범 운영 사례
운영 효율성의 더 간단한 예로는 시스템을 과도하게 할당하지 않는 것(예: 필요 이상으로 많이 할당된 시스템의 크기를 수동으로 줄이는 것) 또는 자동 확장을 사용해 필요할 때만 시스템을 할당하는 것이 있다. 더 간단한 방안으로는 애플리케이션과 서비스가 더 이상 아무 일도 하지 않는다면 이를 종료하는 것이다. 레드햇 엔지니어이자 지속 가능성 전문가인 홀리 커민스는 이런 서비스를 '좀비 워크로드zombie workload'라고 부른다.[11] 언제 필요할지 모른다는 이유로 좀비 워크로드를 방치하는 것은 바람직하지 않다.

서버 시작과 중지 자동화조차 귀찮다면 이런 서비스는 더 이상 가치가 없다는 것을 의미한다. 관리되지 않는 좀비 워크로드는 보안에 위협이 될 뿐만 아니라 환경에도 좋지 않으므로 종료해야 한다.

❹ 친환경 운영 도구와 기법

워크로드를 클라우드에서 실행하더라도 운영 효율성과 관련해 여전히 제어할 수 있는 설정이 있다.

- AWS의 스폿 인스턴스, 애저의 스폿 인스턴스, 구글 클라우드 플랫폼GCP의 선점형 인스턴스는 공용 클라우드가 고사용률을 달성하는 데 중요한 역할을 한다. 스폿 인스턴스spot instance는 오케스트레이터와 스케줄러에게 작업 실행 시점에 대한 재량권을 부여함으로써 작업을 머신에 효율적으로 배치하는 데 도움을 준다. 스폿 인스턴스를 가능한 모든 곳에 사용하면 시스템의 하드웨어 효율성과 전력 효율성을 높이고 비용을 크게 절감하는 효과를 즉시 얻을 수 있다. 구글이 최근 발표한 탄소 인식 데이터 센터 운영 관련 논문[12]에서 설명하는 바와 같이, 장기적으로는 클라우드 제공 업체가 워크로드 실행을 로컬 그리드의 전력 탄소 집약도가 낮은 시간대로 옮겨 실행할 수 있게 허용한다면 시스템의 탄소 인식은 더 높아질 것이다.

- 자원을 과도하게 할당하면 하드웨어와 에너지 효율성이 떨어진다. AWS 비용 탐색기Cost Explorer[13] 또는 애저의 비용 분석[14] 등을 사용하면 머신의 크기를 적절하게 조정할 수 있으며, 간단한 감사audit를 통해 좀비 서비스를 발견하고 종료해야 한다.

- 과도한 중복성 또한 하드웨어 효율성을 저하시킬 수 있다. 핫 페일오버hot failover를 위해 서로 다른 지역에 시스템을 복제하는 것이 필요할 때도 있지만, 콜드 페일오버cold failover와 깃옵스GitOps만으로도 충분할 때가 있다.

---

11 https://oreil.ly/VhSJi
12 https://oreil.ly/HUGln
13 https://oreil.ly/b5uQB
14 https://oreil.ly/9UVgR

- 자동 확장을 통해 시스템은 부하에 탄력적으로 대응하면서 필요한 머신 수를 최소화하는데, 이는 CPU 사용량이나 네트워크 트래픽 수준과 연동해 예측적으로 설정할 수 있다. 자동 확장은 부하에 따른 확장뿐만 아니라 축소도 할 수 있어야 유용하다. AWS가 제공하는 마이크로서비스 기반 자동 확장은 이런 서비스를 처음 사용하고자 할 때 적합하다.[15] 그러나 마이크로서비스 수를 과도하게 늘려 아키텍처 복잡성이 커지면 자원 할당이 과도하게 일어날 수 있다. 따라서 균형 잡힌 접근법이 필요한데, 최대한 단순하게 유지하는 것이 바람직하다. 이에 대한 모범 사례는 샘 뉴먼의 《마이크로서비스 아키텍처 구축》(한빛미디어, 2023)을 참고하기 바란다.
- 상시 가동 또는 전용 인스턴스 유형은 친환경적이지 않다. 호스트에 더 많은 유연성을 제공하고, 중요하게는 워크로드에 대한 정보를 더 많이 제공할 수 있는 인스턴스 유형을 선택하면 머신 활용도를 높이고 탄소 배출량과 비용을 줄일 수 있다. 예를 들어 AWS T3 인스턴스,[16] 애저 B 시리즈,[17] 구글 공유 코어 머신 유형[18]은 흥미로운 성능 확장 기능을 제공하며, 이는 자동 확장보다 더 용이한 대안이 될 수 있다.

우선순위가 낮거나 실행 지연이 가능한 작업을 인식하도록 시스템을 설계하면 머신 활용률을 높이기가 용이하다. 미래에는 이런 아키텍처가 탄소 인식에도 더 유리한데, 서버리스, 마이크로서비스, 비동기(이벤트 기반) 아키텍처 등이 이에 해당한다.

친환경 기술 전문가인 폴 존스턴은 "상시 가동은 지속 가능하지 않다"라고 주장한다. 이는 일부 무거운 레거시 모놀리식 시스템의 종말을 의미할 수도 있다.

5 리포팅 툴

호스팅 비용은 항상 탄소 배출량의 대략적인 척도로 사용되어왔는데, 앞으로도 더욱 밀접한 상관관계를 가질 가능성이 높다. 왜냐하면 클라우드가 점점 더 상용화되고, 전기는 여전히 핵심적인 비용을 차지하며, 더욱이 동적 가격 정책을 통해 비친환경 전기

---

15 https://oreil.ly/y0J3h
16 https://oreil.ly/rUO0U
17 https://oreil.ly/9tueZ
18 https://oreil.ly/idnXr

dirty electricity가 더 비싸질 것이기 때문이다. 이에 따라 탄소 발자국 리포팅 툴reporting tool도 등장했지만 아직 초보적인 수준이다. 하지만 없는 것보다는 낫고, 사용하다 보면 이러한 툴도 개선될 테니 시도해보기 바란다.

`1.2.4` 5장: 탄소 인식

5장에서는 탄소 인식의 관점에서 볼 때 견고한 디자인의 특성을 소개한다.

- 상시 가동은 아예 없거나 거의 없다.
- 시간에 민감하지 않은 작업(예: 머신러닝 또는 배치 작업)은 비동기적으로 분리한다. 그러면 지역 전력망의 탄소 집약도가 낮은 시간대(예: 태양이 빛나고 전력망 수요가 높지 않을 때)에 실행할 수 있다. 이 기술은 종종 **수요 이동**demand shifting이라고도 불리며, 앞서 언급했듯이 스폿 인스턴스 또는 선점형 인스턴스 유형이 이에 적합하다.
- 지역 전력망의 탄소 집약도에 따라 제공하는 서비스를 다르게 하는데, 이를 **수요 형성**demand shaping이라고 한다. 예를 들어 저탄소 전력 생산 시에는 모든 기능을 제공하지만, 고탄소 전력 시에는 서비스의 품질이 점진적으로 떨어진다. 대역폭 가용성 변동에 대처하기 위해 이미지 품질을 일시적으로 낮추는 것과 같이 많은 애플리케이션에서 이와 유사한 일을 이미 수행하고 있다.
- 실행 시점이 중요한 상시 작동 작업에서 고탄소 집약 전기가 필요하다면 가능한 적은 전력을 사용하도록 코드를 효율적으로 작성한다.
- 작업을 불필요하게 긴급히 실행하지 않는다. 따라서 친환경 전기를 사용할 수 있을 때까지 실행하지 않고 기다린다.
- 가능하다면 계산 작업이 사용자의 기기나 에지edge 단에서 실행되게 함으로써 네트워크 트래픽을 최소화하고, 데이터 센터에서는 온디맨드on-demand 프로세스 실행의 필요성을 감소시키고 기기 배터리에 저장된 에너지를 최대한 활용한다. 그 외에 다른 장점도 있다. 예를 들면 P2P, 오프라인 우선 애플리케이션에서는 높은 가동 시간이 필요한 중앙 집중식 서비스가 필요 없으며 네트워크 문제에 대한 애플리케이션 복원력이 높아지고 지연시간이 줄어든다.

- 알고리즘 사전 계산, 사전 캐싱을 사용한다. CPU 또는 GPU 집약적인 계산 작업은 미리 수행하고 그 결과를 저장해놓는다. 저장된 계산 결과가 쓸모없어지거나 다른 것으로 대치될 수 있기 때문에 이렇게 하는 것이 비효율적일 때도 있지만, 응답시간을 단축할 뿐만 아니라 하드웨어 효율성을 높이고 전력이 탄소 집약적이지 않은 시간대로 작업 실행을 조정하는 데 도움이 될 수 있다.

이런 특성은 마이크로서비스나 분산 시스템 설계에 의존적일 때가 많지만 반드시 그런 것은 아니다.

1.2.5 6장: 하드웨어 효율성

6장에서는 소프트웨어가 실행되는 사용자 기기의 경우, 해당 기기의 생산 과정에서 배출되는 탄소가 기기를 사용할 때 배출되는 탄소 배출량보다 훨씬 크다는 점을 살펴본다(그림 1.2 참조).

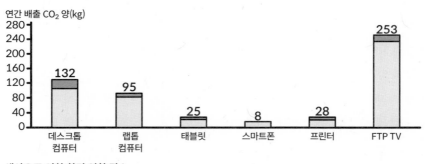

생산으로 인한 환경 영향 감소
- 기기 수 감소(예: 기기의 수명 연장, 일인당 사용 기기 수 감소)
- 생산 시 에너지와 자재 효율성 증가

그림 1.2 ICT 최종 사용자 기기당 CO_2 배출의 직접적인 영향(취리히 대학교 자료 기준)

우리 중 FTP TV를 아는 사람은 없을 텐데 이것은 스마트 TV로 추정된다. 이 기기의 온실가스 배출량은 우리가 상상했던 것보다 더 큰 문제로 보인다.[19]

---

19 https://oreil.ly/UN_3k

따라서 미래의 탄소 제로 사회에서는 사용자 기기의 수명이 훨씬 더 길어져야 한다. 물리적인 설계와 제조에 의해서도 어느 정도는 가능하겠지만, 운영체제나 애플리케이션이 보안 패치 제공을 중단한다든지, 새로운 하드웨어나 기능을 반드시 필요로 해 기기가 더 이상 쓸모없어지는 상황을 방지하는 것도 하나의 방법이다.

시간이 지남에 따라 무어의 법칙Moore's law(마이크로칩의 트랜지스터 수가 2년마다 2배로 증가한다는 법칙)과 다른 형태의 발전으로 인해 기기에는 항상 새로운 기능이 추가되고 있으며, 개발자는 새로운 앱을 출시할 때 이러한 발전을 활용하기를 원한다. 예를 들어 휴대폰은 더 빨라졌고, GPU와 머신러닝 칩을 탑재하도록 진화했으며 더 많은 메모리를 탑재하고 있다. 앱이 이러한 발전을 활용하는 것은 아무런 문제가 없다. 그러나 새로운 버전의 앱이 구형 휴대폰에서도 계속 작동함으로써 구형 휴대폰을 계속 사용할 수 있어야 한다.

사용자가 잘 동작하는 기기를 폐기 처분을 하지 않고 계속 사용하게 하려면 개발자는 자신의 소프트웨어를 기존 장치와 역호환시키는 것이 반드시 필요하다. 휴대폰 OS는 이를 지원하기 위한 정보[20]와 도구를 제공하지만, 그 일을 하는 것은 개발자의 몫이다.

현재 기기 수명을 연장하는 데 뛰어난 업체 중 하나는 애플이다. 새로운 iOS 15는 최대로 6년 된 휴대폰까지 지원한다. 그러나 모든 업체가 이 부분을 개선해야 한다. 기기 수명은 6년 이상이어야 한다.[21] 틈새시장을 공략하는 휴대폰 공급 업체인 페어폰Fairphone은 8년간 OS 보안 패치를 제공하고 있으며, 10년으로 늘리는 것을 목표로 삼은 것을 보건대 기기의 수명 연장은 가능한 일임을 알 수 있다.

현재 모든 휴대폰은 대부분의 게임 콘솔console보다 수명이 짧다. 예를 들어 Xbox One은 10년 동안 사용할 수 있도록 설계되었으며, 이러한 약속은 잘 지켜지고 있는 것으로 보인다.[22] 게임 콘솔의 비즈니스 모델은 휴대폰 비즈니스 모델처럼 제품 폐기를 상정하

---

20 https://oreil.ly/zDRrU
21 https://oreil.ly/hMFUo
22 https://oreil.ly/9wKRE

지 않는다. 이는 제조 업체가 원하는 경우 장치의 수명을 더 연장할 수 있음을 보여준다. 우리는 앞으로 모든 신제품의 수명이 최소 10년이 되기를 기대한다.

1.2.6 7장: 네트워크

7장에서는 네트워크와 인터넷이 탄소 배출에 미치는 영향에 대해 설명한다. 또한 변동하는 대역폭을 처리해야 하는 화상회의 서비스와 같은 제품이 어떻게 수요 이동과 수요 형성의 유용한 실제 사례가 되는지 살펴본다. 광섬유 케이블, 라우터router, 스위치와 같은 네트워크 장비는 전송 비트당 사용하는 전기를 최소화하는 것이 기본적인 목표다. 따라서 네트워크 분야는 업계의 다른 분야에 비해 에너지 사용 측면에서 이미 상당히 최적화되어 있으며, 현대 데이터 센터의 전기 요금과 탄소 배출량에서 네트워크가 차지하는 비중은 적다. 그러나 대부분의 애플리케이션이 이러한 네트워크를 사용하는 방식에는 여전히 개선의 여지가 많다. 애플리케이션의 설계 목표에 비트당 사용 전력을 낮추는 것이 포함되는 경우는 드물다. 새롭게 떠오르는 친환경 소프트웨어 분야는 통신 분야에서 많은 것을 배울 수 있다.

1.2.7 8장: 좀 더 친환경적인 머신러닝, AI, LLM

8장에서는 AI와 머신러닝ML이라는 새로운 세계를 다룬다. 이 분야는 CPU 집약적인 작업의 급증과 데이터 센터 용량의 대규모 확장[23]을 야기하고 있다. 따라서 친환경 AI를 위한 전략이 필요하다. 모델 크기 축소, 연합 학습frederated learning, 가지치기pruning, 압축compression, 증류distillation, 양자화quantization 등을 통해 ML 모델을 더 빠르고 효율적으로 학습하는 기술에 대해 논의한다.

ML은 전용 하드웨어와 칩의 빠른 발전 덕분에 급격한 성장을 이루었으며, 진행 중인 학습 작업에 가장 적합한 하드웨어를 사용해야 한다. 가장 중요한 점은 ML 모델은 지연시간에 민감하지 않은 작업의 좋은 예라는 것이다. 즉, 탄소 집약도가 높은 전력을 사용해 학습을 진행할 필요가 없다.

---

23 https://oreil.ly/-bBWC

그린 웹 재단Green Web Foundation의 크리스 애덤스Chris Adams는 "개발자들이 탄소 효율성을 원하지 않는 것도 문제지만, 실제로 어떻게 하는 것이 효과적인지 확인할 수 있는 데이터가 부족하다는 점이 문제다. 특히 대형 클라우드 제공 업체가 그렇다. 따라서 모델링이 실측 데이터가 아닌 가정에 기반할 때가 많다"라고 이야기했다.[24] 단기적으로는 최대한으로 추측하는 것이 아무것도 하지 않는 것보다는 낫다. 가능한 많은 작업을 멀티테넌트 환경으로 이동하고, 시간에 민감한 코드의 CPU 집약도를 낮추는 등의 일반적인 조치를 통해 효과를 얻을 수 있다. 그러나 장기적으로는 개발자가 에너지 사용량을 반복적으로 개선할 수 있도록 올바른 관측 가능성과 모니터링 도구가 필요하다.

1.2.9 10장: 모니터링

소프트웨어 시스템의 탄소 배출량 모니터링은 아직 초기 단계이지만, 더 많은 도구가 등장할 것으로 보인다. 그렇게 되면 지난 10년간 업계가 시스템 모니터링 분야에서 이룩한 모든 기술적 발전을 친환경에 적용하는 것이 중요해진다.

10장에서는 사이트 신뢰성 엔지니어링site reliability engineering, SRE과 탄소 배출 예산 책정에 SRE를 적용하는 방법에 대해 논의한다.

1.2.10 11장: 부수 효과와 공동의 이익

11장에서는 친환경 소프트웨어 접근 방식을 채택함으로써 얻을 수 있는 비용 절감, 보안 강화, 복원력 향상과 같은 부수적인 효과에 대해 살펴본다.

더 나은 리포팅 도구가 나오기 전까지는 탄소 배출량을 측정하는 유용한 대리 지표로 비용을 사용할 수 있다. 따라서 탄소 추적과 새로운 클라우드 재무 운영, 즉 **핀옵스** FinOps[25] 관행은 서로 중복되는 부분이 있다. 핀옵스는 IT, 재무, 제품 등의 부서 간 협업

---

24 크리스 애덤스와 사적인 대화에서 나온 말이다.

25 https://oreil.ly/7K8wJ

을 통해 모든 구성원이 자신의 지출에 대해 책임을 지고 호스팅 비용을 관리하는 접근 방식으로 모범 사례를 발굴하고 전파하는 부서의 지원을 받는다.

그럼에도 불구하고 탄소 비용 측정 시 핀옵스 도구보다 탄소 발자국 도구를 사용하는 것이 아직까지는 상당한 이점이 있다. 언젠가는 (가급적 빨리) 이러한 도구들이 서버에 전력이 공급될 때 실제로 사용되는 전기의 탄소 부하까지 고려할 것이다. 아직까지는 프랑스(원자력)나 스칸디나비아(수력, 풍력)처럼 전력 탄소 배출량이 낮은 지역에서 호스팅하는 비용이 독일처럼 탄소 배출량이 높은 지역에서 호스팅하는 비용과 동일한 경우가 많다. 그러나 탄소 배출량은 전자가 더 낮은데, 탄소 발자국 도구는 이를 반영하지만 핀옵스 도구는 그렇지 않다.

1.2.11 12장: 친환경 소프트웨어 성숙도 매트릭스

12장에서는 그린 소프트웨어 재단의 친환경 소프트웨어 성숙도 매트릭스Green Software Maturity Matrix, GSMM 프로젝트에 대해 논의한다. 우리 대부분은 매트릭스 레벨 1(효율적이며 수요 형성과 이동 가능한 시스템이 거의 없는 상태)에 있는데, 여기서 출발해 레벨 5(무탄소 전기로 24시간 실행할 수 있는 시스템)까지 가야 한다.

GSMM은 운영 효율성 개선부터 시작해 코드 효율성까지 달성함으로써 완제품처럼 구매할 수 있어야 한다고 주장한다. 실제로 GSMM은 우리가 제안하는 것과 거의 동일하다.

1.2.12 13장: 나아갈 방향

마지막 13장에서는 여러분에게 도전 과제를 제시한다. 향후 6~12개월 이내에 호스팅 비용(및 탄소 비용)을 절반으로 줄이는 것을 목표로 삼아 이를 달성하기 위한 방안을 몇 가지 제안한다. 결코 쉬운 목표는 아니지만 달성 가능하다. 이것이 친환경 소프트웨어 성숙도 매트릭스를 향상시키기 위한 첫 번째 단계다.

마지막으로 저자들이 이 책을 쓰면서 친환경 소프트웨어에 대해 배운 점을 공유한다. 친환경 소프트웨어는 특정 분야가 아니라 모든 소프트웨어가 지향해야 할 방향이다.

따라서 친환경 소프트웨어는 우리의 모든 요구를 충족시켜야 한다. 개발자의 생산성은 높아야 하고, 복원력, 안정성, 보안, 성능, 확장성, 경제성을 모두 갖춰야 한다. 이 장의 시작 부분에서 친환경 소프트웨어는 탄소 효율적이고 탄소 인식이 가능한 소프트웨어라고 말했지만, 그것은 일부일 뿐이다. 친환경 소프트웨어는 탄소 인식 및 효율성뿐만 아니라 다른 요구사항도 충족해야 한다. 이는 실현 가능하며 이미 진행 중이다.

친환경 소프트웨어가 암울한 현실과 다가올 파국을 피하기 위한 것만은 아니다. 우리의 판단으로는 친환경으로 전환하는 것은 현재 기술 분야에서 가장 흥미롭고 도전적인 일이다. 이는 모든 것을 변화시킬 것이며 우리 모두 여기에 참여해야 한다. 중요한 과제이자 해결 가능한 일이다.

행운을 빌며 세상을 변화시키는 즐거움을 누리길 바란다.

CHAPTER 2

구성 요소

친환경 소프트웨어의 네 가지 구성 요소는 탄소, 전기, 하드웨어, 마음가짐이다.

—여러분이 좋아하는 저자

이 책은 온실가스 감축에 관한 것이다. 온실가스의 종류는 꽤 많은데, 어떤 영향을 끼치며 왜 줄여야 할까? 디지털 온실가스를 줄이고 친환경 소프트웨어를 구축하며 소프트웨어 개발 수명 주기에 대한 지속 가능한 접근 방식을 찾는 재미있는 부분으로 넘어가기 전에, 이 주제를 잘 이해하려면 몇 가지 기본 개념과 전문용어를 먼저 살펴봐야 한다. 이 장에서 다룰 세 가지 핵심 요소는 기후 문제 해결에 필수적인 탄소, 전기, 하드웨어다.

2.1 현재 우리가 여기에 있는 이유: 탄소

탄소는 모든 종류의 온실가스greenhouse gas, GHG를 총칭하는 용어다.

2.1.1 온실가스

온실가스는 지구 대기 중에 존재하며 열을 가둘 수 있는 모든 기체를 의미한다. 이러한 자연 발생 현상을 지칭하기 위해 온실에서 그 이름을 따왔다. 정원사라면 온실이 무엇인지 잘 알고 있겠지만, 실내에만 있는 우리 같은 기술 전문가들을 위해 설명하자면 온실은 유리와 같은 투명한 재료로 만들어져 태양열을 포집하고 유지하는 구조물이다. 그림 2.1에서 볼 수 있듯이, 이 열 포집 메커니즘을 통해 사람들은 식물과 꽃을 재배하기 위한 통제된 환경을 조성할 수 있다.

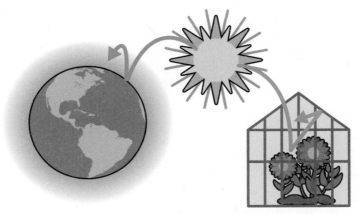

그림 2.1 온실이 식물과 꽃을 키우기 위해 열을 가두는 방식(오른쪽)과 온실효과로 인해 열이 갇혀 지구가 뜨거워지는 현상(왼쪽)을 보여주는 그림

온실은 열이 빠져나가지 못하게 함으로써 따뜻한 환경을 조성하는데, 이와 동일하게 온실가스는 투명한 유리 패널과 같은 방식으로 작용한다. 온실가스는 지구 대기를 벗어나야 할 태양열이 다른 곳으로 빠져나가지 못하게 막는다. 적당한 양의 온실가스는 인류와 지구에 유익하다. 온실가스가 없다면 지구 표면 온도가 너무 낮아져(약 -20℃)[1] 우리가 알고 있는 대부분의 생명체는 존재할 수 없을 것이다. 지구상의 생명체를 유지하기 위해서는 태양열을 어느 정도 유지해야 한다. 그러나 1750년 산업혁명 이후 인간 활동이 초래한 과도한 온실가스로 인해 지구는 급격히 뜨거워졌는데, 그림 2.2의 유명한 하키 스틱hockey stick 그래프가 이와 같은 현상을 잘 보여준다.

---

1   https://oreil.ly/PoLdf

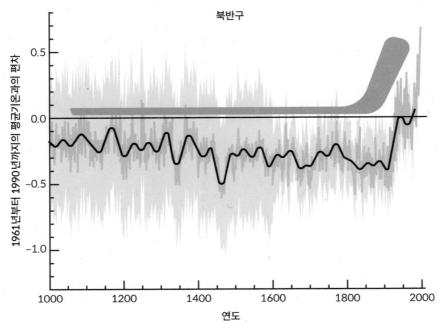

북반구

1961년부터 1990년까지의 평균기온과의 편차

그림 2.2 **1961년부터 1990년까지 관측된 기온 편차가 보이는 하키 스틱 모양 패턴**

산업혁명은 인류 역사에서 중요한 전환점이었다. 제조 경제를 시작으로 생산성과 효율성이 크게 향상되어 기술 산업을 포함해 인류에게 유익한 많은 혜택을 제공했다. 하지만 전례 없는 에너지 수요로 인해 과도한 온실가스가 끝없이 배출되기 시작한 시대이기도 해서 이 시기를 돌이킬 수 없는 지점으로 보는 사람들도 있다.

주요 온실가스는 (교토 의정서Kyoto Protocol[2]에 명시된 바에 따르면) 이산화탄소(CO_2), 메탄, 아산화질소, 수소불화탄소, 과불화탄소, 육불화황, 삼불화질소이며, 이 중 이산화탄소가 인간 활동으로 배출되는 것 중에서는 가장 심각하다. 왜 그럴까? 현재까지 이산화탄소의 가장 큰 단일 배출원은 전기를 생산하기 위해 석탄, 석유, 천연가스와 같은 화석연료[3]를 태우는 것이다. 문제는 인류가 엄청난 양의 화석연료를 사용한다는 점이다. 토지 이용의 변화, 운송, 산업 활동 같은 것도 이 문제를 악화시키는 요인이고, 메탄 같은 온

---

2 https://oreil.ly/Fugfb
3 https://oreil.ly/Hz5cT

실가스는 더 큰 온난화 효과(100년 동안 약 28배)[4]를 가져올 수 있다. 하지만 이산화탄소는 대기 중 가장 풍부한 온실가스이며, 전기 및 IT 산업과 가장 밀접하게 관련되어 있다. 즉, 이 책의 집필 계기는 바로 이 이산화탄소다.

따라서 이 책에서 '탄소'는 모든 온실가스를 총칭하는 용어이며 우리의 의도는 늘 일관적이다. 즉, 기후를 위해 모든 온실가스를 줄여야 한다는 것이다.

이산화탄소 환산량carbon dioxide equivalent(CO_2e)이라는 또 다른 용어에도 익숙해져야 한다. 1988년 유엔이 설립한 과학 기구인 기후변화에 관한 정부간 협의체Intergovernment Panel on Climate Change, IPCC[5]는 다양한 온실가스, 특히 온난화 효과를 비교하기 쉽도록 CO_2e를 고안했다. CO_2e는 특정 온실가스가 시간이 지나면서 갖는 잠재적 온난화 효과를 나타내는 표준화된 측정 단위로, 전 세계 정책 입안자와 다양한 부문의 기관에서 탄소 배출량 감축 목표를 설정하는 데 사용된다.

앞서 언급했듯이 메탄은 100년이라는 기간에 걸쳐 이산화탄소보다 약 28배 더 강한 영향을 미친다. 따라서 1톤의 메탄이 100년 동안 이산화탄소에 비해 미치는 영향을 보여주기 위해 28톤의 CO_2e로 표시된다. 더 자세한 설명은 매사추세츠 공과대학교 Massachusetts Institute of Technology 기후 포털[6]에서 찾아볼 수 있다.

다행히 메탄은 대기 중에 오래 머무르지 않고 이산화탄소와 물로 분해된다. 그렇지 않으면 인류는 이미 멸망했을 것이다.

2.1.2 날씨 vs. 기후

날씨가 이상한 것이 아니라 날씨에 맞지 않는 옷을 입을 뿐이다. 마찬가지로 기후가 잘못된 것이 아니라 시스템이 제대로 구현되지 않았을 뿐이다.

—세라 수

---

4 https://oreil.ly/VZo9u
5 https://www.ipcc.ch/
6 https://oreil.ly/4lCEy

이제 이 책의 주요 범인(이산화탄소)에 대해 어느 정도 알아보았으니, 날씨와 기후의 차이에 대해 알아보자. 두 용어에서 주된 차이점은 시간의 길이다. 일반적으로 **날씨**weather는 특정 지역에서 단기간 동안 발생하는 대기 조건을, **기후**climate는 훨씬 더 오랜 시간 동안의 평균적인 대기 조건을 나타낸다.

날씨는 우리의 일상 활동에 영향을 미치는 대기 현상과 조건을 논의하고 설명하는 방법이다. 예를 들어 우리 대부분은 매일 자신이 살고 있는 도시의 기온, 습도, 강수 확률에 대해 알고 싶어 한다. 세계 여러 지역에서 날씨는 변덕스럽기로 악명 높고 마치 영국인들이 차를 너무 많이 마시는 것처럼 자주 변하곤 한다.

이와는 대조적으로 기후는 장기간에 걸친 날씨 패턴에 대한 것이다. 좀 더 명확하게 이해할 수 있는 차이를 설명하자면 지구 대기의 평균기온(즉, 기후)이 10년 단위로 증가한다고 해서 특정 계절의 평균 날씨 기온이 항상 증가하는 것은 아니다.

기후변화라는 말은 실제로 매일의 평균 날씨에 나타나는 장기적인 영향을 의미한다. 오늘날 대부분의 아이들(어른들조차도)은 화이트 크리스마스를 고대할 텐데, 그들의 부모나 조부모가 화이트 크리스마스에 대한 추억을 한 번은 언급한 적이 있었을 것이다. 하지만 (저자 중 한 명인 사라가 살고 있는 노르웨이처럼 추운 지역을 제외하고는) 많은 사람은 꽤 오랫동안 화이트 크리스마스를 경험하지 못했다. 최근 유럽의 겨울철 강설량의 급격한 변화[7]는 기후가 우리 부모 혹은 조부모 세대와는 많이 달라졌음을 보여주는 불길한 지표다.

기후변화는 기술 산업계에게도 상당히 골치 아픈 일로 떠올랐다. 예를 들면 2022년 유례없는 유럽 폭염 동안 많은 데이터 센터가 작동 불능 상태에 빠진 것은 이를 뼈저리게 상기시켜주는 사건이었다.[8]

---

7 https://oreil.ly/Ka8cJ
8 https://oreil.ly/sZQ0c

2.1.3 지구온난화는 기후변화와 어떻게 관련 있는가?

대부분의 사람들은 **기후변화**climate change와 **지구온난화**global warming를 혼용해서 사용한다. 그러나 앞서 설명했듯이, 전자는 평균적인 날씨 패턴의 장기적인 변화에 따른 국지적, 지역적, 전 지구적 기후에 관한 것이다. 반면 후자는 산업화 이전 시대부터 진행된 지구 표면, 더 중요하게는 해양의 지속적인 온난화를 의미한다.

기후에 대해 마지막으로 강조하고 싶은 점은 기후는 항상 변해왔다는 것이다. 빙하기와 공룡을 기억하는가? 지구가 수백만 년 또는 수십억 년에 걸쳐 여러 번 냉각되고 가열되었다는 증거는 차고 넘친다. 하지만 그러한 변화는 천천히 일어났다. 1980년대 이후 지금까지의 현상을 분석할 때 진정으로 우려되는 점은 변화의 속도가 너무 빠르다는 것이다.

2.1.4 기후변화 모니터링

마침내 국제사회는 기후변화와 지구온난화의 영향을 완화하고 되돌리기 위해 필요한 방안을 논의하기 위한 공조를 시작했다. 이 절에서는 이러한 변화와 이에 대한 정보를 얻는 방법을 간략하게 다룬다.

가장 주목할 만한 초기 노력은 2015년 196개 당사국이 지구 온도 상승을 제한하기 위해 채택한 국제조약인 **파리 기후 협정**Paris Climate Agreement이다.[9] 여기서 당사국party이란 이 협정에 참여하고 동의한 유럽연합과 같은 지역 경제 통합 기구나 국가를 의미한다.

이 중요한 이정표는 산업화 이전 시대와 비교하여 지구 평균기온 상승을 2°C(가급적 1.5°C)로 유지하는 데 중점을 두고 있는데, 이는 전 세계가 하나의 공동체로서 올바른 방향으로 변화하고 있음을 시사한다. 이 협정은 5년의 검토 주기를 따라 기능하며, 최고의 과학기술을 사용해 전 세계적으로 경제와 사회 변혁의 이행을 감독하는 데 중점을 둔다.

---

9   https://oreil.ly/pG9Zy

프랑스 파리에서 열린 제1차 당사국 총회Conference of the Parties, COP21[10]에서 파리 기후 협정을 채택했다. COP[11]는 국제기구인 유엔기후변화협약United Nations Framework Conventions on Climate Change, UNFCCC[12]의 통제를 받는 모든 서명 당사국이 참가하는 연례행사로, 이 기구는 '기후 시스템에 대한 인간의 위험한 간섭'에 맞서기 위해 만들어졌다. 이 연례회에서는 지구 평균기온 상승의 제한이라는 UNFCCC의 전체 목표에 대해 UNFCCC와 모든 당사국 대표가 각 나라의 진행 상황을 검토한다.

기후변화를 제한하기 위해 전 세계적으로 어떤 노력을 진행하고 있는지 파악할 수 있는 방법에는 여러 가지가 있다. 예를 들어 지속 가능한 개발을 위한 세계지속가능발전기업협의회World Business Council for Sustainable Development, WBCSD[13]와 세계자원연구소World Resources Institute, WRI[14]가 공동으로 개발한 GHG 프로토콜[15]은 탄소 영향의 측정과 보고를 위한 일관되고 투명한 방법론을 제공한다. GHG 프로토콜은 약간 이해하기 어렵지만 세 가지 범위(1, 2, 3)로 유명한데 이 프로토콜은 보고 표준으로 널리 인정받고 있다. 따라서 특히 조직의 배출량을 이해하고 책임을 묻는 데 직접 관여하고 싶다면 이 프로토콜이 유용하다. GHG 프로토콜의 복잡성과 소프트웨어 산업에서의 적용에 대한 자세한 내용은 9장에서 다룬다.

저자들이 대기 중 탄소의 현재 영향을 검토하기 위해 즐겨 보는 사이트는 NASA의 지구 기후변화 웹사이트[16]인데, 여기서는 이와 관련해 과학적으로 뒷받침되는 증거, 특징, 전 세계에서 발생하는 최신 뉴스만을 전문으로 제공한다.

---

10 https://oreil.ly/LiL5j
11 https://oreil.ly/3nppg
12 https://unfccc.int/
13 https://www.wbcsd.org/
14 https://www.wri.org/
15 https://ghgprotocol.org/
16 https://science.nasa.gov/climate-change

2.2 전기의 기초 지식

탄소와 마찬가지로 중요하게 논의해야 할 주제인 전기는 기술과도 밀접하게 연관되어 있다. 에너지와 전기의 기본적인 사항을 먼저 살펴본 후에 저탄소 및 고탄소 에너지 생산을 비교할 것이다. 마지막으로 소프트웨어 시스템의 전력 효율성을 높이는 데 사용할 수 있는 몇 가지 사고 모델 소개와 함께 마무리한다.

모든 소프트웨어 실무자는 자신의 제품이 사용하는 에너지에 대해 책임을 져야 하며, 모든 단계에서 에너지 낭비를 최소화하도록 노력해야 한다. 예를 들어 웹사이트의 경우, 에너지가 생산되어 지역 전력망으로 전송되고, 전력망에서 데이터 센터와 데이터 센터 내부의 서버를 거쳐, 애플리케이션의 백엔드back-end와 프런트엔드front-end까지 전송되는 과정이 모두 에너지 관리에 포함된다. 우리의 목표는 단순히 이러한 단계만 생각하는 것이 아니라 최종 사용자가 제품을 어떻게 사용할지에 대해서도 고려하는 것이다. 에너지 효율이 가장 좋은 코드(3장에서 자세히 설명)나 가장 친환경적인 시스템을 만드는 것뿐만 아니라 최종 사용자 단계에서 불필요한 배출이 발생하지 않도록 하는 것까지도 염두에 두어야 한다.

2.2.1 일, 에너지, 전기, 계산서

이 책은 일, 에너지, 전기에 대해 학교에서 배운 내용을 자세히 다루지는 않는다. 간단한 개념 설명을 통해 전기 요금 계산 방식을 이해하고 소프트웨어 시스템이 에너지를 어떻게 소비하는지에 대해 이해하도록 돕고자 한다. 학교에서 배운 내용을 잘 기억하고 있다면 다음 절로 바로 넘어가도 무방하다.

물리학에서 일은 물체에 힘을 가하여 특정 거리만큼 이동시킬 때 발생한다. 물체에 작동한 일의 양은 전달된 에너지의 양과 같다. 다른 관점에서 보면 물체는 일을 할 수 있는 능력이 있을 때 에너지를 갖는다. 에너지는 열, 기계, 중력 등 다양한 형태로 존재하며, 한 유형에서 다른 유형으로 변환될 수 있다. 예를 들어 풍력 터빈turbine은 운동에너지를 전기에너지로 변환하여 전기를 공급한다. 따라서 전기를 2차 에너지원으로 간주할 수 있다.

에너지 또는 일의 단위는 줄Joule(J)이며 이루어진 일의 비율, 즉 전력의 단위는 와트(W)다. 전력 에너지의 킬로와트시(kWh) 단위는 1킬로와트의 전력으로 가동되는 무언가가 한 시간 동안 얼마나 많은 전력 에너지를 사용하는지를 의미한다.

 흔히 '전력(power)'과 '에너지'라는 용어를 혼용하지만 이 둘은 엄연히 다르다. 본질적으로 에너지는 에너지 그 자체를 의미하는 반면, 전력은 시간 경과에 따라 얼마나 많은 에너지가 사용되는지를 측정하는 '비율'이다.

전기 요금은 어떻게 계산될까? 가전제품을 예로 들어보자. 50W의 전력을 필요로 하는 13인치 노트북을 재택근무 날에 집에서 하루 아홉 시간 동안 사용한다고 가정하자. 이는 하루에 노트북 한 대당 450Wh(9시간 × 50W), 즉 0.45kWh의 전력이 필요하다는 것을 의미한다! 만약 집의 전기 요금이 kWh당 30센트라면 컴퓨터를 아홉 시간 사용하는 데 하루 약 14센트(0.45 × 0.3 = 0.135)가 들어간다.

그렇다면 소프트웨어의 에너지 소비량은 어떨까? 이를 파악하기는 쉽지 않다. 특히 여러 추상화 및 가상화 계층으로 구성된 최신 소프트웨어의 경우에는 더 어렵다. 이 부분은 9장에서 자세히 다룬다.

2.2.2 고탄소 및 저탄소 에너지

지금까지 우리는 모든 전기에너지가 다 동일한 것처럼 언급했다. 하지만 실제로는 전혀 그렇지 않다. 앞서 언급했듯이 전기는 2차 에너지원이며, 다른 형태의 에너지를 전기에너지로 변환하는 기술이 다양하게 존재한다.

화력발전소에서 보일러의 연료로 석탄을 사용해 증기를 발생시켜 화학에너지를 전기에너지로 변환하는 과정에서 많은 양의 이산화탄소를 부산물로 배출한다. 이처럼 화석연료를 사용해 생산하는 전기를 **고탄소 에너지**high-carbon energy라고 한다.

석탄은 전기를 생산하는 데 있어 가장 탄소 집약적인 화석연료이며 석유와 천연가스를 능가한다. 수력이나 풍력과 같은 저탄소 방식은 운동에너지를 전기로 변환할 때 탄소가 거의 발생하지 않는다.

재생 가능 자원과 저탄소 자원은 차이점이 있다. 둘 다 최소한의 탄소 배출량으로 전기를 생산하지만, 전자는 태양열처럼 자연적으로 보충이 되는 자원이고 후자는 핵에너지처럼 탄소 배출량은 적지만 재생 불가능한 자원이다.

개발자인 여러분이 왜 애플리케이션에 전력을 공급하는 전기, 특히 탄소 집약도에 신경을 써야 하는지 궁금할 수 있다. 우리의 목표는 탄소를 최대한 줄이는 것인데, 전기를 탄소와 동일하게 생각할 수 있기 때문에 전기를 얼마나, 언제, 어디서 사용하는지가 중요하다.

 전기의 탄소 집약도(CO_2e)는 전력 1kWh를 생산하는 데 얼마나 많은 이산화탄소가 배출되는지를 측정하는 지표로서, 전력 생산이 얼마나 친환경적인지 판단하는 데 사용한다.

애플리케이션이 에너지를 활용하는 방식에 따라 파생되는 결과는 다양하다. 그중 하나는 고탄소에서 저탄소로의 글로벌 에너지 전환 시 수행하는 애플리케이션의 역할이다. 전력이 저탄소일 때는 작업을 더 수행하고, 고탄소일 때는 가급적 작업 수행을 줄이는 방식으로 애플리케이션이 지능적으로 전력을 사용할 수 있다면, 저탄소 에너지에 대한 수요 증가는 에너지 부문의 전환을 가속하는 데 도움이 된다. 가용 전력이 친환경일 때 더 많은 작업을 수행하고, 그렇지 않으면 작업 수행을 줄이는 것을 **탄소 인식 컴퓨팅** carbon-aware computing이라고 한다. 이 주제는 5장에서 더 자세히 다룬다.

2.2.3 에너지 효율을 어떻게 개선할 수 있을까?

에너지가 어떻게 생산되고 이와 관련한 탄소 비용에 대해 살펴봤으니, 애플리케이션의 에너지 사용 효율성을 향상하기 위해 적용할 수 있는 사고 모델을 몇 가지 논의해보자.

1 에너지 비례성

에너지 비례 컴퓨팅energy-proportional computing[17]은 컴퓨터가 얼마나 효율적으로 전기를 사용해 실제 결과물을 만들어내는지 평가하기 위해 2007년 구글 엔지니어들이 처음

---

17 https://oreil.ly/cXO10

제시한 개념이다. **에너지 비례성**energy proportionality은 하드웨어의 전력 소비량과 이용률 간의 관계를 측정한다. 즉, 그림 2.3에서 보듯이 1kWh의 전력을 사용해 하드웨어가 얼마나 많은 유용한 작업을 수행하는지를 나타낸다.

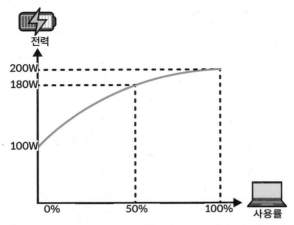

그림 2.3 기기가 필요로 하는 전력과 사용률 사이의 비선형적 관계를 보여주는 그래프

수학에서 비례성은 두 변수의 비율이 일정하게 유지되는 관계를 의미하는 것으로, 하나의 변수 또는 두 변수 모두 변하더라도 이 비율은 유지된다. 다시 말해 A와 B라는 두 양이 비례한다고 하면 A가 증가하는 만큼 B도 증가하지만, A와 B의 비율은 동일하게 유지된다. 현실 세계를 예로 들자면 펍에서 내기를 해서 진 사람이 친구들에게 모두 맥주 한 잔씩 사는 것과 비슷하다. 친구 3명에서 이 내기를 해서 진 사람이 1잔에 7달러인 맥주를 3잔 주문한다면 총 21달러를 지출하게 된다. 친구 하나가 나중에 합류했다면 그다음 진 사람은 4잔을 주문해야 하고, 두 번째 라운드의 총비용은 28달러가 된다. 아주 간단한 산수다.

하지만 그림 2.3에서 볼 수 있듯이 하드웨어가 필요로 하는 전력과 활용도 간의 관계는 이러한 비례관계를 따르지 않는다. 또한 그래프의 원점을 통과하지도 않는다. 펍 비유를 빌리자면 이는 마치 펍에 들어가기 위해서는 비싼 입장료를 내야 하고, 내기가 진행될수록 맥주 가격이 저렴해지는 것과 같다.

여기서 제시한 예시는 이론적이고 단순하지만, 대부분의 하드웨어 구성 요소가 소비하는 에너지와 그들이 수행한 작업량 사이에는 비선형적nonlinear인 관계가 있음을 보여준다. 전기를 실질적인 컴퓨팅 작업으로 변환하는 데 있어 하드웨어는 더 많은 작업을 수행할수록 효율성이 더 높아진다. 따라서 동일한 양의 작업을 더 적은 수의 머신으로 수행할 수 있다면(즉, 활용률이 높아지면) 더 높은 에너지 효율성을 달성할 수 있다.

❷ 정적 전력 소비

노트북을 사용하지 않고 책상 위에 놓아두기만 해도 에너지는 여전히 사용된다.

앞에서 언급했듯이 하드웨어에 필요한 전력과 활용도 간의 관계는 원점을 통과하지 않는다. 즉, 활용도가 0이라고 해서 필요한 전력도 0이 되는 것이 아니다. **정적 전력 소비** static power draw는 장치가 비활성 상태일 때 소비되는 전력량을 의미한다. 하드웨어 구성 요소와 설정을 어떻게 하느냐에 따라 달라지긴 하지만, 거의 모든 전기장치는 어느 정도의 고정된 전력을 항상 소비한다. 이것이 노트북, 휴대폰과 같은 대부분의 최종 사용자 기기에 절전 모드가 있는 이유 중 하나다. 기기가 유휴 상태가 되면 최대 절전 모드를 실행해 디스크와 화면을 절전 상태로 전환하거나 CPU 주파수를 변경한다.

이러한 절전 모드는 전력을 절약하지만, 장치를 다시 시작할 때 속도가 느려지는 등의 단점도 있다. 이러한 느린 시작은 초기 온디맨드 컴퓨팅의 무결성에 영향을 미쳤다. AWS 람다 서버리스 서비스는 초기에 이 문제를 해결하기 위해 단순히 기계를 아예 끄지 않는 방법을 선택했다.

전반적으로 컴퓨팅 장치의 활용도가 높을수록 더 친환경적이고 효율적인 컴퓨팅 장치라고 볼 수 있는데, 이는 대부분의 하드웨어에서 전력과 활용도가 비례관계에 있지 않기 때문이다. 또한 거의 모든 장비가 과거보다 에너지 효율이 높아졌다. 이는 좋은 일임에 틀림없지만, 여전히 주의가 필요하다. 자세한 내용은 6장에서 다룬다.

대부분의 소프트웨어가 그렇듯이 절충이 필요하다. 이러한 개념과 프레임워크를 잘 이해함으로써 애플리케이션의 에너지와 탄소 효율성을 높일 수 있다.

❸ 전력 사용 효율성

데이터 센터 업계에서는 **전력 사용 효율성**power usage effectiveness, PUE이라는 지표를 사용한다. 이 지표는 데이터 센터가 에너지를 얼마나 효율적으로 사용하는지를 나타내는 것이다(그림 2.4). PUE[18]는 그린 그리드Green Grid가 고안한 것으로 컴퓨팅 장비에 공급되는 전력이 냉각이라든지 기타 간접적인 목적으로 사용되는 전기와 비교해 얼마나 많은 에너지를 사용하는지 평가하기 위한 것이다. 데이터 센터의 PUE가 1.0이면 그리드에서 공급되는 모든 킬로와트시(kWh)의 전기가 간접적인 목적으로 사용되지 않고 컴퓨팅 장비에 전력을 공급하는 데 사용된다는 의미다. PUE가 2.0으로 증가하면 서버에 전력을 공급하고 지원하는 데 2배의 전력이 필요하다는 것을 의미한다.

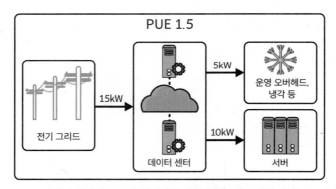

그림 2.4 데이터 센터의 PUE가 에너지를 어떻게 배분하는지를 보여주는 예시

대부분의 소프트웨어 엔지니어는 데이터 센터 운영에 직접적으로 관여하지 않기 때문에 PUE는 애플리케이션의 에너지 소비량에 대한 고정적인 배수로 간주할 수 있다. 예를 들어 애플리케이션에 10kWh의 전력이 필요하고 데이터 센터의 PUE가 1.5라면 애플리케이션의 실제 전력 소비량은 15kWh이다. 여기서 5kWh는 운영 오버헤드에, 나머지 10kWh는 애플리케이션을 실행하는 서버에 사용된다.

데이터 센터 산업은 그간 많은 발전을 이룩해왔다. AWS, 애저, 구글 클라우드와 같은 대부분의 최신 데이터 센터, 특히 공용 클라우드 제공 업체는 에너지 효율성을 높이고

---

18 https://oreil.ly/Ff3c4

PUE를 최적화하기 위한 방안을 개발해왔다.

예를 들어 구글은 2014년부터 AI를 사용해 데이터 센터의 냉각을 최적화해 에너지 사용량을 줄여왔다. 구글이 2016년에 발표한 보고[19]에 따르면 딥마인드DeepMind AI 모델을 통해 한 데이터 센터의 냉각에 사용되는 에너지를 40%까지 줄이는 데 성공하면서 놀라운 이정표를 선보였다. 그 결과, 해당 데이터 센터는 지금까지 기록된 PUE 중 가장 낮은 수준을 달성했다. 또한 구글은 2021년 분기별 PUE[20]가 1.09라고 밝혔는데, 업타임 인스티튜트Uptime Institute가 조사한 전 세계 평균 1.57[21]과 비교해도 낮은 수준이다.

2.3 소프트웨어 엔지니어를 위한 하드웨어 101

탄소는 어디에나 있다. 아직 케이스를 열어보지도 않은 새 휴대폰에도 이미 탄소가 내장되어 있다. 애플리케이션이 에너지를 사용하는 방식과 무관하게 모든 하드웨어에는 탄소가 숨겨져 있다는 사실을 대부분의 소프트웨어 엔지니어는 깨닫지 못한다.

이 절에서는 모든 소프트웨어 실무자가 알아야 할 기본적인 하드웨어 개념을 살펴본다. 운영 측면으로 넘어가기 전에 물리적인 측면부터 시작해보자. 엔지니어는 소프트웨어가 하드웨어를 사용하는 방식에 대해 책임을 져야 한다고 저자들은 굳게 믿고 있다. 우리의 목표가 소프트웨어의 탄소 발자국을 최소화하는 것이라면 하드웨어 역시 효율적이어야 한다. 왜냐하면 하드웨어 역시 탄소 배출의 주요 원인이기 때문이다.

2.3.1 물리적인 측면

그림 1.2에서 이미 살펴봤듯이 모든 장치에는 탄소 발자국이 있다. 이것을 **내재 탄소** embodied(embedded) carbon 라고 부르는데, 하드웨어를 만들고 폐기하는 동안 배출되는 탄소의 양을 나타낸다. 이 용어는 꼭 기억해야 할 또 다른 중요한 개념이다. 대부분의 사람들은 소프트웨어 운영으로 인한 총탄소 배출량을 계산할 때 하드웨어의 내재 탄소

---

19 https://oreil.ly/KdyCq
20 https://oreil.ly/f6v6z
21 https://oreil.ly/D0qtx

비용을 고려하지 않는 경향이 있다.

그림 2.5는 내재 탄소가 최종 사용자 기기마다 크게 다르며, 특히 휴대폰과 같은 기기의 경우 제조 중에 배출되는 탄소가 수명 주기 동안 전력 소비로 배출되는 탄소보다 훨씬 더 많다는 것을 보여준다.

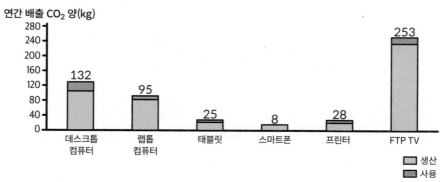

그림 2.5 **ICT 최종 사용자당 CO_2 배출의 직접적인 영향(취리히 대학교 자료 기준)**

애플은 제품을 출시할 때 일반적으로 환경 제품 보고서를 발행하는데, 2022년 9월에는 아이폰 14의 제품 수명 주기 탄소 발자국[22]을 발표했다. 보고서에 따르면 아이폰에서 발생했던 61kg의 탄소 배출량 중 82%는 생산, 운송, 폐기 과정에서 발생했으며, 나머지 18%는 휴대폰 사용 중에 발생했다. 이 수치는 기기의 최종 사용자인 소프트웨어 개발자에게 시사하는 바가 큰데, 그것은 애플리케이션이 새로운 버전으로 업그레이드되더라도 이전 버전의 기기와 역호환이 되도록 노력해야 한다는 점이다. 이렇게 하면 구형 하드웨어가 새로운 소프트웨어를 지원하지 못해 쓸모없어지는 경우를 최소화할 수 있다. 이를 통해 소프트웨어 개발자는 본질적으로 하드웨어의 수명 연장에 직접적으로 기여하는 셈이다.

하드웨어와 관련해 탄소 배출량을 줄일 수 있는 또 다른 방안은 하드웨어의 사용률을 높이는 것이다. 그림 2.6에서 볼 수 있듯이, 단순히 계산해보면 내재 탄소 측면에서 하

---

22 https://oreil.ly/g7cqp

나의 서버를 100% 활용하는 것이 5개의 서버를 각각 20%씩 활용하는 것보다 훨씬 더 나은 투자 수익률을 가져다준다는 것을 알 수 있다.

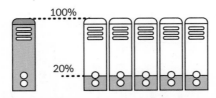

그림 2.6 하나의 서버를 100% 사용하는 것과 5개의 서버를 각각 20%씩 사용하는 것의 비교

 서버의 사용률이 100%가 되면 안 된다(대부분의 서버에서는 80%가 최적이다). 그림 2.6은 단지 설명을 위한 예시일 뿐이다.

클라우드 환경에 배포된 애플리케이션의 경우에는 장치 사용률을 높이는 것이 특히 더 용이하다. 이에 대해서는 4장에서 자세히 다룬다. 앞서 언급했듯이 사용률이 높아질수록 더 친환경적이고 효율적이다. 따라서 장비 사용률이 높을수록 에너지와 하드웨어 모두 효율성이 높아지는 일석이조의 효과를 얻을 수 있다!

이 절에서는 내재 탄소 효율성과 관련하여 유용하게 활용할 수 있는 두 가지 기본 개념, 즉 하드웨어 수명과 사용률에 대해 소개했다. 6장에서는 하드웨어와 관련된 산업 활용 사례, 장단점, 기타 측면에 대해 더 자세히 살펴본다.

2.3.2 운영 측면

소프트웨어 개발이 발전하면서 컴퓨터 하드웨어의 내부 작동 방식을 이해할 필요성이 점점 줄어들고 있다. 이는 CPU, 메모리, 디스크와 같은 구성 요소에서 분명하게 드러난다(그림 2.7 참조).

그러나 친환경 소프트웨어 실무자로서 에너지 소비라든지 잠재적 수명과 같은 개념을 이해하면 지속 가능한 소프트웨어 개발 관행의 다양한 장단점을 고려하여 절충점을 찾는 데 유리하다.

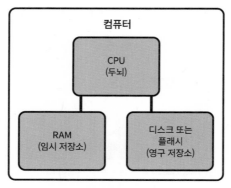

그림 2.7 **컴퓨터의 기본 구성 요소**

 여기서 설명하는 내용은 간략한 소개일 뿐이다. 하드웨어에 대한 모든 것을 자세히 알고 싶다면 찰스 펫졸드(Charles Petzold)의 《CODE》(인사이트, 2023)를 읽어볼 것을 강력히 추천한다.[23] 여기서는 앞으로 나올 내용을 잘 이해하는 데 도움이 될 정도로만 최소한의 정보를 제공한다.

컴퓨팅 장치에서 가장 중요한 구성 요소이자 흔히 뇌라고 불리는 CPU부터 시작해보자. 간단히 말해서 CPU는 논리와 계산 연산을 처리하지만 기본적으로 모든 작업과 동작을 수행한다. 그렇다면 실행 중인 CPU의 탄소 발자국은 어떻게 될까? 간단히 말해서 CPU도 실행하려면 전력이 필요한 하나의 하드웨어다. 따라서 실행 전력 비용뿐만 아니라 '숨겨진' 내재 비용도 발생한다.

이를 염두에 둔다 하더라도 데이터 센터에서 실행 중인 CPU가 배출하는 탄소의 대부분은 여전히 전력 소비로부터 발생하는 것이다. 앞서 살펴봤던 에너지 비례 개념과 관련해 주목할 만한 점이 있는데, CPU 분야가 발전하면서 최신 CPU가 완벽한 비례를 달성할 정도로 효율성이 높아졌다는 것이다. 또한 대부분의 최신 CPU에는 유휴 상태이거나 활용도가 낮을 때 CPU를 저전력 상태로 전환할 수 있는 전원 관리 기능이 있다.

CPU는 에너지 비례성과 전원 관리 기능이 개선되고 있을 뿐만 아니라 모든 최신 CPU에는 여러 개의 코어가 있어 개발자가 멀티스레드multithread 애플리케이션을 작업할 수

---

23 https://oreil.ly/zDZBX

있도록 지원한다. 이는 복잡하긴 하지만 기계 활용도를 높여주는 유용한 기술이다.

인간의 기억에서 이름을 따온 컴퓨팅 메모리는 CPU가 빠르게 접근할 수 있도록 정보를 저장하는 데 주로 사용된다. 이러한 파트너십을 통해 컴퓨터는 명령을 신속하게 수행할 수 있다. 컴퓨팅 메모리에는 주로 **랜덤 액세스 메모리**random access memory, RAM와 **읽기 전용 메모리**read only memory, ROM의 두 가지 유형이 있다. RAM은 휘발성이며 주로 임시 정보를 저장하는 데 사용하는 반면, ROM은 비휘발성이고 명령을 영구적으로 저장하는 데 사용한다. RAM과 달리 ROM의 주요 책임은 컴퓨터의 펌웨어firmware 데이터를 저장해놓고 운영체제가 로드load되기 전에 컴퓨터를 시작할 수 있도록 하는 것이다. 시스템의 전체적인 성능과 응답성은 전반적으로 메모리와 관련 있다.

CPU와 메모리는 모두 하드웨어 구성 요소이며 탄소 비용과 관련해 고려 사항이 유사하지만, 메모리보다는 CPU가 훨씬 더 빨리 구형이 되는 경향이 있기 때문에 내재적 탄소 비용이 더 많이 발생한다는 점을 유의해야 한다. 소프트웨어가 메모리에 대해 갖는 요구사항은 CPU와 비교해 상대적으로 자주 변경되지 않으므로 RAM은 업데이트가 빈번하지 않을뿐더러 간단하게 이루어진다.

또 다른 구성 요소는 **디스크**다. 디스크는 소프트웨어, 운영체제, 사용자 데이터를 저장하기 위한 하드웨어 장치. 디스크에는 주로 기존 하드디스크 드라이브hard disk drive, HDD와 솔리드 스테이트 드라이브solid-state drive, SSD의 두 가지 유형이 있다. 또한 외부적으로 추가 저장 공간을 제공하는 네트워크 연결 스토리지network-attached storage, NAS도 있다. 메모리와 마찬가지로 디스크 역시 데이터를 저장하는 데 사용되므로 소프트웨어가 최신 버전으로 업그레이드되었다고 해서 디스크가 쓸모없어질 가능성이 낮다.

지금까지 친환경 소프트웨어의 실행과 관련된 하드웨어에 대해 소개했다. CPU, 메모리, 디스크는 모두 하드웨어이지만 소프트웨어 호환성 및 장치 수명과 관련하여 약간 상이한 측면을 갖는다.

점점 더 많은 제조 업체가 에너지 효율성을 개선한 재활용 재료를 사용하여 하드웨어를 생산할 계획을 가지고 있지만, 하드웨어 사용량과 전력 소비에 대해서는 여전히 신중하게 고려해야 한다.

2.4 준비 완료

여기까지 읽었다면 구성 요소에 관한 부분은 잘 마친 셈이다. 이 장의 목표는 이 책의 나머지 부분에서 사용할 공통 용어에 대한 기초를 다지는 것이었다. 이제 여러분은 소프트웨어 탄소 효율성을 달성하기 위해 사용할 수 있는 효과적인 방안과 그다지 효과적이지는 않은 방안부터, 가장 중요한 질문인 '소프트웨어 탄소 배출량을 어떻게 측정할 수 있을까?'에 이르기까지 친환경 소프트웨어에 대한 모든 것을 읽을 준비를 마쳤다.

3

코드 효율성

난 갈망을 느껴, 속도에 대한 갈망을.

—<매버릭Maverick>

소프트웨어 효율성이 화두로 떠오를 때마다 대부분의 개발자들은 '어떤 프로그래밍 언어가 가장 빠르고 효율적일까? 러스트, C, Go?'와 같은 질문을 가장 먼저 던진다. 어쩌면 놀랍게도 자바일지도 모르겠다! (아쉽게도 자바는 아니다. 하지만 자바는 속도와 효율성 측면에서 개선되고 있다. 언젠가 자바 계열의 언어가 가장 효율적인 언어가 될 수도 있다.)

3.1 효율성이 전부일까?

이러한 언어들이 좋은 프로그래밍 언어라는 것은 부정할 수 없다. 그러나 대부분의 사람들에게 이들 언어를 사용해 프로그래밍하는 것은 친환경 소프트웨어를 구축하는 최적의 방법이 아닐 수도 있다. 코드 효율성은 당연히 중요하지만, 대부분의 엔지니어가 가장 먼저 고려해야 할 측면은 아니다. 대부분의 경우 운영 효율성 개선, 수요 이동과 형성을 위한 설계, 올바른 플랫폼 선택 등이 탄소 발자국을 줄이는 데는 간결한 코드 작성보다 훨씬 더 효과적이다.

물론 코드 효율성이 친환경에 필수적인 경우도 있다. 초대규모hyperscale로 배포될 코드를 작성하는 경우에는 반드시 코드 최적화가 이뤄져야 한다. 아마도 비용과 SLA를 관리하기 위한 목적으로 이미 이런 작업을 수행하고 있거나 이에 관한 내용을 학습하고 있을지도 모르겠다. 시스템을 대규모로 운영하지 않더라도 코드 생산자로서 기술 산업을 친환경적으로 만드는 데 중요한 역할을 해야 한다. 여기서는 그 역할에 대해 살펴본다.

먼저 코드 효율성이라는 개념에 대해 생각해보자. 코드 효율성은 기후 위기를 논할 때 핵심적인 측면이긴 하지만, 자칫 잘못하면 주의를 흩뜨리고 비용이 많이 드는 함정으로 전락하기 십상이다.

3.2 코드 효율성이란 무엇일까?

정의된 기능의 결과를 얻기 위해 필요 이상의 작업을 수행하지 않는 코드가 효율적인 코드다. 하지만 어느 정도가 되어야 필요 이상으로 너무 많은 걸까? 효율성에 관한 모든 것은 상황에 따라 다르며, 여기에는 개발 팀의 시간, 기술, 경험도 포함된다. 효율성과 관련해서 좋은 점은 효율성을 달성하려고 할 때 이론적으로는 제한이 거의 없다는 점이다. 하지만 동시에 시간과 노력 역시 무제한으로 들어갈 수 있다는 것이 문제다. 따라서 코드를 작성할 때는 기계 생산성과 개발자 생산성 사이의 절충이 필요하다.

3.2.1 대부분의 코드는 왜 의도적으로 비효율적일까?

지난 30년 동안 소프트웨어 업계는 많은 작업과 기능을 구현한 후 이를 API를 통해 제공함으로써 더 많은 개발자가 활용할 수 있도록 해왔다. 이는 코드 재사용을 극대화한 개념이며, 실수로 그렇게 한 것이 아니다. 이것이 현재 우리가 사용하는 방식이며 코드 효율성의 근본적인 절충이다.

코드 재사용의 원칙은 다른 누군가가 까다로운 라이브러리나 서비스를 작성하고 테스트하고 나면 여러분을 포함해 수천 또는 수백만 명의 다른 개발자들이 함께 이것을 사용하는 것이다. 오픈소스이거나 클로즈드 소스일 수 있고, 무료 혹은 유료 서비스일 수도 있으며, 언어의 표준 라이브러리 또는 클라우드에서 호스팅되는 서비스일 수도 있다. 이러한 모든 것들은 성능과 친환경성 측면에서 문제점이 있을 수 있지만, 개발자 입장에서는 많은 시간을 절약할 수 있다.

여러분이 직접 작업한다면 아주 정교한 맞춤형 코드를 최소로 구현하겠지만, 이 기능을 API로 제공해야 한다면 좀 더 범용적인 활용을 위해 필요 이상으로 더 많은 작업을 수행해야 할 수도 있다. API를 사용하거나 서비스를 호출하면 다른 사람이 이미 구축해놓은 전문적인 작업을 활용함으로써 개발 작업과 애플리케이션이 간단해진다. 하지만 API를 통해 실행되는 코드는 하드웨어, 네트워크, 전력망에 더 많은 부하를 생성할 것이다.

특정 기능을 위한 코드를 직접 작성하는 가장 극단적인 형태는 실행되는 각각의 칩에 대해 어셈블리(assembly) 언어로 코드를 작성하는 것인데, 개발자의 생산성을 희생해서라도 코드를 매우 빠르게 실행해야 하는 경우에 선택할 수 있는 방식이다.

그렇다면 라이브러리나 서비스 형태의 API 사용을 중단해야 할까? 대부분의 경우에는 그렇지 않다. 시간이나 기술이 부족함에도 불구하고 API 사용 대신 초고효율 맞춤형 코드를 직접 작성하려다 보면 개발 팀의 진행 속도가 너무 느려져 회사가 문을 닫을 수도 있다. 그렇다면 API를 더 많이 활용해야 할까? 물론이다. 다만 최대한 효율적으로 사용해야 한다.

API를 더 잘 사용한다는 것은 비용에 대한 인식을 높여 더욱 신중하게 사용하는 것을 의미한다. API는 공짜가 아니다. 코드와 아키텍처 수준에서 라이브러리 또는 서비스 호출은 에너지 사용량, 성능, 호스팅 비용에 영향을 미친다. 잘못된 아키텍처(예: 과도하고 잘못된 설계로 인해 끊임없이 서로 호출하는 마이크로서비스)나 코드 디자인(예: 자주 사용되는 API가 한 번만 호출해도 충분한데 여러 번 호출하는 경우)은 필요 이상으로 많은 작업을 생성할 수 있다.

API 사용량이 얼마나 적절한지는 팀의 기술력과 코드 작성에 투자할 시간이 얼마나 있는가에 따라 달라진다. 이는 해당 개발 팀만이 알 수 있는 부분이지만, 친환경적인 것을 넘어 효율성을 높이면 이점이 있다. 효율적인 코드는 비효율적인 코드보다 빠르다. 효율성은 일반적인 경우 성능의 측도로 사용할 수 있다.

항상 그런 것은 아니다. 친환경, 효율성, 성능은 동의어가 아니며, 그 이유에 대한 설명이 곧 나온다. (늘 그렇듯 상황과 동기에 따라 달라진다.) 그럼에도 불구하고 경험칙에 비춰보자면 이들을 서로에 대한 근사 측정값으로 사용하면 유용할 때가 많다.

3.2.2 코드 효율성의 이점

코드를 효율적으로 작성하면 목표 사용자 수, 목표 안정성, 성능 수준에 맞춰 서비스를 호스팅하는 데 필요한 머신의 수와 사양을 줄이는 효과를 얻을 수 있다. 이는 하드웨어 생산성 극대화라고 할 수 있으며 매우 친환경적인 개념이다. 더 적은 서버를 사용하면 서버에 필요한 전력이 줄어들고 시스템에 내재하는 탄소도 줄어든다(모든 기계는 제조와 폐기 중에 배출되는 탄소를 내재적으로 지니고 있다). 지속 가능성 관점에서 보면 서버의 수가 적을수록 지속 가능성은 높아진다.

1980년대와 1990년대에 기업에게 중요했던 것은 하드웨어 생산성이었다. 당시의 하드웨어는 고가인 데다가 느렸으며 자체 데이터 센터에 호스팅하는 비용이 많이 들었다. 데이터 센터에 서버를 더 추가할 수 있었지만 하드웨어 생산성 문제는 여전히 존재했다. 따라서 이 문제를 어떻게든 해결할 수밖에 없었는데; 그 당시에는 다음과 같은 방식으로 해결하고자 했다.

- 서비스를 C와 같은 고효율 언어로 작성했다. 이는 실행 파일의 크기를 줄이고 작업 당 CPU 사이클 수를 최소화했다.
- 다른 기계(또는 다른 프로세스)와의 메시지 교환을 자주 하지 않았는데, 이는 속도가 느리고 CPU 집약적이었기 때문이었다.
- 디스크가 너무 느리다 보니 항상 액세스를 하지는 않았다.
- 대부분의 코드는 처음부터 특정 목표에 맞춰 맞춤형으로 작성했다.

이러한 조치는 효과적이었다. 초기 서비스는 우리가 가지고 있던 불안정한 하드웨어와 네트워크에서 실행할 수 있을 만큼 작고 민첩했으며, 초기 인터넷은 이를 기반으로 탄생했다.

친환경을 추구하려면 단순히 그 시절로 되돌아가야 할까?

1 과거는 잊자

안타깝게도 그렇게 쉽지는 않다. 과거의 효율적인 서비스는 개발 속도가 매우 느릴뿐더러 범용적이지 않았으며 확장하기 어려운 경우가 많았다. 원한다고 해도 그 단순했던 과거로 돌아갈 수는 없다.

오늘날 우리가 운영해야 하는 환경은 훨씬 더 복잡하다.

- 기계와 네트워크는 무어의 법칙[1]에서 예측한 대로 용량이 18개월마다 2배씩 증가했다. 현재를 1990년대와 비교하면 최소 100배는 더 빠르다.
- 서드 파티 서비스는 더욱 혁신적이고 가치 있게 발전했으며 결국에는 필수적인 요소로 자리매김했다.
- 사용자 수가 증가하면서 사용자들은 더 많은 기능과 더 빠른 발전을 기대하기에 이르렀다.

동시에 보안 위협은 더욱 심각해지고 빈번해졌다. 당시에는 어떤 수준의 공격이 올지 전혀 알 수 없었다.

기존의 기계 생산성이라는 목표로는 새로이 대두된 기회와 위협을 모두 처리할 수 없었다. 따라서 하드웨어, 소프트웨어, 네트워크의 급격한 발전을 활용하여 고객이 원하는 것을 안전하게 제공하는 데 더 적합한 목표가 대두되었는데 그것은 바로 개발자 생산성이었다.

3.2.3 개발자 생산성

기술 산업에서는 무어의 법칙이 예측한 것처럼 지난 30년 동안 하드웨어의 개선이 이루어져 더 나은 API와 서비스를 통해 개발자의 삶이 편해졌다. 좋든 싫든 우리는 이 결정을 되돌릴 가능성이 거의 없다. 현대의 개발자는 해야 할 일이 많은 데다가 이전보다 훨씬 더 빠르고 안전하게 개발해야 한다. 또한 기술 인력은 더 비싸지고 수요가 많기에

---

1 https://en.wikipedia.org/wiki/Moore's_law

개발자 생산성 향상은 필수적이다.

이러한 개선은 주로 추상화 계층을 사용해 이루어졌는데, 이 추상화를 통해 서드 파티가 제공하는 기능을 가져다 편리하게 사용함으로써 코드의 복잡성complexity은 신경 쓰지 않아도 되지만 더 많은 CPU 사이클이 필요하다. 1990년대에는 기계 성능이 따라가지 못했던 탓에 추상화를 통한 개선이 어려웠지만 이제는 가능하다. 또한 실제로 그렇게 하고 있다. 하드웨어 생산성의 향상과 더불어 개발자 생산성 또한 향상된 것이다.

현대의 기업은 새로운 기능을 적절한 비용으로 구축하고자 하는데, 이를 위해 개발자 생산성에 의존한다. 기업은 이것을 쉽게 포기하지 않을 것이다. 만약 우리 저자 중 하나라도 이러한 목표와 부합하지 않는 친환경 소프트웨어 구축에 대한 방안을 제시한다면 그런 방안이 채택될 가능성은 그가 헤비급 세계 챔피언에 등극할 가능성만큼이나 희박하다.

따라서 이 장에서 답해야 할 질문은 단순히 코드를 더 효율적으로 구현하는 방법이 아니라, 기술 팀이 이전처럼 개발 속도가 느리고 유연성과 확장성은 부족한 상황에 처하지 않고도 어떻게 코드를 더 효율적으로 구축할 수 있느냐는 것이다. 이 목표를 성공적으로 달성하려면 친환경 소프트웨어 구축과 개발자 생산성이 함께 가야 한다.

하지만 어떻게 할 수 있을까? 이 질문에 답하기 전에 먼저 예전에 이루어졌던 방식을 되짚어보자. 이 방식은 근본적으로 효율적인 코드를 구축할 수밖에 없는 소수의 개발자들이 오늘날에도 여전히 사용하는 방식이다. 이러한 기술은 사라지지 않았지만 상대적으로 틈새 기술로 거듭났다. 일반적으로 제한적인 경우에만 이런 기술을 사용한다. 예를 들면 네트워크 데이터 플레인network data plane과 같이 극도로 높은 성능을 요구하는 경우, 공용 클라우드 제공 업체의 서비스처럼 전기와 하드웨어 비용 최소화가 비즈니스에 중요한 경우, 오픈소스 라이브러리처럼 널리 사용되는 경우, 의료 기기의 임베디드embedded 시스템처럼 극단적인 하드웨어 제한이 있는 경우 등이 있다.

오늘날 평범한 엔지니어라면 for 루프의 편리함을 포기하면서까지 CPU 명령 점프 횟수를 줄이려고 하지는 않을 것이다. 그렇게 하는 것은 개발자 생산성을 저하시킬 뿐만 아니라 비즈니스 측면에서 그렇게 할 만한 가치가 없는 시도이고 오히려 해고되기 십상이다.

그렇기는 하지만, 고효율 코드에 대해 살펴보자.

3.3 배경: 초고효율 코드

지금도 여전히 고도로 최적화되고 빠르게 실행되는 소프트웨어를 만드는 팀이 있다. 사실 이러한 코드의 대부분은 현대사회의 기반이 된다. 이러한 코드의 기본은 프로세서 사용량을 최소화하는 것이다. 즉, 운영체제에 최대한 가까이 붙어서 운영체제와 동기화하여 실행해야 하며 중간층 코드는 최소화된다. 이는 곧 런타임 환경을 가지고 있지 않은 컴파일된 코드를 의미한다. C, C++, 러스트 등이 효율성을 높이는 데 유리한 언어로 알려져 있지만,[2] 어셈블리 언어로 작성된 코드도 여전히 많다. 이러한 언어가 사용되는 주된 이유는 작업 단위당 최소한의 명령만 사용하기 때문이다.

초고속 처리를 위해 간소화된 운영체제, 특수 하드웨어, 커널kernel 코드를 사용하는 개발자도 있다. 정말 빠른 제품은 일반적으로 가장 빠른 최신 세대 칩을 사용하기도 한다. 하지만 실제로 이러한 모든 옵션에는 개발 시간, 결과 코드의 수명과 적용 범위, 필요한 전문 기술에 대한 접근성 등과 관련해 절충이 필요하다. 컴파일 방식의 언어를 사용하는 것이 항상 장점만 있는 것은 아니다.

애저 네트워크 개발 전문가였던 존 버거Jon Berger[3]는 "궁극적으로 효율적인 코드를 작성하는 사람들은 최신 칩에 대한 명령어 수준의 이해도를 가지고 있다. L1, L2, L3 캐시가 어떻게 상호작용하고 어떻게 사용되는지 이해한다. 이러한 것들이 큰 차이를 만들 수 있는데 이런 일은 풀타임 전문가의 역할이다"라고 이야기했다.[4] 다행히 개발자 생산성 측면에서 볼 때, 대부분의 개발자는 이 정도까지의 지식이 필요하지 않다.

---

2   https://oreil.ly/7mg6p
3   https://oreil.ly/YLmcQ
4   존 버거와 사적인 대화에서 나온 말이다.

좋은 예시

높은 효율성을 갖는 소프트웨어의 예는 다음과 같다.

- 안드로이드 폰이나 아이폰에서 실행되는 TCP/IP 스택stack
- KVM, Hyper-V 또는 오픈소스 배포판 Xen과 같은 하이퍼바이저hypervisor
- 클라우드 제공 업체의 가상 인프라를 뒷받침하는 코드
- 러스트와 같은 최신 언어를 뒷받침하는 표준 라이브러리

컴파일러는 그 자체로 효율적인 코드의 예로 볼 수 있다. 컴파일러는 실행 파일을 최적화하는 방법을 찾는다. 러스트 컴파일러는 오픈소스이므로 원한다면 이에 대해 더 자세히 알아볼 수 있다. 컴파일러는 `for` 루프와 같은 낮은 수준의 작업을 코드 작성자보다 더 잘 튜닝하여 성능과 효율성을 높여준다.

존 버거는 컴파일러를 믿으라고 말한다. 또한 그는 "파이썬 코드를 머신 코드[5]로 컴파일해 C의 성능에 필적하는 특수한 파이썬 컴파일러가 존재한다. 대규모 언어 모델에 의해 진일보한 컴파일러는 효율적 코드 생성 분야를 아예 통째로 변화시킬 수 있다"라는 주장과 함께 컴파일러 기술이 빠르게 발전하고 있다고 지적한다.

앞으로 몇 년 혹은 몇 달 안에 대규모 언어 모델large language model, LLM이 혁명을 일으켜 파이썬보다 더 읽기 쉬운 언어(예: 영어)를 컴파일하고 이렇게 생성한 머신 코드가 직접 작성한 어셈블리어 코드만큼이나 효율성이 뛰어날 수도 있다. 그렇게 되면 디버깅에 제약이 있겠지만, 이조차도 LLM이 해결할 수 있을지도 모른다. 어쩌면 인간이 효율적인 코드를 구축하는 시대는 저물어가고 있는지도 모른다.

하지만 당분간은 앞서 언급한 사례와 같이 성능이 중요한 경우에는 코드를 유지, 관리할 때 최적화를 위해 엄청난 노력을 기울여야 한다. 그리고 그 결과로 얻은 효율성은 모두에게 도움이 될 것이다.

---

5   https://numba.pydata.org/

이 작업이 오래지 않아 효용성을 상실할 전문적인 분야라고 언급한 것은 다른 사람들이 이 분야로 진출하려는 것을 막으려는 의도가 아니다. 단지 예전만큼의 보상은 없음에도 불구하고 여전히 많은 노력이 필요하다는 것을 알리고자 함이다. 그럼에도 불구하고 이 분야는 노력하면 누구나 전문가가 될 수 있다고 믿는다. 전문가로부터 이러한 기술을 배우면서 세상을 변화시키는 것을 목표로 삼아 고효율 코드 작성에 기여할 수 있는 멋진 오픈소스 프로젝트가 있다. 예를 들어 OCaml[6]이나 러스트 커뮤니티[7] 같은 것이다. 이러한 오픈소스 코드는 대규모로 사용되기 때문에 여러분이 여기에 노력을 쏟아붓는다면 자신의 코드베이스codebase를 변경하는 것보다 더 큰 영향력을 가질 것이다.

반례

효율성과 성능 전문가라고 해서 항상 인류를 위해서만 일하는 것은 아니고, 그들이 작성하는 소프트웨어는 오로지 소수의 이익을 위해서만 존재할 수 있다. 전형적인 예로 초단타 매매(high-frequency trading)가 있다. 초단타 매매에서는 빠른 소프트웨어와 많은 수의 값비싼 하드웨어를 사용해 기업이 경쟁사나 개인 투자자(즉, 당신)보다 더 빠르게 공개 재무 정보에 대응하고자 한다. 이러한 시스템은 탄소 집약적이며, 빠르다고 해서 언제나 친환경적인 것만은 아님을 보여준다.

초단타 매매는 고성능, 코드 효율성, 지속 가능성이 반드시 동일한 것은 아니라는 점을 잘 보여주는 사례지만, 대개의 경우 성능은 효율성을 나타내는 좋은 지표다.

3.3.2 성능 vs. 효율성 vs. 친환경

앞서 언급했듯이 효율적인 코드는 일반적으로 비효율적인 코드보다 더 빠르고 친환경적이지만 **친환경**greenness, **효율성**efficiency, **성능**performance이 항상 동의어는 아니다.

- 느린 코드도 친환경적일 수 있다. 실제로 설계상 탄소 인식 기능이 있는 경우(즉, 저탄소 전력을 사용할 수 있을 때까지 작동이 지연될 수 있는 경우) 효율적이지 못하지만 더 친환경적일 수 있다.

- 빠르게 실행되는 코드가 리소스를 많이 사용할 수 있다. 초단타 매매 애플리케이션

---

6   https://discuss.ocaml.org/
7   https://www.rust-lang.org/community

은 엄청난 양의 맞춤형 하드웨어와 전기를 사용하여 빠른 속도로 실행된다. 마찬가지로 일부 연구용 슈퍼컴퓨터는 대규모 병렬 처리를 사용하여 속도를 높이며, 양자 컴퓨터는 엄청난 양의 전력을 사용할 것으로 예상된다. 친환경은 이들의 목표가 아니다.

- 때로는 에너지 효율성이 친환경성에 중요하지 않을 수 있다. 전력을 너무 많이 생산하면 전력망이 과부하에 빠지기 전에 전기를 버려야 하는 경우가 있다. 이런 일은 특히 사전 계획이 어려운 재생에너지 발전에서 흔하다. 이러한 잉여 전력을 비효율적으로라도 사용하는 것은 최소한 사용은 되고 있기 때문에 친환경적일 수 있다.

그렇다면 느린 코드는 고쳐야만 하는 문제일까? 상황에 따라 다르다.

1 동기 호출

비효율적인 코딩 언어만이 소프트웨어 성능 저하를 유발하는 원인은 아니다. 애플리케이션과 통신하는 대상이 성능을 저하시키는 요인일 수도 있다. 고성능 소프트웨어는 호출을 할 때 호출 결과를 받을 때까지 지연이 발생하더라도 이로 인해 전체 실행이 느려지지 않는다.[8] 이러한 호출의 예로는 로컬 OS에 대한 동기 호출, 혹은 동일한 머신의 다른 프로세스에 대한 호출, 로컬 하드웨어(예: 디스크)에 대한 호출, 또는 네트워크를 통한 다른 머신의 리소스에 대한 호출이 있다. 고성능 소프트웨어는 HTTP를 통해 외부 서비스와 통신하는 것조차 고려하지 않는다.[9] 하지만 동기 호출의 경우에는 기다리는 애플리케이션이 어떻게 작동하는가에 따라 실제 기후에 미치는 영향은 달라진다.

> '잠깐만요! 결과를 기다리는 것이 어떻게 친환경적이지 않은 거죠? 애플리케이션이 중지되면 전기 사용이 중단되지 않나요? 애플리케이션이 느려질 수는 있겠지만, 이게 어떻게 환경에 해를 끼친다는 말인가요?'

안타깝게도 애플리케이션이 실행되고 있지 않을 때에도 서버는 여전히 최대 60%까지

---

8 https://oreil.ly/CqZmz
9 https://oreil.ly/BvN7P

전력을 소비할 수 있다.[10] 또한 소프트웨어로부터 탄소 배출이 발생하는 경우가 전기 사용만 있는 것은 아니다. 서버 제조 과정에서 발생하는 내재 탄소는 이미 대기 중으로 방출되었기 때문에, 이 비용을 상쇄하려면 최대한의 이익을 얻어야 한다. 따라서 모든 기계는 가능한 오랫동안, 최대 한도로 사용되어야 한다. 잠시라도 유휴 상태로 두는 것은 내재 탄소를 낭비하는 것이다. 이러한 순간들이 쌓이면 결코 무시할 수 없는 양이 된다.

따라서 동기 호출을 기다리는 것은 애플리케이션의 탄소 효율성에 나쁜 영향을 미칠 수 있다. 이 문제를 해결하기 위해 시도할 수 있는 방법이 몇 가지 있다.

1. 가장 이상적이지만 가장 어려운 해결책은 소프트웨어 설계를 통해 해결하는 것이다. 코드에서 멀티스레딩multithreading과 같은 기술을 사용해 애플리케이션의 한 부분이 동기 호출을 기다리는 동안 다른 부분은 서버 리소스를 계속 활용하도록 할 수 있다.

2. 더 쉬운 해결책은 스레딩을 처리하거나 최소한 스레드 처리에 도움을 주는 플랫폼에서 애플리케이션을 실행하는 것이다. 예를 들어 파이썬은 일부 스레드 관리 기능을 제공한다. 서버리스 플랫폼은 이 작업을 완벽하게 처리해준다. 플랫폼에 대한 자세한 내용은 다음 절에서 다룬다.

3. 가장 손쉬운 해결책은 운영적인 측면에서 찾을 수 있다. 모든 물리적 리소스가 공유되는 멀티테넌트 환경에서 실행하면 한 애플리케이션이 일시 중지가 되더라도 다른 애플리케이션은 여전히 실행할 수 있다. 클라우드 가상 머신virtual machine, VM은 전용 인스턴스를 선택하지 않는 한 (이 옵션을 선택하지 않기를 바란다!) 이러한 방식으로 작동하며, 자사 데이터 센터라 해도 쿠버네티스나 하시코프의 노마드 같은 작업 스케줄러를 가진 오케스트레이터를 사용하면 이와 비슷한 효과를 얻을 수 있다.

시간이 충분하다면 최고의 친환경성을 위해 러스트와 같은 언어로 사용자 지정 고도 멀티스레드 애플리케이션을 작성함으로써 머신의 리소스 사용을 극대화하는 첫 번째 방식을 선택할 수 있지만, 이 방식은 어렵고 시간이 오래 걸릴 수 있다. (저자 중 한 명인

---

10   https://oreil.ly/Anmli

앤의 머리가 하얗게 세어버린 원인이 어디에 있을까?) 또한 개발자 생산성이 낮으며 유행에 뒤처진 기술이 필요하기 때문에 팀을 확장할 수 있는 인재 풀이 좁아질 수 있다.

세 번째 방식인 멀티테넌트 환경 사용은 완벽하지는 않지만 적절한 절충안이다. 멀티테넌시는 보안을 위한 격리 계층이 추가되기 때문에 머신 생산성을 낮춘다. 하지만 멀티테넌트 환경은 개발자 생산성을 높여주며, 관리가 잘된다면 머신도 더 최적화될 가능성이 높다. 최고의 멀티테넌트 환경은 격리 오버헤드를 최대한 적게 유지하는 것인데, 잘만 선택한다면 여러분이 특별히 무언가 하지 않아도 점점 더 효율성이 높아질 것이다. 예를 들어 서버리스 웹어셈블리WebAssembly, WASM[11]와 같은 최신 멀티테넌트 플랫폼[12]은 머신 생산성과 개발자 생산성이라는 두 마리 토끼를 다 잡기 위해 격리 오버헤드를 최소화하고 있다.

근본적으로 동기 호출 처리에 어떤 접근 방식을 취해야 하는지는 비즈니스에서 무엇이 중요한지에 따라 달라진다. 친환경적이 되더라도 너무 많은 비용이 들어간다면 CTO를 설득할 수 없지만, 개발 시간을 절약할 수 있는 운영 방식이라면 충분히 설득할 수 있다.

멀티테넌시는 머신 생산성과 개발자 생산성을 동시에 높일 수 있는 방안 중 하나이지만 다른 측면도 있다. 대부분의 멀티테넌트 플랫폼은 대규모 운영과 배포를 기본으로 설계한다. 수백만 대의 머신을 더 효율적으로 사용할 수 있다면, 단지 1%의 성능 향상을 위해 개별 개발자가 자신의 코드를 힘들게 개선하는 것보다 훨씬 더 큰 영향을 미친다. 그러므로 반드시 효율적인 멀티테넌시를 장려해야 한다.

❷ 효율적인 코드 예제

이쯤 되면 보통은 코드 예제 몇 가지를 소개할 수도 있지만 이 책에서는 그러지 않으려고 한다. 지금까지 살펴본 내용을 모두 다 강조하지 않으려는 이유는 효율적인 코드가 상황에 따라 매우 다르기 때문이다. 특정 CPU와 하드웨어 설정에 최적화된 머신 코드

---

11 https://webassembly.org/

12 https://oreil.ly/cb0eG

샘플을 보여주는 것도 별로 의미가 없다(하지만 뒤에 나오는 장에서는 유용한 예시와 사례 연구를 살펴볼 것이다).

대부분의 경우, 선택한 언어 또는 플랫폼의 모범 사례를 따르는 코드가 가장 효율적이다. 그렇게 하면 해당 언어 또는 플랫폼에 포함된 컴파일러나 런타임이 코드를 최적화해줄 것이다.

애플리케이션 전체를 더 효율적으로 구축해야 하는 경우라면 성능 프로파일링을 수행하기 바란다.[13] 성능 프로파일러는 애플리케이션을 분석하고 성능이 좋지 않거나 비효율적인 부분을 개선하는 데 유용한 도구로, 시중에는 다양한 상용 프로파일러가 나와 있다. 때로는 코드를 계측해야 하지만(기본적으로 타이머를 넣어 각 부분의 실행 시간을 확인), 대개는 그렇게 하지 않는다.

프로파일링 데이터를 사용하면 병목현상을 해결할 수 있다. 일반적으로 병목현상은 다음과 같은 경우에 발생한다.

- **지연시간이 긴 라이브러리 호출**: 이를 해결하려면 API를 다른 방식으로 호출하거나 아예 다른 API 또는 라이브러리를 호출해야 한다.
- **제대로 구현되지 않은 루프 또는 알고리즘(일명 버그)**: 자신이 구현한 코드를 테스트하고 수정하거나 다른 좋은 라이브러리를 사용한다.
- **과도한 API 호출**: API 호출을 더 적게 할 수 있는 가능성을 탐색해봐야 한다.

합리적인 성능 테스트와 버그 수정을 넘어서는 낮은 수준의 코드 효율성이 유용한 상황은 그다지 많지 않다. 대부분의 엔터프라이즈 개발자는 단순히 친환경적인 코드를 구현하기 위해 C 또는 러스트와 같은 최신 언어로 코드를 작성하는 것을 지양해야 한다.

그렇다면 우리는 무엇을 해야 할까?

---

13 https://oreil.ly/li4WH

3.4 올바른 플랫폼 선택하기

대부분의 경우 친환경적인 소프트웨어 개발은 세부적인 수준보다는 좀 더 높은 수준에서의 선택과 관련이 있으며, 지속 가능한 소프트웨어 구축을 고려하기 가장 좋은 시점은 설계 단계다. 특히 코드가 실행될 환경과 주변 리소스 생태계를 포함하는 적절한 소프트웨어 플랫폼을 선택하는 것이 중요하다.

소프트웨어를 개발할 때 플랫폼을 선택해야 한다. 예를 들면 자바, 루비 온 레일Ruby on Rails, 아마존 웹 서비스, 구글 클라우드 서버리스 등이다. 결정은 비용이나 인기도 혹은 팀의 숙련도를 기반으로 할 수 있다. 기후 위기를 고려할 때 친환경적인 방향으로 발전하고 이러한 발전이 계속될 플랫폼을 선택해야 한다.

안타깝게도 플랫폼의 마케팅 자료나 코드만으로는 이를 판단하기 어렵다. 다른 사용자의 요구사항이 자신과 유사한지, 그리고 같은 방향으로 발전할 가능성이 있는지 확인해야 한다. 이는 플랫폼이 앞으로 무엇을 할 것인지에 대한 것보다 더 나은 지표인데, 왜냐하면 이런 것들은 마케팅적인 홍보일 수 있기 때문이다. 사람들은 플랫폼이 약속을 지키도록 압박해야 하는데, 여기서 사람들이란 규모가 크거나 최소한 기후와 관련해 의식이 있고 자신의 목소리를 내고자 하는 사용자가 있는 커뮤니티를 의미한다. 즉, 우리는 친환경 소프트웨어 소비자가 되어야 한다.

- 선택한 플랫폼과 관련해 특정 목표를 가지고 플랫폼을 더욱 친환경적으로 발전시키기 위해 노력하는 기존 사용자 커뮤니티가 있는지 확인하고 해당 커뮤니티에 가입해 의견을 경청하라.
- 친환경적인 관점에서 플랫폼을 가장 잘 사용하는 방법에 대한 플랫폼의 지침을 따르고, 플랫폼에 질문을 보내 친환경에 대한 수요가 있음을 어필하라.

3.5 친환경 디자인 패턴 사용

친환경성과 관련하여 사용해야 하는 아키텍처 패턴과 피해야 하는 패턴이 있다. 어떤 설계는 소프트웨어가 필요 이상으로 많은 리소스를 사용하게끔 한다. 안타깝게도 이러한 설계는 흔히 볼 수 있다. 이러한 패턴을 피하려면 친환경성에 관해 미리 생각하고 고민해야 한다. 즉흥적으로 설계하면 탄소 비효율적인 설계가 될 수 있다.

존 버거는 "성능을 이해해야 한다. CPU를 어디에 사용할 것인지 선택해야 한다. 성능을 염두에 두고 설계한 다음 테스트를 통해 실제로 어떤 일이 일어나는지 확인해야 한다"라고 주장한다.

3.5.1 너무 많은 계층 피하기

API 계층은 좋은 것이다. 우리의 삶을 단순화하고 서드 파티의 훌륭한 도구를 활용할수 있게 해준다. 하지만 API 계층으로 인해 경계를 넘나드는 모든 작업에서 추가적인처리 과정이 발생한다. 과도한 CPU 집약적인 아키텍처를 피하는 것은 지속 가능성의핵심이며, 흔히 발생하는 문제 중 하나는 너무 많은 계층을 사용하는 것이다. 어딘가에서 중복 작업을 하고 있지는 않은지 주의해야 한다. 예를 들어 플랫폼에서 이미 수행한작업을 자신의 코드에서 중복해서 수행하지 않는 것이 중요하다. 플랫폼을 의도한 대로 사용하고 있는지 확인해야 한다(플랫폼이 의도하는 바가 친환경적인지도 확인해야 한다).

3.5.2 마이크로서비스를 주의하라

마이크로서비스는 도구와 서비스를 활용하고 팀 내에서 더 나은 분업(아마도 인류의 가장 효과적인 도구)을 촉진하기 때문에 현대적인 아키텍처의 모범 사례로 꼽힌다. 그러나마이크로서비스 설계를 잘할 수도 있고 못할 수도 있는데, 특히 마이크로서비스의 설계를 잘못하면 CPU 집약적이 될 수 있다. 마이크로서비스의 위험성 중 하나는 마이크로서비스 간의 트래픽이 많다는 것이다. 이 트래픽은 종종 CPU 집약적인 방식으로 여러 계층으로 전송된다.

 또 다른 문제는 각 마이크로서비스와 관련해 플랫폼 오버헤드가 있을 수 있다는 점이다.

서비스 내부의 통신은 메시지 래핑 및 언래핑이 거의 필요 없다. 빠르고 가벼우며 전력 소비가 많지 않다. 따라서 지속 가능성에 대해 크게 걱정하지 않고도 내부 메시지를 전달할 수 있다. 하지만 시스템을 여러 서비스로 분할하고 여러 다른 머신에서 실행하면 CPU 사용량이 훨씬 더 많아진다.

네트워크와 관련해 전송 속도와 에너지 사용량은 일반적으로 상관관계가 있으므로 네트워크 성능을 모니터링하면 기후 영향을 측정하는 유용한 경험칙을 얻을 수 있다. 몇 가지 상황을 예로 들면 다음과 같다.

- 한 머신에서 다른 머신으로 메시지를 보내는 것은 내부의 한 구성 요소에서 다른 구성 요소로 메시지를 전달하는 것보다 100배 더 오래 걸리고 더 많은 에너지가 소모될 수 있다.[14]
- 많은 서비스는 통신에 텍스트 기반 RESTful 또는 SOAP 메시지를 사용한다. 크로스 플랫폼인 RESTful 메시지는 사용, 읽기, 디버깅이 쉽지만 전송과 수신 속도가 느리다. 반면 이진 메시지 프로토콜을 통한 원격 프로시저 호출remote procedure call, RPC 메시지는 사람이 읽을 수 없기 때문에 디버깅이나 사용이 더 어렵지만 송수신에 필요한 에너지가 더 적게 들어간다. gRPC[15]와 같은 RPC 메서드를 통해 메시지를 보내는 것이 RESTful 메시지를 보내는 것보다 약 20배 빠르다.

따라서 마이크로서비스 접근 방식의 에너지 사용량을 경감하기 위해 다음과 같은 방법을 시도할 수 있다.

- 더 큰 메시지를 더 적은 횟수로 보내도록 한다.
- JSON 기반 대신 RPC를 사용하여 메시지를 더 효율적으로 전송한다.

하지만 RPC 및 이진 인코딩과 같은 기술을 사용하는 것은 훨씬 더 어렵다. 이러한 기술을 사용하면 개발자 생산성에 영향을 미치므로 팀에게는 적합하지 않을 수 있다. 예를

---

14 https://oreil.ly/FXx5J
15 https://oreil.ly/qsUa3

들어 메시지 전송을 제한적으로 하면 서비스 소유권에 대한 분업 방식이 손상될 수 있고, RPC는 훌륭한 서드 파티 서비스에 대한 접근을 제한할 수도 있다.

추가 작업으로 인해 사업을 지탱하지 못하거나 효율성이 규모에 맞지 않을 경우에는 다른 접근 방식이 필요하다.

- 즉흥적으로 하지 말아야 한다. 마이크로서비스 아키텍처와 필요한 호출을 신중하게 계획하고 과도하게 사용하지 않아야 한다. 잘 설계된 시스템은 더 효율적이고 낭비가 적다. 샘 뉴먼의 저서 《마이크로서비스 아키텍처 구축》(한빛미디어, 2023)에는 이에 관한 조언이 많은데 화이트보드를 사용해 논의해보라.
- 성능을 위해 통신을 최적화하는 데 모든 노력을 기울이는 플랫폼을 선택하고 플랫폼이 의도한 바를 준수하라(여전히 약간의 학습이 필요하지만, 이 책의 독자라면 문제없을 것이다).

1 서비스 메시의 문제

마이크로서비스 아키텍처에서 유용하게 활용되는 서비스 중 하나가 아이러니하게도 메시지 전송 측면에서는 에너지를 가장 많이 낭비하는 방법일 수 있다. 특히 서비스 메시는 큰 문제가 될 수 있다. 이 방법은 모든 메시지에 많은 처리 과정을 추가할 수 있는데, 소위 **사이드카**sidecar 방식을 사용하는 경우 모든 마이크로서비스에 양방향 통신 서비스, 즉 통신 단계가 추가된다.

서비스 메시를 사용하려면 매우 높은 성능을 최우선으로 하는 서비스 메시를 선택하는 것이 최선이다. 왜냐하면 앞서 언급했듯이 서비스 메시의 경우 성능과 에너지 사용량이 서로 상관관계를 가지고 있기 때문이다.

2 모놀리식

그렇다면 이 모든 것은 모놀리스monolith가 마이크로서비스보다 더 친환경적이라는 의미인지 묻는다면 대답은 긍정과 부정이 모두 가능하다. 지속 가능성의 모든 측면과 마찬가지로 여기에도 절충이 필요하다. 모놀리스는 서비스 간 트래픽 생성의 비용이 저렴하고 초고효율적인 설계가 가능하다. 하지만 다른 단점도 있고 친환경적인 방식으로 운영하기가 더 어려운 경우가 많은데, 이에 대해서는 다음 장에서 자세히 살펴볼 것이다.

 2023년 아마존은 효율적인 설계의 절충에 대한 훌륭한 사례를 선보였다. 아마존은 몇 개의 샘플 스트림(stream)이 아닌 모든 실시간 스트림을 모니터링하기로 결정한 다음에서야 프라임 비디오(Prime Video) 서비스[16]의 일부분을 최적화했던 사실이 밝혀졌다. 그 시점에서 아마존은 더 많은 코드를 포함하도록 서버리스 아키텍처를 재구성했다. 이를 통해 아마존은 우리의 주장을 뒷받침하는 전략적인 선택을 했다. 더 많은 코드로 구성되고 신중한 설계를 거친 아키텍처는 더 효율적이지만, 구축 비용이 많이 들고 반복적으로 개선하기가 어렵다.

아마존과 마찬가지로 수요가 충분히 확보되고 그 수요를 이해하기 전에는 비용을 투자하고 싶지 않을 수 있다. 하지만 그런 조건이 이루어진 후라면 반드시 투자해야 하는데 왜냐하면 그 시점에 상업성과 친환경성이 일치하기 때문이다.

미래에는 서버리스 플랫폼이 대부분의 기업에서 효율적인 상용 코딩 플랫폼을 확보하는 방법이 될 수 있기 때문에 아마존 사례를 둘러싼 논란은 아이러니하다. 서버리스 플랫폼이 이러한 목표를 달성하기를 바란다. 서버리스 플랫폼은 친환경 소프트웨어의 성배이며 친환경 코드에 대한 논의에 자주 등장하는 것은 이 때문이다.

지속 가능성에 관해서는 명확한 답이 없는 경우가 많다. 모든 것에는 장단점이 있으며, 선택한 접근 방식의 잠재적인 단점을 고려하고 보완해야 한다.

3.5.3 비효율적인 서비스와 라이브러리의 교체

전체 개발 플랫폼을 교체하기에는 너무 늦은 경우가 있지만, 라이브러리나 서비스를 더 효율적이거나 경량인 것으로 교체하는 데에는 결코 늦은 때란 없다. 다시 말하지만, 이는 코드 작성보다는 쇼핑에 가깝고 아마도 측정을 시작으로 이루어질 것이다(측정은 9장에서 다룬다).

기본적으로 성능 프로파일링을 사용해, 느리고 CPU 집약적인 서비스나 라이브러리를 호출하고 있는지 확인해야 한다. 그다음 친환경적인 사용자의 기반이 갖추어져 있는 제품으로 업그레이드할 수 있는지 찾아봐야 한다.

---

16 https://oreil.ly/VVmp5

이 조언은 진부하거나 당연하게 들릴 수 있지만 너무나 중요하다. 고품질 라이브러리와 서비스를 쉽게 이용할 수 있게 된 것은 지난 10년 동안 우리 업계에서 일어난 혁명과도 같은 일이었다. 이러한 라이브러리와 서비스를 개발하는 팀과 관리자가 가능한 탄소 효율적이고 탄소 인식적인 방향으로 코드를 작성하도록 관심을 가져야 한다. 그러면 세상에 큰 변화를 가져올 수 있지만, 그런 변화는 그들이 그런 움직임을 보이도록 사용자가 요청하는 것으로부터 출발한다. 다행히 무언가를 요구하는 것은 쉽다. 모든 것을 C로 다시 작성하는 것보다도 훨씬 쉬운 일이다.

3.5.4 너무 많이 수행하거나 저장하지 말라

친환경적인 개발은 린Lean 소프트웨어 사고방식, 즉 낭비를 최소화하면서 고품질 소프트웨어를 지속적으로 제공하는 데 중점을 둔 접근 방식과 매우 밀접하게 관련되어 있다. 린의 목표 중 하나는 고객에게 가치를 제공하지 못하면서 낭비되는 시간, 노력, 리소스, 기능을 없애는 것이다. 아직 필요하지 않은 기능은 구현하지 말아야 하고, 필요하지 않은 데이터는 저장하지 말아야 한다.

 여기에서 생각하는 것까지 하지 말라는 것은 아니다. 화이트보드를 사용하여 원하는 만큼 생각하되 필요하기 전에 미리 만들지는 말라는 의미다.

린은 친환경 소프트웨어 구축의 핵심이다. 가장 효율적인 코드는 코드가 아예 없는 것no code이다. 현재로서는 탄소를 발생시키는 모든 행동은 사람들이 얻는 가치와 균형을 맞춰야 한다. 탄소를 줄이는 가장 쉬운 방법은 거의 사용되지 않는 기능은 제거하고 질의되지 않는 데이터는 삭제하는 것인데, 더 나아가 아예 처음부터 추가하지 않는 것이다.

'혹시 필요할지도 모르는' 기능은 구현하지 말아야 한다. 친환경적이지 않을 뿐만 아니라 결과적으로 제대로 관리되지 않는 코드는 보안 허점의 원인이 될 때가 많다. 그러한 코드는 삭제하거나 애초에 추가하지 않아야 한다. 다시 한번 강조하건대 낭비를 없애는 가장 쉬운 방법은 가능한 초기에 없애는 것이므로 제품 관리 팀이 친환경 소프트웨어 미션에 동참하도록 해야 한다.

에너지 사용이 가장 눈에 띄지 않게 증가하는 것은 과도한 데이터 저장을 통해서 이루어진다. 지구온난화 시대에는 꼭 필요한 경우에만 데이터를 저장하도록 정책을 가져가야 한다. 데이터베이스를 최적화해야 하는데 저장되는 데이터를 최소화하고 쿼리를 수정해야 한다. 기본적으로 데이터는 일정 기간이 지나면 자동 삭제가 이루어져야 하며, (규제 등의 이유로) 장기간 보관해야 하는 경우 테이프와 같은 저렴하고 안전한 장기 저장 방식을 사용하는 것이 좋다.[17] 테이프는 SSD와 같이 쉽게 접근할 수 있는 장치에 비해 전력 소비량이 훨씬 적다.

필요 없는 데이터를 정리하는 것은 힘들지만, 하고 나면 기분이 좋아지고 지구도 고마워할 것이다. 과도한 데이터는 모든 상호작용에 미묘한 영향을 미친다. 쿼리 시간은 더 오래 걸리고 더 많은 전력을 사용한다. 필요 없는 데이터를 삭제하라. 삭제할 수 없다면 테이프로 옮겨라.

3.5.5 사용자 기기의 활용

1장에서 설명했듯이 스마트폰과 같은 사용자 기기의 내재 탄소는 엄청나다. 제조와 폐기 시 발생하는 탄소 비용은 전체 수명 주기 동안 전력 사용을 통해 배출되는 탄소보다 훨씬 크므로 최대한 활용하고 가능한 오래 사용해야 한다. 데이터 센터의 서버보다 클라이언트 기기에서 더 많은 작업을 수행하게 하면 탄소 집약적인 기기의 생산과 폐기와 관련된 배출이 정당화된다.

또한 사용자 기기의 배터리는 전력망 균형을 맞추고 저탄소 전력을 지원하는 데 있어 일정 부분 역할을 수행할 수 있는데, 이는 저장된 전력의 수요 이동이 쉽기 때문이다. 휴대폰은 더 저렴한 친환경 전력을 사용해 충전할 수 있으며, 실제로 그렇게 하는 경우가 많다. 전체적인 관점에서 보면 탄소 배출량 자체는 미미하지만 올바른 사고방식을 갖게 해준다.

기기를 좀 더 친환경적으로 만드는 것뿐만 아니라 지능과 자립성을 부여하면 네트워크

---

17 https://oreil.ly/kue3c

문제와 관련해 시스템 복원력을 높여주는데, 이런 네트워크와 관련해 발생할 수 있는 문제는 많은 전문가가 불안정한 기후와 관련해 점점 더 많이 일어날 것으로 우려하고 있다.

3.5.6 머신러닝 관리

앞서 언급한 다른 소프트웨어에 적용한 동일한 기술을 머신러닝 수명 주기의 어느 단계에서든지 적용할 수 있다. 하지만 데이터 수집과 학습이라는 두 가지 핵심 영역은 약간 다르므로 특별히 언급할 필요가 있다.

AI 모델이 커질수록 더 큰 데이터셋이 필요하다. 대규모 데이터셋은 여러 가지 이유로 매력적이다. 과적합overfitting을 방지하고 입력 데이터를 균등하게 확보함으로써 편향된 데이터로 인해 모델 정확도가 저하되는 부작용을 방지할 수 있다. 또한 데이터셋을 대규모로 구축하면 초기 계획 단계에서 미처 고려하지 못했던 상황도 학습할 수 있기에 가치가 있다. 문제는 이러한 생각은 린 낭비라는 점이다.

안타깝게도 이 분야에 대한 지속 가능성 연구와 대중의 생각은 아직 부족하다. 특히 현재 사용되고 실행 중인 머신러닝이 얼마나 많은지를 고려하면 더욱 그렇다. 하지만 걱정하지 않아도 된다. 8장에서 설명하겠지만 친환경적인 데이터 수집을 위한 도구가 있다. 활용할 수 있는 오픈소스와 이미 수집된 데이터셋도 있다. 물론 저장 비용은 동일하겠지만 데이터를 여러분이 직접 수집하지 않아도 된다.

다음으로 중요한 주제는 머신러닝 학습이다. 연구에 따르면 모델 크기와 학습 시간을 줄이면 훈련을 더 친환경적으로 만드는 데 큰 도움이 된다고 한다. 연합 학습, 가지치기, 압축, 증류, 양자화와 같은 기술을 사용해 모델 크기를 줄임으로써 머신러닝 모델을 더 빠르고 효율적으로 훈련할 수 있다.

자연어 오픈소스 모델처럼 특정한 사용 사례에 잘 맞는 사전 학습 모델pretrained model 도 있다. 사람의 언어는 빠르게 변하는 것이 아니므로 사전 학습이 된 모델을 사용해도 무방하다.

에지 컴퓨팅edge computing과 사물인터넷internet of things, IoT이 성장함에 따라 제한적인 기능을 갖는 장치가 점점 더 많아지고 있는데, 이러한 추세에 맞춰 더욱 소형화될 것이다. 에지 컴퓨팅의 또 다른 장점은 로컬 컴퓨팅 및 데이터 저장을 제공해 에너지 소비를 줄이는 것이다.

마지막으로 가장 중요한 것은 머신러닝 학습은 긴급한 경우가 거의 없으므로 반드시 탄소 인식 학습을 해야 한다는 점이다. 학습에 탄소 집약적인 전기를 사용하는 것은 바람직하지 않다. 깨끗한 에너지를 사용할 수 있을 때까지 기다려야 한다.

사례 연구: 마이크로소프트 팀즈(Microsoft Teams)와 2020년 코로나19 팬데믹

2021년, 봉쇄로 인해 갑작스럽게 수요가 증가한 인터넷이 어떻게 살아남았는지 궁금해진 앤은 이 주제에 대해 조사했다.[18] 이는 그 자체로 또 다른 책 한 권 분량이다. 일단 이 책의 집필을 끝내고 나면 그 이야기를 풀어낼 수 있을 것이다. 이 책의 7장에서 이와 관련한 일부를 다룬다.

간략히 언급하자면 팬데믹에 대한 기술적 대응이 흥미로운 이유는 7장에서 논의할 수요 이동과 형성뿐만 아니라 코드 효율성을 개선하는 방법에 대한 실제 사례를 제공하기 때문이다.

팬데믹 봉쇄에 대응하는 조치 중 이번 장과 관련성이 높은 것 중 하나는 마이크로소프트의 화상 회의 제품 팀과 지원 팀의 코드 중심 대응이었다.[19]

너무 이르게 최적화하면 안 된다는 말은 거의 진부한 표현이며 개발자 생산성 측면에서 이 말에 동의한다.[20] 하지만 이러한 접근 방식을 따르면 일반적으로 시스템의 성능을 제대로 사용하지 못하는 상황을 맞이할 수 있다. 2020년 코로나19 팬데믹 기간 동안 전례 없는 수요에 직면한 마이크로소프트 팀즈는 사용할 호스트 머신이 더 이상 없었다. 따라서 플랫폼을 계속 운영하려면 기존 시스템에서 제대로 활용되지 못하고 있던 용량을 쥐어짜내야 했다.

마이크로소프트 팀즈는 아키텍처에서 더 많은 머신 성능을 끌어낼 수밖에 없었고 이는 곧 효율성 개선을 의미했다.[21] 예를 들어 마이크로소프트 팀즈는 캐시에 저장하던 텍스트 기반 데이터 형식을 이진 인코딩 데이터 형식으로 변경해 네트워크 트래픽과 스토리지 요구사항을 모두 줄였다.

흔히 그렇듯이 이러한 효율성 향상은 시스템의 복잡성을 증가시켜 플랫폼의 안정성을 떨어뜨렸고, 개발 팀은 더 많은 테스트와 모니터링을 통해 이를 해결해야 했다.

여기서 우리는 무엇을 배울 수 있을까? 팬데믹으로 인해 마이크로소프트는 어쩔 수 없이 효율성을

---

18 https://oreil.ly/y8Llk
19 https://oreil.ly/JI-Q8
20 https://oreil.ly/jQOTg
21 https://oreil.ly/YRk3w

높여야 했는데, 이는 친환경 호스팅 목표를 달성하는 데 도움이 될 것이다.[22] 하지만 또 다른 교훈으로는 규모가 크고 장기적인 관점과 충분한 자금을 갖추고 있는 마이크로소프트조차도 효율성 개선이 당연한 선택은 아니었다는 점이다. 개발 시간이라는 비용 때문에 이를 실행하지 않았던 것으로 보인다.

이 실제 사례를 통해 효율성은 좋은 것이지만 비용이 많이 든다는 사실을 알 수 있다. 대부분의 사람은 어쩔 수 없을 때(즉, 위험 요소의 중요도가 바뀔 때)에만 효율성을 추구한다.

3.5.7 효율성의 큰 문제점

왜 제번스에게 묻지 않았을까?

이 장을 마치기 전에 19세기 영국 경제학자 윌리엄 스탠리 제번스William Stanley Jevons[23]에 대해 언급하고자 한다. 왜냐하면 효율성에 대한 논의가 나올 때마다 항상 제기되는 첫 번째 논점이 제번스의 역설Jevons paradox이고, 두 번째는 효율성이 오히려 발전에 방해가 되기도 하기 때문이다. 효율성은 필요한 것이므로 이와 관련해 제기되는 타당한 우려를 우선 해소해야 한다. 이 두 가지 우려는 코드 효율성에만 해당되는 것은 아니지만 여기서는 이와 관련해 논의해보자.

1 이슈 1: 제번스의 역설

제번스의 역설은 윌리엄 제번스가 역사적으로 관찰한 것으로, 무언가를 더 효율적으로 할 수 있게 되면 비용은 더 저렴해지고 장기적으로는 그 일을 훨씬 더 많이 하게 된다는 것이다. 따라서 데이터 센터의 에너지 효율성을 개선하면 더 많은 데이터 센터를 지을 것이고, 결국에는 더 많은 에너지를 소비할 것이라는 주장이다.

2 이슈 2: 생산성 저하

두 번째 우려는 효율성이 발전을 가로막는다는 것인데, 이는 또 다른 역사적 관찰에 기반한다. 풍부하고 자유롭게 이용 가능한 에너지는 지금까지 인류의 발전에 필수적이었

---

22 https://oreil.ly/O_AQw
23 https://oreil.ly/W4tKy

으며 앞으로도 그럴 가능성이 높다. 그런데 효율성 추구를 위해 에너지를 절약하다 보면 그에 대한 반대 급부로 인간 활동은 더 많은 노력을 필요로 할 것이고 그에 따라 발전 속도는 느려지므로 결국 기후변화라는 문제를 해결하는 데 오히려 방해가 될 것이라는 주장이다.

이 두 가지 반대 의견은 단순히 괴짜들의 헛소리가 아니다. 이러한 의견에는 근거와 일리가 있다. 저자들 또한 이 문제를 오랫동안 심사숙고해왔다. 그 자체로 책 한 권을 쓸 만한 주제다.

- 기본적으로 제번스의 역설은 효율성이 궁극적으로 풍요를 이끈다는 것을 의미한다.
- 하지만 생산성 저하 주장은 효율성이 풍요에 나쁘다는 것을 암시하는 것처럼 보인다.

이 두 주장이 서로 모순되므로 무시하고 넘어가도 무방하다고 할 수도 있지만, 그렇게 회피하는 것은 너무 안이한 태도다. 그렇게 한다면 비난받아 마땅할 것이다. 실제로 이 둘은 상반되지 않고 둘 다 사실이다. 다만 서로 다른 맥락과 시간 척도를 다룰 뿐이다.

제번스의 역설은 무언가를 더 잘하게 된다면 (이 경우 더 효율적으로 하게 된다면) 그것을 채택하는 데 긍정적인 영향을 미칠 수 있다는 점을 말해준다. 우리는 이 의견에 동의한다.

효율성이 발전에 미치는 부정적 영향에 대한 역사적 관찰은 높은 효율성을 달성하기가 정말 어렵다는 것을 나타낸다. 높은 효율성을 달성하려면 오랜 시간과 막대한 투자가 필요하다. 다시 말하지만, 우리는 이 두 번째 우려 또한 동의한다. 사실 높은 효율성은 소규모 또는 중간 규모의 기업에게는 상업적으로 실현 가능하지 않을 수 있으며, 일반적으로 잠재적 수요가 많은 상품이나 서비스에만 가치가 있다.

하지만 제번스의 말을 다시 인용하자면, 시간과 노력을 투자**할 수 있고** 수요가 **있다면** 효율성은 큰 성과를 거둘 것이다. 제번스의 역설은 역설이 아니다. 당연한 말이고, 이 장의 요점인 '효율성을 얻는 것은 비용이 많이 든다'는 점과 일맥상통한다. 효율성은 항상 이점이 있지만, 모든 경우에 비용을 상쇄할 만큼 충분한 것은 아니다.

❸ 효율성은 친환경에 좋은가 나쁜가?

장기적으로, 그리고 인류와 기후변화라는 맥락에서 우리는 항상 풍부한 에너지를 갖고 싶어 한다. 이는 인류의 지속적인 발전(또는 현재 형태의 존재)을 위한 근본적인 요소다. 단지 우리는 화석연료를 태워 에너지를 얻는 현재의 방식에서 벗어나고 싶을 뿐이다.

고탄소 에너지원에서 저탄소 에너지원으로의 에너지 전환이 완료된 후라도 여전히 목표는 에너지 풍요를 누리는 것이다. 에너지를 얻는 방법은 모듈식 원자력, 우주 기반 태양광 발전, 슈퍼 그리드, 새로운 형태의 배터리와 결합된 재생에너지, 심지어 아직 생각조차 못 한 그 어떤 것일 수도 있다. 그때가 되면 효율성은 단지 있으면 좋은 정도가 될 것이다.

> '오호라, 그럼 결국 이 책을 읽을 필요가 없는 것 아닌가요? 안 읽어도 되니 아주 효율적이네요.'

아쉽지만 우리는 아직 그 단계에 도달하지 못했다. 우리는 에너지 전환의 끝이 아니라 시작 단계에 있을 뿐이다.

현실은 우리가 수십 년 동안 이러한 과도기에 존재해왔고 앞으로도 몇십 년 더 이 상태에 머물러야 한다는 것이다. 그 기간 동안 우리는 이러한 새로운 형태의 에너지를 점진적으로 확대할 것이다. 하지만 아직까지는 이러한 에너지원이 효율적인 상품이 되지는 못하고 있다. 그렇게 될 때까지 우리가 더 효율적인 사용자로 거듭나 그 중간 어디선가 만나야 한다.

현실 세계에서 효율성의 단점은 많은 투자가 필요하다는 것이다. 장점은 제번스가 이야기했듯이 장기적으로, 그리고 올바른 환경에서는 그 투자가 충분히 보상을 받는다는 점이다. 다행스럽게도 우리가 효율성에 투자해 보상을 얻을 가능성이 낮다면, 공급 업체가 효율성을 확보하도록 요구함으로써 우리 대신 그들이 효율성을 위해 투자하도록 유도할 수 있다.

'하지만 화석연료 사용의 효율성을 높이면 높일수록 제번스가 말한 것처럼 그것을 더 많이 사용하게 되지 않을까?'라고 반문할 수 있다. 역사적으로 보면 그의 지적이 맞다. 하지만 이 장에서 화석연료 사용 효율성에 관한 것을 논하자는 것은 아니다. 주로 재생 에너지에서 생산되는 전기를 사용하는 데 있어 기술을 더 효율적이고 상황 인식적으로 만드는 방법에 대해 이야기하고자 한다.

세상은 효율적이지만 바람직하지 않은 석탄과 가스 발전에서 점점 더 효율적인 태양광, 풍력, 원자력 에너지 사용으로 이미 이동하고 있다. 동시에 배터리 및 기타 형태의 저장 장치도 더 좋아질 것이다. 단기적으로는 똑같은 일을 하는 데 더 적은 에너지를 사용할 것을 요청함으로써 인류가 이러한 변화를 이뤄나가도록 도움의 손길을 제공하기만 하면 된다. 또한 저렴하지만 가변적인 풍력과 태양광 에너지를 최대한 활용할 준비도 해야 한다.

20년 내로 클린 전기만 사용할 수 있게 된다면 전기 사용 효율을 높이기 위해 기울인 모든 노력 덕분에 우리는 아마도 훨씬 더 많은 전기를 사용하게 될 것이다. 우리는 이 것이 실패가 아니라 성공이라고 주장한다. 우리는 부끄럽지 않은 기술 유토피아주의자 utopian다.

3.6 요약

코드 효율성에 대한 결론은 고성능 또는 대규모 코드나 소프트웨어 플랫폼을 개발하는 경우가 아니라면 직접 투자할 필요가 없다는 것이다(성능 모니터링과 버그 수정 제외). 이 경우에는 반드시 투자해야 하며 이미 투자하고 있을 것이고 그에 대한 보상을 받을 수 있을 것이라고 기대한다. 하지만 대부분은 여기에 해당하지 않을 것이다.

효율적인 코드에는 다음과 같은 장점이 있다.

- 프로그램 실행 또는 시스템 실행에 필요한 에너지양을 줄인다. 이는 일반적으로 탄소 배출량과 에너지 비용 절감을 의미한다.
- 스마트폰이나 노트북과 같이 배터리에 의존하는 기기의 경우 효율적인 코드는 배터

리 수명을 연장하고 충전에 필요한 전력을 줄여준다.

- 더 적은 수의 머신과 구형 장비에서도 실행할 수 있는 코드를 생성함으로써 내재 탄소의 배출과 전자 폐기물을 최소화한다.

반면 단점도 있다.

- 효율적인 코드를 작성하는 것은 어렵고 시간이 오래 걸린다. 따라서 개발 시간과 비용이 증가하여 개발자 생산성이 저하된다. 조기 최적화를 피하려고 할 때는 규모가 충분하지 않은 제품이나 규모가 큰 제품이라도 초기 단계에서는 효율성의 가치가 없을 수 있다.
- 효율적인 코드는 유지 관리가 어렵고 전문 지식이 필요하며 향후 코드를 발전시키기가 더 어렵다.

효율적인 코드 작성이 가치 있는지 여부는 상황에 따라 다르지만, 이것만이 개발자로서 소프트웨어 탄소 배출량을 줄일 수 있는 유일한 방법은 아니다. 예를 들어 다음과 같다.

- 기능은 필요한 만큼만 최소한으로 추가하고 최소한의 데이터만 저장하며 사용하지 않는 데이터는 삭제한다.
- 친환경적인 미래와 부합하는 효율적인 소프트웨어 플랫폼을 선택하고 사용자로서 지속적인 발전을 요구함으로써 코드 재사용의 힘을 활용할 수 있다. 그런 다음 플랫폼을 목적에 맞게 사용해야 한다. 하이퍼클라우드 서비스는 대부분 다른 서비스보다 더 나은 성과를 거두었지만, 더 책임감 있는 모습을 보여야 한다. 오픈소스 커뮤니티 역시 이러한 움직임에 동참해야 한다. 우리는 이것이 코드 효율성을 널리 채택할 수 있는 장기적인 해결책이라고 생각한다.
- 낭비를 줄이는 방향으로 시스템을 설계해야 한다. 예를 들어 마이크로서비스 설계 시 사용 사례에 대한 모범 사례를 따르거나, CPU 집약적인 네트워크 계층(예: 무거운 (느린) 서비스 메시)을 통해 서비스 간 메시지를 과도하게 교환하지 않아야 한다.
- 효율적인 멀티테넌트 환경에서 잘 작동하는 코드를 작성한다.

- 성능 프로파일링을 통해 시스템에 심각한 버그나 문제가 있는 라이브러리를 식별한다.
- 더 효율적인 서비스와 라이브러리를 선택하거나 바꾼다.
- 휴대폰과 같은 사용자 기기에서 실행되는 클라이언트가 더 다양한 기능을 갖도록 설계한다.

다행히도 데브옵스 엔지니어 또는 SRE로서 데브옵스 생산성에 부합하는 탄소 배출량 감축 옵션이 많은데 다음 장에서 이에 관한 내용을 다룬다.

CHAPTER 4

운영 효율성

> 저항해봐야 소용없다!
>
> —보그족The Borg

실제로는 저항이 소용없는 정도가 아니라 훨씬 더 나쁜 것이다.

4.1 기계와의 전쟁

언젠가는 극저온[1] 데이터 센터[2]에서 작동하는 초전도 서버[3]가 저항resistance을 제거하고, 데이터 센터가 현재보다 훨씬 적은 전력으로 운영될 것이다. 어쩌면 미래에는 인공 일반 지능artificial general intelligence, AGI이 이미 이 문제를 해결했을지도 모른다. 하지만 그런 날을 꿈꾸며 마냥 기다리고 있을 수만은 없다.

데이터 센터의 기계에 전력을 공급하면 기계는 뜨거워진다. 이런 에너지는 상당한 기후 비용을 너무 자주 발생하면서 영원히 소실되고 만다. 저항과의 싸움은 2장에서 논의한 것처럼 사람들이 데이터 센터의 전력 사용 효율성PUE을 개선하기 위해 노력하는 것이

---

1   https://oreil.ly/BRDsl
2   https://oreil.ly/Rik8s
3   https://oreil.ly/gQHoi

다. 또한 운영 효율성이라는 개념이 만들어진 동기이기도 하다. 이번 장에서 그 내용을 다루고자 한다.

초전도 데이터 센터는 추위 문제를 해결할 수 있기 때문에 우주에 있을 수 있다(초전도체는 매우 차가운 온도를 필요로 하는데 조끼를 입을 정도의 저온이 아닌 우주 공간 정도의 저온이다).[4] 하지만 지구 밖 초전도 데이터 센터는 100년 후의 이야기이며 당면한 문제를 해결하기에는 너무 먼 미래다.

지난 30년은 데이터 센터의 전력 낭비 문제를 해결하기 위해 분투한 시간이었는데, 이 싸움은 CPU 설계 개발과 기타 하드웨어 효율성 개선을 통해 이루어졌다. 이를 통해 개발자는 점점 더 적은 수의 머신과 더 적은 전력으로 동일한 결과를 얻었다. 하지만 더 이상 이러한 무어의 법칙 업그레이드에만 의존할 수는 없다. 무어의 법칙은 느려지고[5] 있으며 심지어 멈출 수도 있다(물론 아닐 수도 있다).

다행히 하드웨어 효율성만이 저항과 싸울 수 있는 유일한 무기는 아니다. 운영 효율성은 저자 중 하나인 세라와 같은 친환경 데브옵스 또는 SRE 담당자가 데이터 센터의 전력 낭비를 줄일 수 있는 한 가지 방안이다. 운영 효율성이란 무엇일까?

열 발생의 진화

초전도성은 잠시 제쳐두자. 저항으로 인한 열은 전기를 사용할 때 물리적으로 발생하는데 이는 달갑지 않은 부산물이다. 온열 장치인 라디에이터(radiator) 말고는 유용한 경우가 없으며 최신 데이터 센터에서는 보기 어렵다.

발열체에서 저항은 오히려 바람직하다. 전기 라디에이터가 작동하는 메커니즘이며 열 발생 효율이 100%이다. 예전에는 100% 효율이 꽤 높은 수치였으나 시대가 많이 변해 이제는 와트당 훨씬 더 많은 효과를 요구한다. 냉매를 영리하게 사용해 400% 이상의 효율성을 발휘하는 열펌프(heat pump)로 인해 우리의 기대치가 높아졌다. 열펌프는 놀라운 장비지만 단순한 라디에이터보다 설계, 제조, 작동이 훨씬 까다롭고 더 많은 내재적 탄소를 가지고 있다.

열펌프 사용이 확대됨에 따라 열펌프 생산과 운영이 더 개선될 것으로 예상되지만, 아무 문제 없이 하루아침에 이루어지지는 않을 것이다. 실제로 열펌프는 새롭고 효율성이 높은 기술로 전환하는 데 수반되는 초기 비용과 절충을 잘 보여주는 사례다.

---

4 https://oreil.ly/k-oG8
5 https://oreil.ly/aiuh7

그간 열펌프에 막대한 투자가 이루어졌으며 앞으로 더 많은 투자가 필요할 것이다. 이러한 사실은 기후변화 문제에서는 사소한 해결책은 거의 없으며, 대부분의 경우 상용화를 위해 여전히 많은 노력이 필요하다는 것을 보여주는 것이다. 그럼에도 불구하고 해결책은 존재하며 상용화하기 위해 노력해야 한다. 다시 말해 대규모로 구축, 설치, 운영하는 데 드는 비용을 100배 내지 1000배 더 효율적으로 구현해야 한다. 상용화할 수 없다면 에너지 전환 과정에서 살아남지 못할 것이다.

전 세계 모든 전기장치의 전기저항으로 인해 방출되는 열은 지구온난화에 큰 영향을 미치지 않는다는 점에 유의해야 한다. 기후변화에서 온난화는 실제로 태양과 온실가스의 물리적 특성의 조합으로 일어난다. 또한 궁극적으로 열펌프가 전달하는 열을 제공하는 것도 태양이며, 이것이 열펌프가 100% 이상의 효율을 달성하는 방법이다. 전기는 단지 열펌프가 태양에너지를 얻는 것을 돕는 역할을 할 뿐이다.

먼 미래에 핵융합이나 우주 기반 태양광 발전에서 거의 무제한의 전력을 생산할 수 있게 된다면 직접적인 온난화를 걱정해야 할 수도 있다. 하지만 그것은 다음 세기의 문제다. 그때까지 도달했다면 훌륭한 일인데 인류가 그때까지 살아남았으니 말이다.

4.1.1 매력적인 방안

운영 효율성이란 서버, 디스크, CPU와 같은 하드웨어 리소스를 더 적게 사용해 애플리케이션이나 서비스의 성능과 복원력 같은 측면에 대해 기능적으로 동일한 결과를 얻는 것을 의미한다. 이로 인해 필요한 전력과 발열량이 줄어들며, 장비 생성과 폐기 과정에서 배출되는 탄소도 줄어든다.

운영 효율성이 가장 이목을 끌 만한 것이거나 에너지 낭비를 줄일 수 있는 이론적 잠재력이 가장 큰 방안은 아니다. 하지만 친환경적인 소프트웨어를 구축하기 위해 대부분의 사람들이 취할 수 있는 실용적이고 달성 가능한 단계라는 점을 논의하고자 한다. 그뿐 아니라 어떤 면에서는 다른 대안보다 훨씬 낫다는 점도 살펴볼 것이다.

4.1.2 기술

서두에서 설명했듯이 AWS는 훌륭한 운영 효율성을 통해 시스템의 탄소 배출량을 5~10배 줄일 수 있다고 추정하는데 이는 결코 무시할 수 없는 수치다.[6]

---

6 https://oreil.ly/I0Rkp

'잠깐만요! 코드 효율성이 탄소 배출량을 100배 줄일 수 있다고 하지 않았나요? 10배나 더 좋은데요!'

맞다. 하지만 코드 효율성의 문제점은 대부분 기업이 매우 중요하게 생각하는 개발자 생산성과 부딪칠 수 있다는 것이다. 기업이 이 부분을 중요하게 생각하는 것은 당연하다.

운영 효율성이 코드 효율성보다 덜 효과적이라는 데 동의하지만, 대부분의 기업에게는 상당한 이점이 있다. 비교적 적은 노력과 상용화 도구를 사용해 큰 개선을 이룰 수 있다. 이렇게 하면 성과를 얻기가 훨씬 더 쉽기 때문에 우리 역시 대부분 이것으로부터 시작해야 한다.

코드 효율성은 바람직하지만 힘든 작업인 데다가 그 결과물로 과도한 맞춤형 코드가 만들어질 수 있다는 단점이 있다(다행히 이 문제는 점차 나아지고 있지만 아직 완전히 해결되지는 않았다). 많은 사용자가 있을 경우에만 시도해볼 가치가 있으며, 요구사항을 이해하려면 실험을 먼저 해봐야 한다.

> 운영 효율성을 10배 높이고 코드 효율성을 100배 높일 수 있다면 우리가 원하는 1000배의 효과를 얻을 수 있다. 앞으로 5년 안에 우리는 상품화된 도구와 서비스, 즉 녹색 플랫폼을 통해 이 두 가지 모두 필요하게 될 것이다.

반면 더 나은 운영 효율성은 이미 표준화된 라이브러리와 상품화된 서비스를 통해 가능하다. 이 장에서는 이전 장에서 다루지 못했던, 널리 적용 가능한 사례를 소개한다. 하지만 그 전에 먼저 한 발자국 뒤로 물러나서 생각해보자. 현대적인 운영 효율성에 대해 논의할 때 어떤 고차원적인 개념에 의존하고 있을까? 우리가 생각하기로는 하나의 근본적인 개념으로 귀결하는데 그것은 바로 머신 활용도다.

4.1.3 머신 활용도

머신 활용도machine utilization, 서버 밀도server density, 또는 빈 패킹bin packing 등 다양한 이름으로 불리지만, 그 목표는 동일하다. 머신 활용은 CPU, 메모리, 네트워크 대역폭, 디스크 I/O, 전력과 같은 물리적 자원의 사용을 극대화하기 위해 하나의 머신 또는 하나의 클러스터에 많은 작업을 수행토록 하는 것이다.

뛰어난 머신 활용은 코드 효율성만큼이나 친환경 IT의 기본이 된다. 예를 들어 애플리케이션을 C로 다시 작성하고 CPU 요구사항을 99% 줄였다고 가정해보자. 이렇게 하는 것은 쉽지 않은 작업이고 시간도 몇 개월은 족히 걸릴 것이다. 새로 작성한 이 코드를 이전과 동일한 서버에서 실행한다면 전력 소비는 크게 줄어들지 않을 것이다. 6장에서 살펴보겠지만, 부분적으로 사용되는 머신이나 완전히 활용되는 머신이나 전력 사용 측면에서는 큰 차이가 없다. 하드웨어에서 발생하는 내재적 탄소 배출량은 동일하기 때문이다. 즉, 애플리케이션을 축소하는 동시에 머신도 축소하지 않으면 (소위 말하는 라이트사이징rightsizing) 코드 최적화 노력의 대부분이 의미 없는 것일 수 있다. 문제는 라이트사이징이 쉽지 않다는 점이다.

1 라이트사이징

운영 측면에서 가장 저렴한 친환경 조치 중 하나는 시스템에 대해 필요 이상 너무 많은 리소스로 운용하지 않는 것이다. 즉, 과도하게 할당된 리소스는 줄여야 한다. 앞서 언급했듯이 높은 머신 활용률은 효율적인 전력 사용을 통해 탄소 배출량이 감소한다는 것을 의미한다. 올바른 라이트사이징은 자사 데이터 센터와 클라우드에 모두 적용할 수 있다.

하지만 애플리케이션이 최적의 리소스를 가진 머신에서 실행되도록 하는 데에는 문제가 있다. 리소스의 과다 할당은 일반적으로 위험 관리 기법으로 사용된다. 새 서비스의 동작이나 요구사항을 예측하기 어렵기 때문에 리소스를 필요 이상으로 넉넉하게 가지는 서버 클러스터에서 서비스를 실행하는 것은 합리적인 접근 방식이다. 이렇게 하면 리소스 제한에 부딪히거나 경쟁 상태race condition가 발생할 가능성이 줄어든다. 비용은 조금 더 들겠지만 서비스가 중단될 가능성이 줄어들기 때문에 이러한 절충은 대부분의 기업이 당연하게 여긴다. 처음에 가상 머신의 크기를 넉넉하게 크게 잡아놓고 이후에 점차 조정해나간다고 하지만 실제로 그렇게 하는 경우는 거의 없다. 왜냐하면 라이트사이징의 두 번째 문제점 때문인데, 그것은 바로 그렇게 할 시간적 여유가 없다는 점이다.

② 자동 크기 조정

자동 크기 조정autoscaling은 클라우드에서 자주 사용되는 기술이지만, 자사 데이터 센터에서도 수행할 수 있다. 자동 크기 조정의 기본 개념은 현재 수요에 따라 시스템에 할당된 리소스를 자동으로 늘리거나 줄이는 것이다. 모든 클라우드 제공 업체는 자동 크기 조정 서비스를 제공하며 쿠버네티스의 일부로도 사용할 수 있다. 이론적으로는 좋은 기능이다.

문제는 실제로 자동 크기 조정이 수동으로 설정한 과다 리소스 할당과 유사한 문제에 직면할 수 있다는 점이다. 최대로 확장하는 것은 괜찮지만 다시 축소하는 것은 위험할 수도 있기 때문에 자동으로 축소하지 않도록 설정하는 경우가 있다. 리소스 수축을 수동으로 할 수 있지만 과연 그 일을 수동으로 할 시간이 있을까? 애초에 자동 크기 조정을 사용했던 이유가 바로 여기에 있다. 결과적으로 자동 크기 조정이 리소스 잉여 문제를 항상 해결하는 것은 아니다.

다행히 공용 클라우드는 또 다른 잠재적 해결책인 버스트 가능burstable 인스턴스를 제공하는데, 복원력과 친환경성 사이의 절충안이 될 수 있다. 버스트 가능 인스턴스는 CPU 사용이 지속적으로 높지는 않지만 간헐적으로 급증하는 워크로드를 위해 설계되었다.

버스트 가능 인스턴스는 기본적인 CPU 성능을 제공하지만 필요하다면 제한된 기간 동안 성능이 늘어날 수 있다. 인스턴스가 CPU 사용을 높게 유지할 수 있는 시간은 누적된 CPU 크레딧credit에 따라 결정된다. 워크로드가 정상으로 돌아오면 인스턴스는 기본 성능 수준으로 돌아가 CPU 크레딧을 다시 누적하기 시작한다. 버스트 가능 인스턴스는 다음과 같은 여러 가지 장점이 있다.

- 지속적으로 높은 CPU 성능을 제공하는 인스턴스보다 저렴하다(이는 곧 클라우드 제공 업체에게는 더 많은 머신 효율성을 의미한다).
- 더 친환경적이며 시스템이 필요 이상으로 많은 리소스를 미리 할당하지 않고도 간헐적인 수요 급증을 처리할 수 있도록 해준다. 또한 자동 축소도 이루어진다.
- 무엇보다도 서버 밀도 관리 문제를 클라우드 제공 업체에게 위임할 수 있다.

물론 부정적인 측면도 있다.

- 인스턴스가 더 높은 성능 수준으로 실행할 수 있는 시간은 CPU 크레딧에 따라 제한되기 때문에 크레딧이 부족하면 여전히 서비스 중단이 발생할 수 있다.
- 지속적으로 높은 CPU가 필요한 워크로드라면 대규모 인스턴스 유형을 사용하는 것이 더 저렴할 수 있다.
- 특대형 인스턴스를 선택하는 것만큼 안전하지는 않다. 버스트 가능 인스턴스의 성능은 가변적이므로 정확한 수준을 예측하기 어렵다. 하지만 충분한 수요가 있다면 하이퍼스케일러 업체들이 지속적인 투자를 통해 개선해나갈 것으로 기대한다.
- CPU 크레딧 관리로 인해 시스템 복잡성이 커진다. 누적된 크레딧을 추적하고 리소스 요구 급증 상황에 대비해야 한다.

결론적으로 라이트사이징은 훌륭하지만 이것을 쉽게 달성할 수 있는 방법은 없다. 리소스를 미리 과도하게 할당하지 않고 에너지를 효율적으로 사용하려면 시간과 새로운 기술에 대한 선행 투자가 필요하다. 자동 크기 조정이나 버스트 가능 인스턴스를 사용하더라도 이는 마찬가지다.

앞에서 말한 대로 "녹색으로 산다는 게 쉽지 않아"라고 하소연한 커밋 더 프로그Kermit the Frog의 말이 계속해서 증명되고 있다. 하지만 과잉 리소스 할당을 피하면 지속 가능성을 높이는 것 외에도 비용 절감 효과도 있으므로 그렇게 할 가치는 충분하다. 어쩌면 코드형 인프라스트럭처 또는 깃옵스 프로젝트를 시작한 이유가 이러한 라이트사이징의 어려움을 해결하고자 한 것일지도 모른다.

3 코드형 인프라스트럭처

코드형 인프라스트럭처infrastructure as code, IaC는 인프라의 정의, 설정, 배포를 수동이 아닌 코드를 통해 수행한다는 원칙이다. 이를 통해 자동화와 반복성, 버전 제어가 용이해진다. 도메인별 언어와 설정 파일을 사용해 서버, 네트워크, 스토리지를 원하는 방식으로 기술한다. 이 코드 기반 표현이 인프라의 유일한 단일 진실 공급원single source of truth이 된다.

깃옵스GitOps는 깃을 버전 관리 시스템으로 사용하는 코드형 인프라스트럭처의 한 형태다. 자동 크기 조정과 같은 리소스 할당 변경을 포함한 모든 변경 사항은 깃을 통해 관리하며, 현재의 인프라 상태가 코드 저장소에 정의한 바와 일치하도록 현재의 인프라 설정을 지속적으로 조정한다. 인프라 변경에 대한 감사audit를 통해 추적, 검토, 롤백rollback이 가능하도록 하는 것을 목표로 한다.

한편, 코드형 인프라스트럭처와 깃옵스 커뮤니티에서 친환경 운영을 염두에 두기 시작했으며, 이미 클라우드 네이티브 컴퓨팅 재단Cloud Native Computing Foundation, CNCF의 환경 지속 가능성 그룹은 그린옵스GreenOps를 자신들의 목표 가운데 하나로 설정했다.[7] 재단은 이 개념을 비용 절감 기술(일명 핀옵스, 친환경 시스템들이 공동으로 누릴 수 있는 이점에 대해서는 11장에서 자세히 설명한다)과 연관시키는데, 이는 타당하다(그림 4.1 참조). 운영 측면에서 친환경일수록 비용은 더 낮아진다.

그림 4.1이 시사하는 바는 삼각형 꼭대기에서 시작하여 아래로 내려가는 것이 합리적이라는 것이다. 아래쪽에 있는 것들이 더 까다롭기 때문에 이는 타당해 보인다.

라이트사이징과 자동 크기 조정을 자동화하는 것은 작업을 더욱 용이하게 하며, 이는 코드형 인프라스트럭처와 깃옵스가 친환경에 도움이 될 수 있다는 것을 시사한다. CNCF 코드형 인프라스트럭처 커뮤니티가 그린옵스를 추진하고 있다는 점도 좋은 신호다.

이 글을 쓰는 시점에 저자들은 위브웍스Weaveworks[8]의 CEO인 알렉시스 리처드슨Alexis Richardson과 그의 팀원들과 이야기를 나눴다. 위브웍스는 2017년 깃옵스라는 용어를 만들고 이에 대한 주요 원칙을 쿠버네티스 친화적인 구현인 FluxCD와 함께 제시했다.

위브웍스는 그린옵스의 다음 주요 과제는 자동화된 GHG 배출량 추적이라고 보고 있다. 우리도 이 의견에 동의하며 10장에서 자세히 논의한다.

---

7   https://oreil.ly/2_SiW
8   https://github.com/weaveworks

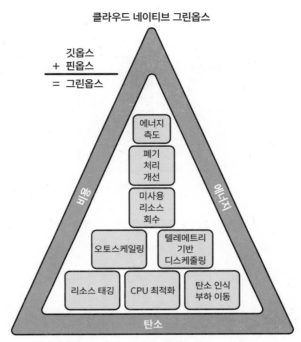

그림 4.1 **CNCF의 그린옵스에 대한 깃옵스 + 핀옵스 정의**

4 클러스터 스케줄링

라이트사이징, 자동 크기 조정과 같은 표준 운영 기술은 모두 훌륭하지만, 머신 활용에 대해 좀 더 잘 대처하려면 보다 근본적인 개념인 클러스터 스케줄링을 살펴봐야 한다.

클러스터 스케줄링cluster scheduling의 기본 개념은 데브옵스 테트리스 게임의 조각처럼 서로 다른 형태의 워크로드를 프로그래밍 방식으로 서버에 가득 채워 실행할 수 있다는 것이다(그림 4.2 참조). 이것의 목표는 동일한 양의 작업을 가능한 한 작은 머신 클러스터에서 실행하는 것이다. 이는 자동화된 운영 효율성의 궁극적인 목표일 수도 있으며 기존의 시스템 리소스 할당 방식과는 크게 다르다. 전통적으로 각 애플리케이션은 자체 물리적 머신 또는 가상 머신이 있었다. 클러스터 스케줄링을 사용하면 이러한 머신을 애플리케이션 간에 공유할 수 있다.

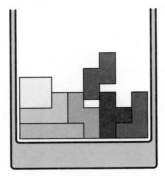

그림 4.2 **데브옵스 테트리스**

예를 들어 I/O 요구량은 높지만 CPU 요구량은 낮은 애플리케이션이 있다고 가정해보자. 클러스터 스케줄러는 이 작업을 프로세서 집약적이지만 I/O를 많이 사용하지는 않는 애플리케이션과 함께 동일한 서버에 배치할 수 있다. 스케줄러의 목표는 언제나 로컬 리소스를 가장 효율적으로 사용하면서 필요한 시간 내에 목표 품질과 가용성을 충족하여 작업을 완료하는 것이다.

다행히도 클러스터 스케줄러 도구와 서비스가 많이 있는데 일반적으로 오케스트레이션 플랫폼의 일부로 제공된다. 가장 인기 있는 것은 오픈소스인 쿠버네티스 플랫폼의 한 구성 요소로, 구글의 내부 클러스터 스케줄러인 보그를 매우 단순화시킨 버전이다. 서문에서 언급했듯이 보그는 구글에서 거의 20년 동안 사용되어왔다.

클러스터 스케줄링을 사용하려면 자사 데이터 센터에서 쿠버네티스 스케줄러 또는 하시코프의 노마드와 같은 스케줄러를 사용할 수 있다. 또는 EKS, GKS, AKS(각각 AWS, 구글, 애저)와 같은 관리형 쿠버네티스 클라우드 서비스 또는 AWS 컨테이너 서비스(ECS)와 같이 쿠버네티스가 아닌 방식을 사용할 수도 있다.

대부분의 클러스터 스케줄러는 유사한 기능을 제공하기 때문에 선택한 운영 플랫폼에서 제공하는 스케줄러를 사용하게 될 가능성이 높다. 클러스터 스케줄러가 플랫폼 선택의 차별화 요소는 아니지만, 이러한 머신 활용 기능이 부족하다면 사용 중인 플랫폼이 충분히 친환경적이지 않다는 것을 나타낼 수 있다.

클러스터 스케줄링은 바람직한 기능이며 최대 80%까지 머신 활용도를 높일 수 있다. 이러한 도구를 사용하고도 비용과 탄소를 절약하지 못한다면 그것은 어쩌면 리소스를 제대로 사용하지 않고 있다는 방증일 수 있다. 하지만 여전히 큰 문제가 남아 있다.

정보 부족

이러한 클러스터 스케줄러가 최적의 배치를 위해 서비스 또는 작업을 머신 간에 이동하려면 세 가지가 필요하다.

1. 서비스가 필요로 하는 모든 필수 라이브러리와 함께 캡슐화되어 이동할 수 있어야 하는데, 그렇지 않을 경우 주요 의존성 라이브러리의 누락으로 인해 서비스 작동이 멈출 수 있다.

2. 캡슐화 도구는 빠른 인스턴스화를 지원해야 한다(즉, 캡슐화된 서비스나 작업을 한 머신에서 삭제하고 다른 머신에서 빠르게 다시 시작할 수 있어야 한다). 이 작업이 한 시간씩 걸리면 (심지어 몇 분이라 해도) 클러스터 스케줄러가 작동하지 않아 서비스의 다운타임이 길어진다.

3. 캡슐화된 서비스나 작업은 레이블을 지정해야 하는데 이를 통해 스케줄러는 해당 서비스나 작업을 인식하고 처리할 수 있다(예: 어떤 서비스에 고가용성 요구사항이 있는지 스케줄러에게 알려준다).

캡슐화 및 빠른 인스턴스화는 도커Docker나 컨테이너디Containerd와 같은 컨테이너로 만들어 수행할 수 있으며, 이 기술은 이제 널리 사용되고 있다.

내부적으로 AWS의 많은 서비스는 컨테이너가 아닌 경량 가상 머신을 사용한다. 하지만 개념은 동일하다.

이 모든 기술은 여전히 정보가 필요하다. 스케줄링 중인 워크로드에 대한 이해도가 높다면 스케줄러는 리소스를 보다 효과적으로 사용할 수 있지만, 정보가 부족하면 제대로 작동하지 않는다.

쿠버네티스의 경우, 스케줄러는 워크로드나 서비스에 대한 파드pod 정의, 특히 CPU와 메모리에 대한 요청(최소치)이나 제한(최대치)과 같은 제약 조건에 따라 작동할 수 있지만, 사용자가 직접 지정해야 한다. 문제는 이 작업이 쉽지 않을 수도 있다는 점이다.

오랫동안 그린옵스 실무자로 활동해온 로스 페어뱅크스Ross Fairbanks는 자동 크기 조정과 제약 조건 정의의 문제점은 이러한 제약 조건을 설정하기가 어려운 것이라고 피력했다.[9] 다행히도 이런 설정을 쉽게 할 수 있는 도구가 몇 가지 나와 있다. 페어뱅크스는 "쿠버네티스 버티컬 파드 오토스케일러Kubernetes Vertical Pod Autoscaler가 도움이 될 수 있다.[10] 권장 모드가 있어 익숙해질 수 있을 뿐만 아니라 자동 모드도 가능하다. 쿠버네티스를 사용하고 있고 머신 활용도를 개선하고 싶다면 이 도구로 시작할 수 있다"라고 말한다.[11]

클라우드는 어떨까?

시스템이 클라우드에서 호스팅하면 쿠버네티스와 같은 컨테이너 오케스트레이터를 실행하지 않더라도 클라우드 제공 업체가 자체 스케줄러를 운영하기 때문에 일반적으로 클러스터 스케줄링의 이점을 얻을 수 있다.

적합한 클라우드 인스턴스 유형 선택을 통해 워크로드의 특성을 나타낼 수 있으며, 클라우드 스케줄러는 이 선택에 따라 머신 활용도를 최적화한다. 이것이 바로 친환경적인 관점에서 볼 때 리소스 또는 가용성 요구사항을 과도하게 지정해서는 안 되는 이유다(예: 버스트 가능 인스턴스 또는 전용이 아닌 인스턴스로도 충분함에도 불구하고 전용 인스턴스를 요청하는 경우).

다시 말하지만 이를 위해서는 숙고, 계획, 관찰이 필요하다. 공용 클라우드는 사용자가 리소스를 과도하게 할당하고 이 중 일부 리소스를 다른 사용자를 위해 몰래 사용하는 경우(일명 초과 구독oversubscription)를 탐지해내는 데 능숙하지만, 클라우드 사용자로서 플랫폼을 가장 효율적으로 사용하는 방법은 정해진 대로 사용하는 것이다. 버스트 가능

---

9   https://oreil.ly/rJgW8
10 https://oreil.ly/wdjzS
11 로스 페어뱅크스와 사적인 대화에서 나온 말이다.

인스턴스가 필요한 경우 클라우드를 사용하는 가장 효율적인 방법은 버스트 가능 인스턴스를 선택하는 것이다.

복합 워크로드

클러스터 스케줄링은 다양한 작업이 잘 레이블링되어 대형 물리적 머신에 할당될 때 가장 큰 효과를 볼 수 있다(밀집도를 높게 하는 것이 가능하다). 하지만 소규모 환경, 예를 들어 자사 데이터 센터에서 소수의 노드node로 쿠버네티스를 실행하거나 클라우드에서 전용 가상 머신을 실행하는 경우에는 효과를 기대하기 어렵다.

하지만 하이퍼스케일러 업체에게는 훌륭한 옵션이다. 하이퍼스케일러는 최적의 밀집도를 달성하기 위해 다양한 작업을 처리해야 하는데, AWS의 높은 서버 활용률은 이것으로 어느 정도 설명된다. AWS가 발표한 활용률이라면 동일한 작업을 수행하기 위해 자사 데이터 센터가 필요로 하는 하드웨어의 4분의 1 미만이면 충분하다. 실제 수치는 알기 어렵지만 AWS의 수치는 타당하다(오히려 잠재적인 AWS의 절감 효과를 과소평가했을 가능성이 높다).

적은 수의 서버를 사용한다는 것은 전력 사용량과 탄소 배출량 또한 적다는 것을 의미한다. 따라서 지속 가능성을 위한 가장 쉬운 방법은 시스템을 클라우드로 이전하고 모든 유형의 인스턴스를 포함하여 클라우드 서비스를 잘 활용하는 것이다. 최적화된 서비스와 스케줄러를 사용해야만 이를 달성할 수 있다. 전용 서버에 리프트 앤드 시프트 방식으로 이전한다면 쿠버네티스를 아무리 잘 활용하더라도 친환경을 기대하면 안 된다.

앞서 언급했듯이 규모와 효율성은 밀접하게 연관되어 있다. 하이퍼스케일러는 효율성이 주요 사업이기 때문에 엄청난 엔지니어링 노력을 투자할 수 있다. 보험을 판매하는 회사가 극도로 효율적인 자체 서버실을 구축하는 것은 설령 그것이 가능하다 해도 재정적인 측면에서 하등 필요가 없다. 사실 그렇게 하는 것이 차별화 요소도 아니기 때문에 회사의 이익에 부합하지도 않는다.

5 시간 이동과 스폿 인스턴스

앞서 언급한 스케줄러에 시간을 추가하면 완전히 새로운 차원의 유연성을 얻을 수 있다. 우선순위가 낮거나 지연 가능한 작업을 인식하고 관리할 수 있는 아키텍처는 높은 머신 활용률로 운영할 수 있다. 다음 장에서 다루겠지만 이러한 아키텍처는 탄소 인식에 매우 중요하다. 친환경 기술 전문가 폴 존스턴은 "항상 켜져 있고 계속 실행하는 서비스나 워크로드는 지속 가능하지 않다"라고 주장한다. 이것은 클러스터 스케줄링에 대한 흥미로운 반전으로 이어지는데, 그것이 바로 클라우드의 스폿 인스턴스 개념이다 (AWS와 애저에서는 스폿 인스턴스, GCP에서는 선점형 인스턴스라고 한다).

스폿 인스턴스spot instance는 공용 클라우드 제공 업체가 남은 여유 용량을 활용해 더 나은 머신 활용도를 얻기 위해 사용한다. 작업을 스폿 인스턴스에 넣으면 완료될 수도 있고 완료되지 않을 수도 있다. 계속 시도하면 언젠가는 완료되겠지만 그 시점은 보장되지 않는다. 즉, 스폿 인스턴스에 할당되는 작업은 시간 이동이 매우 용이해야 한다. 이러한 자유 방임적인 스케줄링 방식에 대한 대가로 사용자는 호스팅 표준 가격의 90%를 할인받는다.

스폿 인스턴스는 지금까지 스마트 스케줄링과 관련해 논의한 여러 가지 개념을 결합한 것이다. 그 내용은 다음과 같다.

- 작업을 가상 머신으로 래핑
- 시간에 민감하지 않다는 것을 레이블로 지정
- 클라우드 제공 업체가 원하는 시간과 장소에 자유롭게 일정을 예약하도록 허용

잠재적으로(즉, 클라우드의 스케줄링 결정에 영향을 미치는 요인에 따라) 스폿 인스턴스를 사용하는 것이 시스템을 운영하는 친환경적인 방법 중 하나일 수 있다. 우리는 하이퍼스케일러 업체들이 스폿 인스턴스 워크로드를 예약할 때 로컬 그리드의 탄소 집약도까지도 고려하기를 바라며, 2025년까지 이러한 일이 이루어지기를 기대한다. 구글은 이미 이러한 움직임에 대해 논의하고 있다.

4.1.4 멀티테넌시

운영 효율성을 논의할 때 멀티테넌시 개념은 반드시 다뤄야 하는 주제다. **멀티테넌시**는
여러 사용자가 단일 서버 인스턴스를 공유하는 것으로, 높은 머신 활용률을 진정으로
달성하기 위해 반드시 필요하다. 기본적으로 사용자(테넌트)가 다양할수록 활용도도 높
아진다.

왜 그럴까? 반대의 경우를 생각해보자. 모든 테넌트가 전자상거래 소매 업체라면 블랙
프라이데이Black Friday와 크리스마스를 앞두고 모든 테넌트는 더 많은 리소스를 원할 것
이다. 또한 저녁 시간과 점심때(온라인 쇼핑 피크 시간)에도 더 많은 요청을 처리할 수 있
기를 바란다. 이렇게 무언가와 연관된 수요는 활용도 측면에서는 좋은 것이 아니다.

크리스마스와 같이 바쁜 때는 충분히 많은 머신을 할당하고 나머지 기간 동안에는 유

---

12 스튜어트 데이비슨과 사적인 대화에서 나온 말이다.

휴 상태로 두는 것은 바람직하지 않다. 이는 친환경과 거리가 멀다. 온라인 쇼핑몰 고객은 쇼핑처럼 시간에 민감하지 않은 작업(예: 머신러닝 교육)을 수행하는 고객과 하드웨어 리소스를 공유하는 것이 더 효율적일 것이다. 심지어는 다른 요일이나 하루 중 다른 시간대에 수요가 발생하는 서비스와 리소스를 공유하면 훨씬 더 효율적이다. 다양한 고객층을 확보하는 것은 공용 클라우드가 높은 활용률을 달성하기 위한 또 다른 방법이다.

4.1.5 서버리스 서비스

AWS 람다, 애저 함수, 구글 클라우드 함수[13]와 같은 서버리스 서비스는 멀티테넌트 서비스다. 또한 캡슐화된 작업을 가지고 있으며 빠른 인스턴스화에 신경을 쓰고 스케줄러가 처리 방법을 알 수 있을 만큼 짧고 간단한 작업을 실행한다(가능한 빨리 실행한 다음 잊어버린다). 또한 공용 클라우드 제공 업체가 하이퍼 최적화를 위해 노력할 가치가 있을 만큼 충분한 규모를 가지고 있다.

따라서 서버리스 서비스는 저렴하고 친환경적인 서비스가 될 수 있는 잠재력이 엄청나다. 서버리스 서비스는 지금도 양호하지만 훨씬 더 좋아질 여지가 충분하고 더 많은 사람들이 사용할수록 효율성이 더 높아질 것이다.

4.1.6 하이퍼스케일러와 수익

기술 분야에서 친환경을 실천하는 데는 특별한 비밀이 없다. 대부분 방안은 효율성을 훨씬 더 높이고 낭비를 줄이려는 것인데, 이는 호스팅 비용을 관리하려는 사람들의 바람과 일치한다.

전 애저 데브렐Developer Relations, DevRel의 애덤 잭슨Adam Jackson은 "공용 클라우드 제공 업체의 숨겨진 비밀은 서비스가 저렴할수록 마진이 높아진다는 점이다. 클라우드 제공 업체는 자신들이 가장 많은 수익을 올릴 수 있는, 즉 마진이 가장 높은 저렴한 옵션을 선택하기를 원한다"라고 말한다.

---

13 울긴이 2024년 8월 '구글 클라우드 런 함수(Cloud Run function)'로 서비스명이 변경되었다.
  https://cloud.google.com/blog/products/serverless/google-cloud-functions-is-now-cloud-run-functions

이러한 서비스는 효율적이고 대규모로 운영되기 때문에 저렴하다. 17세기 경제학자 애덤 스미스Adam Smith는 "우리가 저녁 식사를 할 수 있는 것은 정육점 주인, 양조업자, 제빵업자의 자비심 때문이 아니라 그들의 이익 추구 때문이다"라고 지적했다. 이처럼 하이퍼 클라우드 제공 업체도 자신의 이익을 위해 시스템을 효율적으로 구축한다. 효율성이 정확히 친환경성을 의미하지는 않지만 친환경성에도 이득이 된다.

가장 저렴하고 효율적이며 상품화된 서비스를 사용하여 호스팅 비용을 절감하는 것은 자신과 지구뿐만 아니라 고객에게도 이익이 된다. 그 결과 더 많은 돈을 벌 수 있는데, 이는 좋은 일이다. 돈을 버는 것이 잘못된 것이 아니라 에너지 중심의 기후 위기 속에서 에너지 비효율적인 것이 잘못된 것이다. 또한 효율성을 달성하기 위해서는 왜 운영 효율성을 추구해야 하는지를 보여준다. 즉, 데이터 센터 운영자도 큰 수익을 얻을 수 있다. 운영 효율성은 운영자의 이익과 일치하며, 이를 인지하고 자본을 투자할 수 있는 운영자를 선택해야 한다.

AWS 람다 서버리스 서비스는 충분한 수요가 있을 때 서비스 효율성이 어떻게 개선되는지 보여주는 좋은 예다. 람다가 처음 출시되었을 때는 많은 리소스를 사용했는데 이는 확실히 친환경적이지 않았다. 하지만 잠재 수요가 분명해지면서 AWS는 투자를 통해 작업 격리에 더 가벼운 가상 머신을 사용하고, 인스턴스화 시간과 스케줄링을 개선하는 오픈소스 파이어크래커(Firecracker) 플랫폼을 구축했다.[14] 미개척 수요가 있는 한 이러한 상품화는 계속될 것이다. 이로 인해 AWS는 더 저렴해지고 친환경적이며 수익성은 높아질 것이다.

4.1.7 사이트 신뢰성 엔지니어링 관행

원래 사이트 신뢰성 엔지니어링SRE이라는 개념은 구글에서 나온 것으로 구글은 효율성에 집착하는 또 다른 하이퍼스케일러 업체다. SRE는 높은 트래픽을 처리하면서도 원활하게 운영할 수 있는 안정적이고 견고한 시스템을 설계, 구축, 유지 관리하는 책임을 지니고 있다. 다행히도 친환경 운영은 SRE 원칙과 일치하며, SRE 조직이 있다면 친환경을 실천하기가 더 쉽다.

---

14 https://oreil.ly/YW99e

SRE 관행은 다음과 같다.

- 모니터링(탄소 배출량 모니터링 포함; 탄소 배출량 측정에 대한 저자의 의견은 9장, 측정값 활용 방법은 10장 참조)
- 지속적인 통합 및 배포(탄소 배출량 감소를 더 빠르고 안전하게 제공하고 테스트하는 데 도움이 됨)
- 자동화(예: IaC, 라이트사이징에 도움이 됨)
- 컨테이너화와 마이크로서비스(자동화 가능성이 더 높으며 전체 시스템이 온디맨드 방식일 필요가 없으므로 탄소 인식을 높일 수 있음)

이 책은 SRE 모범 사례와 원칙에 관한 책이 아니므로 자세히 다루지는 않지만 11장에서 좀 더 자세히 설명한다. 하지만 오라일리에서 출간한 도서 중에는 이러한 내용을 심층적으로 다루는 유용한 책이 많으니 참조하길 바란다.

4.1.8 라이트스위치옵스

지금까지 똑똑한 첨단 기술에 관한 것을 주로 이야기했다. 하지만 누구나 구현할 수 있는 간단한 운영 효율성 아이디어도 있다. 그중 참신한 아이디어 중 하나는 레드햇Red Hat의 홀리 커민스가 제안한 라이트스위치옵스LightSwitchOps다(그림 4.3 참조).[15]

그림 4.3 홀리 커민스의 라이트스위치옵스

---

[15] https://oreil.ly/sDxOT

좀비 워크로드(커민스가 사용한 용어로 더 이상 아무것도 하지 않는 애플리케이션과 서비스를 지칭한다)를 종료하는 것은 에너지 절약을 위해 당연한 일이다.

최근 한 대형 가상 머신 공급 업체는 실제로 수행한 실험을 통해 데이터 센터 중 하나를 이전하는 과정에서 서버의 3분의 2는 거의 사용되지 않는 애플리케이션을 실행하고 있다는 사실을 발견했다. 이런 애플리케이션은 사실상 좀비 워크로드다.

VMware의 스프링 도구 리드, 지속성 앰배서더Spring Tools Lead & Sustainability Ambassador인 마틴 리퍼트Martin Lippert는 "2019년 VMware는 싱가포르에 있는 데이터 센터를 통합했다. 팀은 전체 데이터 센터를 이전하고 싶었기 때문에 정확히 무엇을 마이그레이션해야 하는지 조사했는데 그 결과는 다소 충격적이었다. 모든 호스트 시스템의 66%가 좀비였다"라고 밝힌 바 있다.[16]

이러한 종류의 낭비는 잠재적으로 탄소 절감의 엄청난 가능성을 보여준다. 안타까운 현실은 많은 머신에서 더 이상 가치를 창출하지 않는 애플리케이션과 서비스가 실행되고 있을 수 있다는 점이다.

문제는 이런 좀비 애플리케이션이나 서비스를 정확히 파악하는 것이다. 서비스가 여전히 누군가에게 중요한지 여부를 파악하는 방법은 여러 가지가 있다. 가장 효과적인 방법은 소위 비명 테스트scream test라고 불리는 것인데, 이 테스트가 어떻게 작동하는지 파악하는 것은 독자들의 연습 문제로 남겨두고자 한다. 또 다른 방법은 리소스에 고정 수명을 설정하는 것이다. 예를 들어 실행 유지에 대한 요청이 없는 한 6개월 후에 자동으로 종료되는 인스턴스를 구성할 수 있다.

이러한 아이디어는 훌륭하지만 사람들이 이 두 가지 방법 중 어느 것도 시도하지 않는 이유가 있는데, 그것은 바로 머신을 끄면 다시 켜기가 쉽지 않을 수 있다는 우려 때문이다. 이것이 바로 라이트스위치옵스가 등장하는 이유다.

---

16 마틴 리퍼트와 사적인 대화에서 나온 말이다.

친환경 운영을 위해서는 복도의 불을 끄는 것처럼 자신 있게 머신을 끌 수 있어야 한다. 즉, 스위치를 다시 켜면 불이 들어올 것이라는 확신을 가져야 한다. 홀리 커민스는 "무엇이든 끌 수 있어야 한다"라고 조언한다. 그러지 않으면 지금은 좀비가 아닌 프로세스나 애플리케이션이 언젠가는 그렇게 바뀔 수 있다.

그린옵스 실무자인 로스 페어뱅크스는 라이트스위치옵스를 시작할 수 있는 좋은 방법으로 테스트와 개발 시스템을 밤 시간과 주말에는 자동으로 끄는 것을 제안한다.

좀비 종말

좀비 서버를 끄는 데에는 탄소 절감 외에도 보안상의 이유도 있다. 메타스위치 네트웍스Metaswitch Networks(현재는 마이크로소프트의 계열사)의 전 보안 책임자인 에드 해리슨Ed Harrison은 "최근에 발생한 가장 큰 사이버 보안 사고 중 어떤 사고는 아무도 알지 못했고 절대 켜져서는 안 되는 시스템으로부터 비롯되었다"라는 말과 함께 "보안 팀은 항상 공격받을 수 있는 가능성을 줄이려고 노력한다. 지속 가능성 팀이 더 이상 필요하지 않은 시스템을 끄는 데 집중한다면 보안 팀의 가장 친한 친구가 될 것이다"라고 경고했다.[17]

4.1.9 위치, 위치, 위치

반드시 논의하고 넘어가야 할 것이 한 가지 남았는데 라이트스위치옵스보다 훨씬 더 쉽게 할 수 있으며 새로운 데이터 센터로 이전하는 경우라면 시도해보기에 특히 적합하다.

그것은 바로 올바른 호스트와 지역을 선택하는 것이다. 현실적으로 저탄소 전력을 사용하여 데이터 센터에 전력을 공급하는 문제에 있어 어떤 지역은 다른 지역보다 더 용이하다. 예를 들어 프랑스에는 거대한 원자력발전소가 있고 스칸디나비아에는 풍력과 수력발전소가 있다. 이러한 지역의 데이터 센터는 더 깨끗하다.

다시 한번 강조하지만 지역을 현명하게 선택해야 한다. 확실하지 않다면 호스팅 업체에 문의하기 바란다.

---

17 에드 해리슨과 사적인 대화에서 나온 말이다.

글로벌 온라인 비즈니스 간행물인 파이낸셜 타임스(Financial Times)는 위치 변경을 통해 더 친환경적인 인프라를 구축한 좋은 사례다. 파이낸셜 타임스 엔지니어링 팀은 지속 가능성 목표가 없었던 자사 데이터 센터에서 지속 가능한 EU 지역의 클라우드로 이전하는 데 10년이 걸렸다.

앤은 2018년(이전이 75% 진행되었을 때) 파이낸셜 타임스와의 인터뷰를 통해 이러한 변화가 그들이 자체적으로 설정했던 운영 지속 가능성 목표에 미치는 영향에 대해 밝힌 바 있다.[18] 그 시점에 인프라의 약 67%가 '탄소 중립' 서버로 옮겨졌고, 클라우드로의 전환이 완료되는 2020년에는 이 비율이 거의 90%까지 증가할 것으로 예상했는데 실제로도 그렇게 됐다.

탄소 중립이라는 문구를 더 이상 사용하지는 않지만 파이낸셜 타임스는 2025년까지 100% 재생에너지로 운영한다는 AWS의 목표를 이어받았다.[19] 여기서 얻을 수 있는 교훈은 확고한 지속 가능성 목표를 가지고 있는 공급 업체(즉, 친환경 플랫폼)를 선택하면 노고를 덜 수 있다는 것이다.

4.1.10 복원력의 반격

안타깝지만 효율성과 복원력은 항상 불안한 관계에 있다. 효율성은 시스템에 복잡성을 더하고 이로 인해 시스템의 취약성이 증가하는 문제가 있다.

효율성 vs. 복원력

대부분의 경우 복원력의 향상 없이는 서비스의 효율성도 높일 수 없으며, 이를 소홀히 하면 서비스가 중단될 수 있다. 안타깝게도 이로 인해 효율성은 개발자 생산성과 다시 한번 충돌한다.

구체적인 예로는 다음과 같은 상황이 있다.

- 클러스터 스케줄러는 설정이 어렵고 성공적으로 사용하기 까다로운 복잡한 시스템이다.
- 멀티테넌시는 실패의 유형이 다양하다. 개인 정보 보호와 보안 문제가 발생할 수 있으며, 머신의 다른 테넌트로 인한 문제가 자신의 시스템에 영향을 미칠 위험이 항상 존재한다.

---

18 https://oreil.ly/M66nt
19 https://oreil.ly/IXaEF

- 시스템을 끄는 것도 위험이 없는 것은 아니다. 앞서 언급한 비명 테스트는 말 그대로 비명을 지르게 할 수 있다.
- 시스템에 견고성을 추가하기 위한 방안의 하나인 과도한 리소스 할당은 개발자 시간의 관점에서 비용이 저렴하고 효과가 검증된 방법이다(호스팅 비용이 증가하지만 대부분은 이러한 절충에 만족한다).

결론적으로 효율성은 복원력에 대한 도전 과제다.

이에 대한 반론도 있다. 클러스터 스케줄러는 운영 효율성에 좋지만 복원력에도 도움이 된다. 사람들이 클러스터 스케줄러를 사용하는 주된 이유 중 하나는 노드, 하드웨어 또는 네트워크 장애 시 서비스를 자동으로 다시 시작하기 때문이다. 노드가 다운되거나 어떤 이유로든 사용할 수 없게 되면 스케줄러가 영향을 받는 워크로드를 클러스터의 다른 노드로 자동으로 이동할 수 있다. 물론 클러스터 스케줄러 자체가 다운되지 않는 한 효율적인 리소스 활용분만 아니라 더 높은 가용성을 얻을 수 있다.

하지만 효율성을 높이는 것이 실제로는 위험한 일이 될 수 있다. 더 복잡한 시스템을 처리하려면 새로운 기술이 필요하다. 마이크로소프트가 코로나19 팬데믹 기간 동안 마이크로소프트 팀즈의 효율성을 개선한 사례에서 볼 수 있듯이, 단순히 효율성을 변경하는 것만으로는 충분하지 않고 프로덕션 환경에서 카오스 엔지니어링 기법을 채택해 새로운 시스템의 버그를 제거하는 등 테스트를 강화해야 한다.

마이크로소프트와 마찬가지로 직접 효율성을 개선하는 경우 더 많은 테스트와 수정 작업을 수행해야 한다. 스카이스캐너 사례에서는 스폿 인스턴스를 사용해 시스템 복원력을 높이고 호스팅 비용을 절감하며 친환경성을 높였지만, 스폿 인스턴스를 도입한 직접적인 동기는 복원력 테스트를 추가로 강화하기 위한 것이었다.

효율성은 일반적으로 전문화와 함께 진행되며 대규모일 때 가장 효과적이지만, 규모에도 위험이 따른다. 유럽연합은 모든 컴퓨팅 자원을 소수의 미국 하이퍼스케일러 업체에 맡기고 있는 현재의 상황이 세계를 취약하게 만들 수 있다는 우려를 표한다. 유럽연합_{EU}은 이러한 위험에 대처하기 위해 지속 가능한 디지털 인프라 연합Sustainable Digital Infrastructure Alliance, SDIA[20]을 결성했다.

반면 효율성은 집중화를 통해 더 적은 수의 머신과 전력을 사용한다. SDIA를 구성하는 소규모 공급 업체는 SDIA가 권장하는 합리적인 오픈소스 호스팅 기술을 채택하더라도 하이퍼스케일러의 규모 효율성을 달성하기 어려울 것이다.

아마존, 구글, 마이크로소프트, 알리바바가 현재 구축하고 있는 거대한 데이터 센터에 대해 우려심이 생길 수 있다. EU는 수천 개의 소규모 데이터 센터가 지자체의 수영장이나 지역난방에 활용되도록 요구하고 있는데, 이러한 것에도 불구하고 대규모 데이터 센터는 이들보다 훨씬 더 효율적일 수 있다.[21]

우리는 EU의 새로운 배출량 투명성 의무를 환영한다.[22] 우리 저자들 중 어느 누구도 지금은 더 이상 EU에 살고 있지 않지만 EU의 방안을 현실성 없는 것으로 생각하지 않는다. 그럼에도 불구하고 데이터 센터를 도시 그리드 지역에 둔 채 귀중한 전기를 놓고 도시 가구와 경쟁하기보다는 예상치 못한 잉여 전력을 사용할 수 있는 풍력 터빈이나 태양광발전소 근처에 두기를 선호한다.

`4.1.11` 친환경 운영 도구와 기술

이제 한 걸음 물러서서 운영 효율성을 위해 취할 수 있는 방안을 살펴보자. 몇 가지 어려운 점도 있지만 코드 효율성과 비교하면 간단하다. 핵심은 머신 활용이다.

- 거의 사용하지 않거나 전혀 사용하지 않는 시스템, 예를 들면 주말 동안에는 테스트 시스템을 끌 수 있다(홀리 커민스의 라이트스위치옵스).
- 리소스를 과도하게 할당하지 말라(클라우드의 라이트사이징과 자동 크기 조정, 버스트 가능 인스턴스 사용). 자동 축소뿐만 아니라 확장도 해야 하는데 그러지 않으면 초기에만 유용하다.

---

20 https://sdialliance.org/
21 https://oreil.ly/QrSaO
22 https://oreil.ly/3kW0_

- AWS 비용 탐색기,[23] 애저의 비용 분석[24]을 사용하거나 클라우드제로CloudZero,[25] 컨트롤플레인ControlPlane,[26] 하네스Harness[27]와 같은 비하이퍼스케일러 서비스를 사용해 호스팅 비용을 최대한 절감하라. 간단한 감사를 통해 좀비 서비스를 식별할 수도 있다. 저렴할수록 친환경적인 경우가 많다.

- 우선순위가 낮거나 지연 가능한 작업을 인식할 수 있는 컨테이너화된 마이크로서비스 아키텍처를 채택하면 더 높은 머신 활용률로 운영할 수 있다. 하지만 마이크로서비스 수를 과도하게 늘려 아키텍처 복잡성을 높이면 오히려 리소스를 과도하게 할당할 수도 있다. 마이크로서비스 설계 모범 사례를 따르는 것이 바람직하므로 샘 뉴먼의 《마이크로서비스 아키텍처 구축》을 참고하기 바란다.

- 클라우드를 사용하는 경우 전용 인스턴스 유형은 탄소 인식을 할 수 없고 머신 활용률도 낮다. 호스트에 더 많은 유연성을 제공하는 인스턴스 유형을 선택하면 활용도를 높이고 탄소 배출량과 비용을 절감할 수 있다.

- 공유 가상 머신부터 관리형 컨테이너 플랫폼까지 멀티테넌시를 이용하라.

- 효율적이고 확장성이 뛰어나며 사전 최적화된 클라우드 서비스와 인스턴스 유형(예: 버스트 가능 인스턴스, 관리형 데이터베이스, 서버리스 서비스)을 사용하라. 또는 친환경이거나 효율적인 관행을 준수하고 이러한 약속을 지킬 수 있는 활기찬 커뮤니티와 현실적으로 이를 제공할 수 있는 규모를 갖춘 오픈소스 제품을 사용하라.

- AWS 또는 애저의 스폿 인스턴스(GCP의 선점형 인스턴스)는 저렴하고 효율적이며 시스템의 복원력을 높이는 친환경적인 플랫폼이다.

- 위에 제시한 방안 중 쉬운 것은 없지만 SRE 원칙(CI/CD, 모니터링, 자동화)이 도움이 될 수 있다.

이러한 작업에는 노력이 필요하다. 실행 횟수를 줄이거나 시스템을 끄는 것조차도 시간

---

23 https://oreil.ly/_2XAe
24 https://oreil.ly/OR3Me
25 https://www.cloudzero.com/
26 https://controlplane.com/
27 https://www.harness.io/

과 주의를 기울여야 한다. 하지만 친환경으로 전환하면 적어도 비용은 절약할 수 있다. 따라서 친환경적인 관점에서 가장 먼저 목표로 삼아야 할 시스템은 관리자를 가장 쉽게 설득할 수 있는 시스템, 즉 비용이 가장 많이 드는 시스템이어야 한다.

많은 돈을 절약하더라도 많은 노력이 필요하다면 설득하기 어려울 것이다. 친환경 운영으로 전환하고 나면 향후에 더 신속한 배포, 그리고 개발과 운영 시간의 절약으로 이어질 수 있다는 점을 부각하면 의사 결정자를 설득하기가 좀 더 수월할 수 있다. 이러한 아이디어는 기업의 경영 측면에서 매력적이기 때문이다.

이런 관점에서 본다면 위에서 제안한 단계 중 가장 효과적인 단계는 마지막 다섯 가지로 SRE 원칙, 멀티테넌시, 관리형 서비스, 친환경 오픈소스 라이브러리, 스폿 인스턴스의 사용이다. 이러한 모든 요소는 장기적으로 개발과 운영 시간을 절약하도록 설계되었으며 상품화되고 확장 가능하기 때문에 저렴하고 친환경적이다. 흐름에 역행하지 말자. 개발자 생산성을 저해하지 않고 친환경을 실천하려면 친환경 플랫폼을 선택해야 한다.

에너지 전환에서 살아남으려면 처음에는 운영 효율성과 수요 이동, 그리고 궁극적으로는 코드 효율성을 통해 모든 면에서 탄소 효율성이 1000배 이상 향상되어야 하며, 이 모든 것은 친환경 플랫폼을 통해 달성해야 한다. 그저 야심 찬 포부처럼 보이겠지만 충분히 실현 가능하다. 지난 30년 동안 개발자 생산성을 위해 늘려온 하드웨어 용량을 줄이는 동시에 개발자 생산성을 유지하는 것이 핵심이다.

10년이 걸릴 수도 있지만 반드시 이루어질 것이다. 여러분의 임무는 공용 클라우드, 오픈 또는 클로즈드 소스 등 그 어떤 플랫폼 공급 업체건 간에 이러한 종류의 친환경성을 달성하기 위해 신뢰할 만한 전략을 가지고 있는지 확인하는 것이다. 끊임없이 자문해야 할 질문은 '이 플랫폼은 친환경적인가?'이다.

5

탄소 인식

탄소 인식 컴퓨팅은 모든 친환경 소프트웨어 실무자가 알아야 할 빠르고 효과적인 해결책이다.

—여러분이 좋아하는 저자

2장에서 우리는 모든 전기가 동일하지 않다는 것을 배웠다. 일부 전기는 석유나 석탄과 같이 탄소 배출량이 높은 자원에서 생산되기 때문에 친환경적이지 않은 반면, 수력이나 원자력과 같이 재생 가능하거나 저탄소 자원에서 생산되는 전기는 친환경적이다. 전기가 친환경적이면 애플리케이션은 더 많은 작업을 수행할 수 있고, 그렇지 않으면 더 적은 양의 작업을 수행한다는 아이디어를 **탄소 인식 컴퓨팅**carbon-aware computing이라고 한다.

소프트웨어 엔지니어링의 한 분야인 탄소 인식 컴퓨팅은 새롭고 멋진 기술로 큰 추동력을 얻고 있다. 그린 소프트웨어 재단의 2023년 <친환경 소프트웨어 상태 보고서State of Green Software Report>[1]에 따르면 '탄소 인식 소프트웨어는 탈탄소화의 핵심'이다. 설문조사 참여자 중 현재 개발 과정에서 탄소 인식 기술을 실천하고 있는 비율은 8%에 불과하지만, 46%는 시작하기를 원한다.

---

1   https://stateof.greensoftware.foundation/

공용 클라우드 제공 업체가 이 분야의 주요 발전 사항을 이끌고 모범을 보이는 것에 대해 큰 찬사를 보낸다. 예를 들어 마이크로소프트는 2022년 9월 윈도우 11부터 윈도우 업데이트가 탄소 인식 기능을 갖추게 되었다고 발표했다.[2] 구글 역시 2021년 5월부터 전반적으로 탄소 인식 접근 방식을 사용하고 있다고 밝혔다.[3]

따라서 이 장에서는 탄소 인식 기술을 적용하여 소프트웨어 시스템 내에서 친환경성을 달성하는 또 다른 방법을 제시한다. 먼저 전기가 친환경적인지 아닌지 판별하는 방법과 이 새로운 정보를 바탕으로 애플리케이션이 무엇을 할 수 있는지 살펴본다. 그런 다음 가장 좋아하는 토론 주제인 고려해야 할 단점으로 넘어간다. 이 주제와 관련한 모든 종류의 질문에 대하여 우리가 가장 즐겨 내놓는 답변인 '상황에 따라 다르다'라는 의미를 자세히 살펴본다. 마지막으로 실제 사례를 살펴보면서 독자 여러분이 스스로 탐구를 시작할 수 있는 계기를 제공할 것이다!

5.1 전력의 탄소 집약도

언제 어디서든 전기가 필요하면 보통 전자 제품을 벽면 콘센트에 직접 연결하면 된다. 편리하게 벽면 콘센트를 사용할 때 냄새나 먼지를 느낄 수 없기에 모든 전기가 깨끗하고 탄소 배출량이 적다는 맹목적인 믿음이 형성된 것 같다. (화석연료 발전소로 견학을 가면 그런 생각이 싹 사라질지도 모르겠다.)

전기의 최종 사용자인 여러분은 어떻게 그 에너지가 친환경적인지 아닌지 알 수 있을까? 그 방법을 논의하기에 앞서 두 가지 상태를 구분하고 차이점을 파악하는 방법을 간단히 살펴보자.

탄소 집약도라는 지표는 이제 소프트웨어 산업뿐만 아니라 거의 모든 산업에서 사용한다. **탄소 집약도**는 소비되는 전력 킬로와트시(kWh)당 얼마나 많은 이산화탄소 환산량(CO_2e)을 배출하는지를 측정하는 지표다. 2장에서 설명했듯이 탄소는 모든 온실가스를

---

2 https://oreil.ly/SUYgi
3 https://oreil.ly/Ctfqb

지칭하기 위해 간편하게 사용하는 용어다. 탄소 집약도의 표준 측정 단위는 킬로와트시당 탄소 환산 그램(gCO_2e/kWh)이다. 이러한 표준화를 통해 이제 전기 사용의 환경적 영향을 구분할 수 있다.

노트북을 풍력발전소에 직접 연결할 수 있다고 가정해보자. 이때의 탄소 집약도는 풍력발전소를 구성하는 자재의 영향을 고려하지 않는다면 기술적으로 0이지만 풍력발전소에서 직접 전기를 사용하는 것은 현실적으로 불가능하다.

우리 대부분은 전력망에서 무엇을 얻을지 선택할 수 없다. 전기를 사용해야 하는 바로 그 순간 이용 가능한 모든 유형의 전기를 복합적으로 얻을 뿐이다. 예를 들면 화력발전 전력에 풍력발전을 곁들인 것일 수 있다. 우리가 매일 사용하는 전력의 탄소 집약도는 저탄소와 고탄소 에너지원을 포함해 국가 전력망을 통해 현재 사용 가능한 모든 전력 자원을 합친 것이다.

전력망과 관련된 주제, 특히 국가마다 운영 방식이 어떻게 다르고 이런 운영 방식의 차이가 지역 전력 시장, 나아가 세계 시장에 어떤 영향을 미칠 수 있는지는 까다로운 주제다. 이러한 흥미로운 주제에 대한 자세한 내용을 알고 싶다면 국제에너지기구 International Energy Agency, IEA의 자료를 참고하기 바란다.[4]

궁극적으로 탄소 집약도 지표는 대부분의 일반적인 사람들이 친환경적인 전기와 그렇지 않은 전기를 구분하기 위해 이해해야 할 가장 중요한 척도다. 예를 들어 구글 클라우드는 전력망의 탄소 집약도가 $200gCO_2e/kWh$ 미만으로 유지될 때 해당 지역을 '저탄소'[5]라고 표시한다. 이 지표를 이해하는 것은 단순히 소프트웨어 효율성에 관한 것이 아니다. 더 큰 목표, 즉 저탄소 전기를 효율적이고 지능적으로 활용하기 위한 사고방식을 확립하는 것이다.

---

4   https://oreil.ly/j7UK3
5   https://oreil.ly/qb6w_

5.1.1 탄소 집약도의 변동성

여러분도 이제는 전기의 탄소 집약도가 균일하지 않다는 사실을 잘 알고 있을 것이다. 탄소 집약도는 지리적 위치와 시간에 따라 달라지는 지표다.

그림 5.1에서 볼 수 있듯이 대만이나 영국과 같은 일부 지역은 1년 내내 바람이 많이 부는 날씨를 활용할 수 있는 지리적 이점을 살려 풍력발전을 통해 전력을 쉽게 얻을 수 있다. 실제로 2023년 1분기 영국에서는 풍력발전소의 전력 생산량이 사상 처음으로 가스, 화력발전소를 추월했다고 발표했다.[6] 반면 대부분의 풍부한 수자원(주로 강)을 연중 내내 보유하고 있는 북유럽 국가는 수력발전을 주요 재생에너지원으로 사용하고 있다.

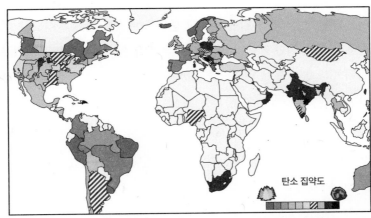

그림 5.1 전력의 탄소 집약도의 지리적 변동성을 보여주는 지도. 나무는 친환경적인 에너지를 나타내고 석탄은 그렇지 않은 에너지를 나타낸다.

하지만 최신 재생에너지 기술이 모두 갖춰진 지역에 있더라도 날씨 요인으로 인해 햇빛이 나지 않거나 바람이 불지 않을 때를 대비해 대체 전력원을 찾아야 한다. 그림 5.2에서 볼 수 있듯이 어느 곳이라도 날씨 조건은 예측할 수 없기 때문에 전력의 탄소 집약도는 시간이 지남에 따라 변동될 수 있다.

---

6   https://oreil.ly/uOqdX

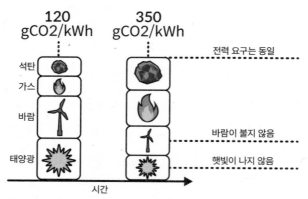

그림 5.2 재생에너지원의 가변적인 특성을 보여주는 그래프. 풍력, 태양광 공급량이 감소하면 석탄과 가스 공급량을 증가시켜 일정한 공급량을 유지한다.

오늘날 현대사회에서는 정전과 같은 사소한 중단도 예외가 아닌 일상으로 여겨지면서 지속적인 전력 공급에 대한 기대가 강하게 자리 잡고 있다. 다시 말해 거의 모든 사람들이 대부분의 장소에서 항상 에너지를 사용할 수 있기를 기대한다. 그렇다면 전 세계 전력망은 어떻게 재생에너지 공급의 예측 불가능한 특성을 처리하면서 동시에 고객의 까다로운 전력 사용 요구를 맞춰줄 수 있을까?

다음 절에서는 전력망의 작동 방식과 에너지 시장을 구성하는 몇 가지 주요 요인에 대해 간략하게 살펴본다.

5.1.2 전력 수요

전력 수요는 하루 종일 변하며 공급은 항상 그 수요를 충족해야 한다. 안정적인 서비스를 유지하는 작업은 어려우며 일반적으로 각 국가의 국가 전력망이 이를 담당한다. 국가 전력망은 공급하는 전력량과 고객이 요청하는 전력량 사이의 미묘한 균형을 유지해야 한다. 국가 전력망이 이러한 목적을 달성하려면 발전을 즉시 중단 및 시작할 수 있어야 하는데, 화석연료의 경우에는 일반적으로 공급이 원활하기 때문에 이를 좀 더 쉽게 달성할 수 있다(물론 2022년 유럽 에너지 위기 때 무슨 일이 발생[7]했는지는 우리 모두 잘 알고 있다).

---

7 https://oreil.ly/IJp0v

예를 들어 전력 수요가 갑자기 증가하거나 감소하는 경우, 석탄 연소 발전소는 단순히 석탄을 더 많이 태우면 전력량을 늘릴 수 있고, 석탄 연소를 중단하면 공급을 빠르게 차단할 수 있다. 발전원의 **발전량 조절 용이성**dispatchability은 발전원이 에너지 생산량을 얼마나 신속하게 조정할 수 있는지를 나타내는 용어다.

❶ 브라운아웃 vs. 정전

공급이 현재 수요보다 부족하면 어떻게 될까? 이런 경우에는 수요 급증으로 인해 전력선 전체의 전압이 급격히 떨어지는 **브라운아웃**brownout이 발생한다. **정전**blackout은 전력이 완전히 차단되는 현상이다(즉, 전기가 없는 상태). 이는 필요한 것보다 더 많은 전력이 발생하여 인프라가 타버리는 것을 방지하기 위해 그리드가 차단기를 작동하면 발생한다.

화석연료와 달리 풍력이나 태양광과 같은 재생에너지원은 제어하기가 쉽지 않다. 날씨를 마음대로 조절할 수 없기 때문에 특정 순간에 재생에너지가 너무 많아 정전을 피하고 싶을 때는 재생에너지 자체를 버리기도 한다. 이러한 전력 공급의 의도적인 축소를 **출력제한**curtailment라고 한다.

❷ 예비 전력

특정 시간에 더 많은 전력 수요가 발생한다고 해서 모든 발전소(재생에너지원, 저탄소 에너지원, 비재생에너지원)의 생산량이 증가하는 것은 아니다. 대신 발전소는 비용이 증가하는 순서대로 공급되기 때문에 여유 용량이 있는 가장 저렴한 발전소에서 필요한 에너지를 수급한다. 추가 수요를 담당하는 발전소를 일반적으로 **예비 발전소**marginal power plant라고 한다.

태양광 50%, 석탄 50%로 구성된 전력망을 생각해보자. 특정 순간에 추가 전력을 확보해야 하는 경우, 앞서 언급했듯이 화석연료 기반 에너지원은 발전량 조절 용이성이 더 높기 때문에 일반적으로 석탄 발전소 생산량이 즉각적으로 증가한다. 갑작스러운 수요 급증을 충족하기 위해 일반적으로 예비 화석연료 발전소가 개입하여 **예비 배출**marginal emission이라고 하는 추가 배출을 발생시킨다.

여기서 설명하고자 하는 바는 전력 수요와 에너지 시장의 균형을 맞추는 것이 까다롭다는 것이다. 친환경 소프트웨어 실무자로서 이러한 개념을 알고 있어야만 시스템의 전력 사용량과 최종 탄소 배출량을 염두에 둘 수 있다.

실제 적용

대만 신주(新竹)에서 햇빛이 내리쬐기 전, 숨 막히게 더운 날 아침에 일어났다고 상상해보라. 에어컨을 켜서 땀을 식히려고 비몽사몽간에 어둠 속을 더듬거리며 나아간다. 대만의 잘 발달된 국가 전력망이 이런 날씨에 급증하는 전력 수요를 감당할 수 있다고 믿기에 별생각 없이 에어컨을 켠다. 하지만 견디기 힘든 더위를 겪는 사람은 자신만이 아니다. 모든 이웃이 시원함을 유지하기 위해 이미 에어컨을 최대로 켜놓은 상태다.

보통 날씨에는 전력 수요가 비교적 안정적이다. 따라서 국가 전력망은 공급하는 전력과 고객이 요구하는 전력량 사이의 미묘한 균형을 유지하는 데 문제가 없다.

그러나 기후변화로 인해 전례 없는 현상에서는 상황이 빠르게 변할 수 있다는 것을 어렵지 않게 짐작할 수 있다. 모든 사람의 수요가 급증하면 정전이나 전압 강하가 쉽게 발생할 수 있다. 국가 전력망은 이러한 상황을 피하기 위해 신속하게 대응해야 한다.

대부분의 사람이 아직 집에서 출근 준비를 하는 아침 피크 시간대에는 가스 발전소와 같이 급전 가능성이 높은 발전소를 가동해야 한다. 이러한 발전소는 가스를 더 많이 연소시켜 빠르게 발전량을 늘린다. 이 시나리오에서는 가스 발전소가 전력을 가장 먼저 공급할 수 있기 때문에 예비 발전소가 되며, 추가적인 예비 배출량이 발생한다.

전쟁 같은 출근 시간이 지나 전력 수요가 안정적인 수준으로 돌아오면 국가 전력망은 더 많은 재생에너지 자원을 활용함으로써 지속 가능성을 높일 수 있다.

햇빛은 내리쬐는데 전력 수요는 통제되는 상황에서는 태양광 발전량이 너무 많아진다. 결과적으로 과잉 전력의 일부는 출력제한 과정을 통해 버려지게 된다.

5.1.3 도구

지금까지 우리는 전력의 탄소 집약도, 변동성, 그리고 가장 중요한 탄소 집약도의 규모에 영향을 미치는 요인에 대해 알아보았다. 이러한 정보를 흡수하고 실시간으로 소비하고 행동하는 데 도움이 되는 도구에는 어떤 것이 있을까?

영국에서는 영국 국가 전력망, 다양한 비정부기구nongovernmental organization, NGO, 학술 기관 간의 파트너십인 탄소 집약도 API[8]를 이용할 수 있다. 이 API는 머신러닝을 기반으로 영국 각 지역의 탄소 집약도를 최소 96시간 전에 예측한다. 덕분에 API 사용자는 지역별 탄소 배출량을 최소화하도록 전력 사용량을 계획할 수 있다. 탄소 집약도 API 팀의 노력은 여러 성공 사례로 이어졌으며, 파트너들은 이 제품을 사용해 현재 에너지의 청정도에 따라 장치를 조절함으로써 탄소 감축에 상당한 기여를 했다.

영국 외 지역의 엔지니어들에게도 희소식이 있다. 여러 프레임워크가 이러한 측면에서 도움을 줄 수 있다. 먼저 전기 지도Electricity Maps[9]가 있는데 AWS, 구글, 세일즈포스Salesforce와 같은 여러 주요 소프트웨어 기업과 파트너십을 맺고 고객에게 실시간으로 전 세계 전력의 탄소 집약도 정보를 제공하는 것으로 유명하다.

구글은 이 데이터를 사용해 현재 전력의 친환경성에 따라 워크로드를 조정하고(자세한 내용은 후술), 24시간 연중무휴 무탄소 에너지carbon-free energy, CFE 보고에 활용한다. 이러한 협력을 통해 구글은 24시간 연중무휴 CFEcarbon-free energy를 운영하는 최초의 주요 클라우드 제공 업체로 거듭날 예정이다.

 24시간 연중무휴 CFE는 시간당 전력 소비량을 연중무휴로 모든 장소에서 탄소 없는 발전과 일치시키는 능력을 의미한다. 유엔에 따르면 이를 달성하는 것이 '완전한 탈탄소화 전력 시스템'의 궁극적인 목표다.[10]

전기 지도는 '전 세계 50개 이상 국가(및 160개 이상 지역)의 시간별 탄소 전력 소비와 생산 데이터'를 제공한다. 과거, 실시간, 향후 24시간 예측의 세 가지 시간 프레임으로 데이터를 보여준다.

SDK

소프트웨어 개발자는 게으르기로 유명하기 때문에 누군가 힘든 작업을 대신 해주었는데 그것은 또 다른 탄소 집약도 API(와트타임WattTime)[11]를 기반으로 만든 오픈소스 소프

---

8   https://carbonintensity.org.uk/
9   https://app.electricitymaps.com/map
10 https://oreil.ly/7cw53
11 https://www.watttime.org/

트웨어 개발 키트software development kit, SDK이다. 이를 통해 탄소 인식 기술을 더 빠르게 시장에 출시할 수 있게 되었다.

그린 소프트웨어 재단의 탄소 인식 SDK[12]는 작년 첫 GSF 해커톤에서 가장 주목을 많이 받은 도구였다. 참가자들은 이 툴킷을 웹 애플리케이션 프로그래밍 인터페이스 WebApi 및 CLI로 사용하여 탄소 집약도 정보를 솔루션에 통합할 수 있다.

쿠버네티스 확장 프로그램부터 UI 디자인 조정까지 50개가 넘는 해커톤 프로젝트가 완성되었다. 5.5절을 참조하여 저자들이 주목한 내용을 확인해보기 바란다.

탄소 집약도는 소프트웨어 또는 시스템의 전체 탄소 발자국을 계산하는 데 있어 중요한 요소 중 하나다. 9장에서는 다양한 도구들의 장단점을 고려하여 더 자세한 분석을 제공할 예정이다.

5.2 수요 이동

모든 전기가 동일한 방식으로 생산되는 것은 아니라는 사실을 확인했으니, 이제 핵심 질문으로 넘어가보자. 새롭게 알게 된 정보, 즉 지표metric에 어떻게 대응해야 할까? 다시 한번 말하지만 탄소 인식 컴퓨팅은 탄소 집약도의 변동에 대응하는 것이다. 이 전략의 핵심은 중요한 지표의 변화에 따라 애플리케이션을 다른 시간이나 장소로 이동하는 것이다.

로드 밸런싱load balancing, LB과 콘텐츠 전송 네트워크content delivery networks, CDN는 기술 업계에서 현재 상황에 따라 요청 수요를 처리하는 데 가장 적합한 지역으로 트래픽을 리다이렉션redirection하는 데 사용하는 기술로 잘 알려져 있다.

소프트웨어 실행 시간과 장소를 유연하게 조정할 수 있다면 워크로드를 적절하게 이동하는 것을 고려할 수 있다. 예를 들어 작업이 시간에 민감하지 않다면(예를 들면 ML 모델 학습과 같이 99.99%의 업타임으로 가동될 필요 없이 특정 달에 한두 번만 실행하면 되는 경우), 전력이 가장 친환경적일 때 대규모 언어 모델 학습을 고려해볼 수 있다. 그렇게

---

12 https://oreil.ly/QsPmh

하는 것이 허용만 된다면 탄소 집약도가 훨씬 낮은 장소에서 모델을 학습하는 것도 가능하다. 자세한 내용은 8장의 ML 수명 주기의 각 단계에서 고려해야 할 사항에서 시간과 장소 이동을 친환경 AI 관행에 적용하는 방안을 살펴볼 때 더 자세히 다룰 것이다.

수요 이동은 시간 이동과 위치 이동으로 나눌 수 있다. 일반적으로 전자가 후자보다 더 쉬운 것으로 간주되는데 위치 이동을 하려면 구현과 배포에 대한 수정이 필요할 뿐만 아니라 데이터와 관련된 현지 법률이 까다로운 장애물이 될 수 있기 때문이다(자세한 내용은 후술).

5.2.1 시간 이동

탄소 집약도는 하루 종일 변한다. 그림 5.3에서 볼 수 있듯이 자정과 오전 8시 사이에는 역종형inverted bell 곡선을 따르므로 예시 워크로드를 한 시간 늦출 수 있으면 잠재적으로 kWh당 거의 100g의 CO_2e를 절약할 수 있다. 이러한 시간적 기법을 **시간 이동**time shifting이라고 하는데, 소프트웨어의 탄소 발자국을 줄이려는 모든 기업이 쉽게 효과를 얻을 수 있는 확실한 방안이다.

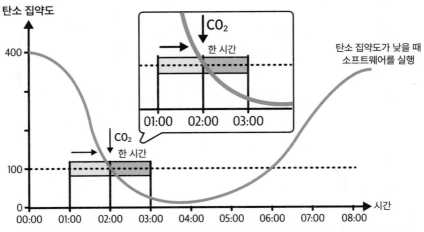

그림 5.3 **탄소 집약도의 변동성을 나타내는 역종형 곡선과 시간 이동을 통한 저탄소 효과 예시**

시간 이동을 활용해 탄소 감축을 할 수 있는 상황은 많다. 앞서 언급했듯이 ML 모델 학습 단계는 하루 중 가장 친환경적인 에너지를 사용하는 시간대에 실행하면 큰 이점을 얻을 수 있다. 더블린 대학교University College Dublin의 연구원들은 ML 모델에 시간 이동 방법론을 적용하면 소프트웨어 관련 탄소 배출량을 거의 45~99% 줄일 수 있다고 보고했다.[13]

시간 이동으로 큰 이익을 얻을 수 있는 또 다른 시나리오는 배치 처리batch processing다. 일괄 작업은 여러 작업을 그룹화하여 실시간 사용자 입력 없이 순차적으로 실행하는 워크로드 유형이다. 예를 들어 소프트웨어 업데이트와 시스템 백업은 특정 기간 내에 거의 언제든지 수행할 수 있다. 마이크로소프트는 이러한 방식으로 윈도우 업데이트를 예약 실행함으로써 탄소 배출량을 99% 감축했다.

마지막으로 언급하고 싶은 예시는 비디오 스트리밍video streaming이나 컴퓨터 게임의 최종 사용자인 여러분과 관련이 있다. 우리는 모두 이러한 활동이 얼마나 많은 전력을 소비하는지 잘 알고 있다. 따라서 전력망의 탄소 집약도가 높을 때 4D 스트리밍을 일시 중지하는 유연한 시청 방식을 추천한다. 아니면 주문형 영화 시청 대신 친환경 에너지 기간에 좋아하는 시리즈를 다운로드해보는 것은 어떨까? 이러한 습관은 인터넷 사용의 탄소 발자국을 전반적으로 줄일 수 있다. 하지만 이는 개인적인 행동이며 우리에게 더 필요한 것은 시스템적인 변화다. 이러한 변화가 자동으로 일어난다면 훨씬 더 좋을 텐데, 다행히도 가능하다.

7장에서 설명하겠지만 비디오 스트리밍 서비스는 이미 콘텐츠 전송 네트워크의 캐싱 caching을 사용해 인터넷 사용량이 적을 때 데이터 전송을 유도하고 있다. 고객이 좋아하는 드라마나 영화가 전력이 가장 친환경적인 시간대에 CDN이나 가정에 자동으로 다운로드될 수 있기를 기대한다. 그러면 우리 모두 낮과 밤 언제든지 환경에 대한 죄책감 없이 콘텐츠를 즐길 수 있을 것이다. 물론 비용 절감 효과와 애플리케이션 성능 향상 가능성도 덤으로 얻을 수 있다.

---

13 https://oreil.ly/EZkbi

5.2.2 위치 이동

수요 이동의 두 번째 범주인 **위치 이동**location shifting은 영국의 유명 래퍼 데이브Dave의 노래 가사로 잘 요약할 수 있다. '만약 당신이 나를 그곳으로 보낸다면 나는 바로 거기에 있을 거예요If you send me the location, then I'll be right there.'

데이브가 노래에서 약속한 것처럼 위치가 지정되면 신속하게 대응하고 필요한 곳으로 이동할 수 있다. 탄소 집약도 변화에 따라 애플리케이션을 다른 물리적 위치로 이동하는 것을 **공간 이동**spatial shifting이라고 한다. 공간 이동은 전체 탄소 배출량을 줄이는 데 효과적인 방법이 될 수 있다(그림 5.4 참조). 예를 들어 구글 클라우드 플랫폼의 아시아 지역에 장기 실행 애플리케이션이 배포되어 있고 지연시간(또는 기타 문제)이 문제가 되지 않는다면, 자연적으로 저탄소 에너지원을 보유한 지역으로 애플리케이션을 이동시켜 애플리케이션의 탄소 발자국을 대폭 줄일 수 있다.

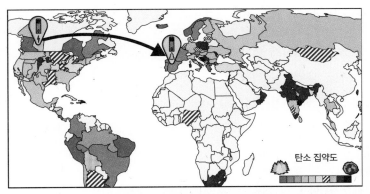

그림 5.4 **탄소 집약도가 높은 지역에서 낮은 지역으로 애플리케이션을 이동하는 방안을 보여주는 지역별 탄소 집약도 세계지도**

대규모 데이터 처리, 3D 애니메이션 생성과 같이 비교적 수명이 짧고 실시간 컴퓨팅 프로그램이 아닌 경우에도 위치 이동의 혜택을 누릴 수 있다. 이러한 유형의 시나리오에서는 일반적으로 3D 애니메이션 사용 사례에서 그래픽 렌더링rendering과 같이 대부분의 사람이 관심을 갖는 최종 결과가 생성되기 전에 작업을 진행하기만 하면 된다. 어디서 실행되는지는 중요하지 않다.

5.3 수요 형성

앞서 언급한 애플리케이션의 타이밍이나 위치를 조정하는 수요 이동 전략에서는 일정한 전력 공급을 여전히 가정한다. 하지만 이미 살펴본 바와 같이 재생에너지 공급은 결코 안정적이거나 무한하지 않다. 따라서 이러한 시나리오를 해결하기 위해 탄소 인식 컴퓨팅의 또 다른 전략인 **수요 형성**demand shaping을 소개한다.

수요 형성은 컴퓨팅 세계에서 새로운 개념은 아니고 다양한 요구사항을 충족하기 위해 자주 사용되었다. 예를 들어 줌Zoom이나 구글 미트Google Meet와 같은 화상통화 애플리케이션은 불안정하고 변동하는 네트워크 대역폭에 대처하기 위해 유사한 개념을 사용한다.

통화 중 네트워크 대역폭 상황이 좋지 못하면 애플리케이션은 자동으로 화질을 낮춘다. 이는 네트워크 용량의 우선순위를 오디오에 두고 계속 대화할 수 있게 지원함으로써 화상회의 시스템의 주된 목적을 유지하기 위함이다.

또 다른 예로 프로그레시브 웹 애플리케이션progressive web application, PWA이 다양한 방법을 통해 네트워크 대역폭 문제를 효과적으로 해결하는 방법을 들 수 있다. 예를 들어 지연 로딩이라고도 하는 점진적 로딩 기술을 사용하면 애플리케이션을 단계별로 점진적으로 로드할 수 있다. 이 접근 방식은 모든 리소스를 동시에 로딩하지 않음으로써 느린 네트워크에서 앱의 성능을 크게 높인다.

 수요 형성의 역사에 대해서는 7장에서 자세히 설명한다.

앞의 예시에서 신경 써야 하는 원격 측정 데이터는 네트워크 대역폭이었지만, 탄소 인식 설루션의 경우에는 전기 생산의 부산물로 배출되는 CO_2e의 양이다.

그림 5.5에서 볼 수 있듯이 탄소 집약도가 감소하면 소프트웨어 시스템에서 더 많은 작업을 수행하고, 탄소 집약도가 급증하면 더 적은 작업을 수행해야 한다. 이를 위해 자

동으로 수행하는 방법과 애플리케이션 클라이언트가 결정하도록 하는 두 가지 방법을 사용할 수 있다.

첫 번째 방법은 클라우드 컴퓨팅의 온디맨드 모드[14]에서 불안정한 네트워크 또는 CPU, 메모리 리소스와 같은 기타 지표를 처리해야 하는 엔지니어들에게 잘 알려진 기술이므로 대부분의 소프트웨어 개발자에게 익숙할 것이다.

두 번째 방법은 지속 가능성sustainability의 핵심 개념인 소비 감소와 밀접한 관련이 있다. 우리는 자원을 보다 효율적으로 사용함으로써 많은 것을 달성할 수 있다고 믿지만, 어느 시점에는 모두가 소비를 줄여야 할 수도 있다(적어도 에너지 전환이 완료될 때까지). 하지만 소프트웨어에 관한 이 책에서는 이 문제에 관한 좀 더 근본적이고 철학적인 논쟁은 하지 않겠다.

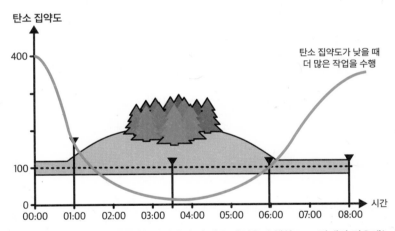

그림 5.5 탄소 집약도가 낮을 때 애플리케이션에서 더 많은 작업을 수행하고 그 반대의 경우에는 더 적은 작업을 수행하는 것을 나타내는 파란색 역종형 곡선상의 녹색 종 모양

그럼에도 불구하고 친환경 소프트웨어 실무자로서 우리는 사용자가 애플리케이션을 사용하는 방식을 제어할 수 있는 기회를 제공할 수 있다. 예를 들어 탄소 집약도가 높을 때 프로세스를 취소하거나 라이브 스트리밍을 중지할 수 있는 옵션을 제공할 수 있다.

---

14 [옮긴이] 클라우드의 온디맨드 모드는 컴퓨팅 리소스를 사용한 만큼만 지불하는 것을 의미한다.

5.4 반대 의견

소프트웨어의 다른 모든 것이 그렇듯이 애플리케이션을 더욱 탄소 친화적이 되도록 재설계할 때는 고려해야 할 미묘한 부분들이 있다. 이전 절에서 워크로드가 수요 형성 또는 수요 이동의 두 가지 방식으로 탄소 인식이 될 수 있다는 것을 살펴봤는데, 여기서 이동은 시간적으로 혹은 공간적으로 이루어진다. 둘 다 소프트웨어 탄소 배출량을 줄이는 데 유용한 방안이지만, 사용 사례와 요구사항에 따라 신중하게 고려해야 한다.

5.4.1 위치 이동은 까다로울 수 있다

위치 이동의 장단점을 논의하기 전에 이러한 접근 방식에 대한 회의적 주장을 먼저 살펴보고자 한다. 많은 사람들이 프랑스와 같이 탄소 집약도가 낮은 지역으로 전 세계의 워크로드를 이동하면 해당 지역에 과부하가 걸려 애플리케이션 지연시간latency이 늘어나고 서비스 중단 가능성이 높아지며 제한으로 인해 관리형 서비스 성능이 저하될 수 있다는 우려를 표명했다.

하지만 현실적으로 그만큼의 과부하가 일어날 가능성이 낮다. 소프트웨어 시스템의 마이크로서비스 하나만 다른 지역으로 이동하는 것조차 기술적인 구현 측면뿐만 아니라 데이터 저장에 대한 법적 요구사항(까다로운 개인정보보호법!)과 같은 문제로 인해 어려울 수 있다.

그러므로 탄소 인식 컴퓨팅을 수행할 때 애플리케이션을 다른 지역으로 이동하여 탄소 감축을 달성하는 방안은 현재 상황을 고려하여 신중한 검토가 필요하다.

예를 들어 애플리케이션의 중요한 측면 중 하나는 안정성이다. 서비스 수준 계약은 환경을 희생하더라도 절대 어겨서는 안 된다. 그러나 비즈니스 요구사항이나 기술 스택의 변경과 같은 여러 가지 이유로 SLA를 재검토하는 것은 드문 일이 아니다.

 서비스 수준 계약(SLA)은 애저와 같은 서비스 제공 업체와 애플리케이션 개발자와 같은 고객 간의 계약이다. SLA는 일반적으로 애플리케이션이 얼마나 오랫동안 작동해야 하는지(가동 시간), 애플리케이션이 요청에 언제 응답해야 하는지(응답시간), 장애 해결 시간 등 서비스 제공 업체가 고객에게 제공하기로 약속한 서비스 수준을 문서화한다. SLA에 대해 자세히 설명하는 책이 많은데 《사이트 신뢰성 엔지니어링》(제이펍, 2018)을 추천한다.

리소스 가용성 또한 문제를 일으킬 수 있다. 워크로드를 이동하려는 지역에 충분한 리소스가 없다면 이동을 완료할 수 없다. 하지만 당연하게도 충분한 모니터링을 통해 탄소 집약도와 리소스 가용성을 추적하여 원활한 전환을 보장할 수 있다. 지표의 추가 설정과 같은 작업이 추가되면 팀의 책임이 늘어날 수 있으며, 이는 클라우드 비용 상승으로 이어질 수 있다. 앞서 여러 번 언급했듯이 각 국가마다 소프트웨어 관리에 대한 요구사항과 법률이 다르기 때문에 규제 측면이 가장 큰 걸림돌이 될 수 있다.

저자들은 위치 이동의 대안인 시간 이동이 더 쉬운 방안이라고 생각한다. 시간 이동의 경우 앞서 논의한 것과 같은 우려 사항이 없기 때문이다. 예를 들어 국가 간 데이터 이동이나 새로운 지역의 규제 준수에 대해 걱정할 필요가 없다. 또한 성능과 지연시간에 대해서도 마찬가지다. 게다가 추가 리소스가 필요하지 않고 전송 비용이 들지 않기 때문에 비용이 더 저렴하다. 실제로 지연시간에 민감하지 않은 워크로드는 (4장에서 설명한 대로 스폿 인스턴스에서 실행하는 등) 훨씬 더 저렴하게 운영할 수 있다.

마지막으로 고려해야 할 점은 친환경적인 전력의 비용이다. 현재 대부분의 국가에서는 전력망 공급 업체나 클라우드 공급 업체로부터 고정된 가격으로 전력을 공급받고 있지만, 스페인과 일부 북유럽 국가에서는 이미 재생에너지 기반의 동적 전력 가격 시스템을 도입했다. 이를 위해서는 전력 시장과 청정 에너지 가격에 기반한 복잡한 계산이 필요한데, 결국에는 모든 국가에 도입될 것으로 보인다. 이러한 변화에 놀라지 말자. 미래에는 탄소 인식 컴퓨팅이 많은 비용을 절감할 수 있을 것이다.

5.5 실제 사례

탄소 인식 컴퓨팅 분야에서 일어나고 있는 놀라운 혁신을 목격할 수 있다는 것은 행운이다. 휴대폰부터 데이터 센터까지 다양한 소프트웨어 비즈니스에서 탄소 인식 컴퓨팅이 적용되는 사례들을 볼 수 있다. GSF에서 주최한 탄소 해커톤 2022Carbon Hack 2022

에서 약 400명의 참가자가 50개 이상의 탄소 인식 아이디어 프로젝트를 선보였다. 실제 탄소 인식 구현 사례를 살펴보자.

5.5.1 구글

구글은 2020년 시간 이동을 신호탄으로 탄소 인식을 위한 노력에 돌입했다.[15] 구글의 모든 데이터 센터는 시간별 지침에 따라 컴퓨팅 작업을 저탄소 전력 공급 시간과 일치시키기 위한 계산을 수행하는데, 이 계산은 다음 날에 대한 두 가지 유형의 예측을 비교해 이루어진다.

첫 번째 예측은 파트너인 전기 지도Electricity Maps에서 제공하는 것으로, 지역 전력망의 시간별 평균 탄소 집약도가 하루 동안 어떻게 변화할지 예측한다. 구글은 이 데이터를 보완해 동일한 시간 동안 데이터 센터의 자체 전력 사용량 예측을 수행한다.

구글은 파일럿 프로그램에서 훌륭한 결과를 얻었다. 부하를 저탄소 강도 기간과 일치시켜 저탄소 에너지 소비를 효과적으로 증가시켰다. 이 결과는 시간 이동이 유익한 전략임을 입증하는 중요한 이정표였다. 그 후 2021년에는 위치 이동을 시도했는데 이를 통해 컴퓨팅 작업의 위치가 어느 곳에 있든지 상관없이 청정 에너지가 있는 위치로의 이동을 성공적으로 수행했다.[16]

또한 유튜브, 구글 포토 등 수백만 개의 멀티미디어 파일을 인코딩, 분석, 처리하는 미디어 처리 도메인에서 이러한 시도를 했다. 물론 이러한 노력은 애플리케이션의 SLA 또는 SLO를 위반하지 않으면서 애플리케이션이 실행되는 방식에 영향을 미치지 않았다.

5.5.2 Xbox

2023년 Xbox 콘솔은 마이크로소프트의 탄소 인식 윈도우 업데이트를 통해 탄소 인식 게임 콘솔이 된 후로 시간 이동을 실행하기 시작했다.[17] Xbox는 게임, 앱, OS 업데이트

---

15 https://oreil.ly/0UwRp
16 https://oreil.ly/ikeTC
17 https://oreil.ly/_U6k6

를 이전처럼 새벽 2시에서 6시 사이에 무작위로 실행하는 것이 아니라 야간 유지 보수 시간대의 특정 시간을 활용한다. 즉, 전력망의 전기가 가장 깨끗한 시간에 업데이트를 실행한다(콘솔이 연결되어 있고 인터넷에 접속할 수 있는 경우).

또한 Xbox는 전력 소비를 최대 20배까지 줄일 수 있는 새로운 절전 모드인 셧다운 Shutdown을 발표했다.[18] 이 새로운 기능은 콘솔이 꺼져 있을 때 전력을 절약하면서도 콘솔 성능이나 기능 측면에서는 최종 사용자 경험에 영향을 미치지 않는다.

5.5.3 아이폰

애플 또한 탄소 인식 기능을 제공한다. iOS 16.1 부터 아이폰 사용자는 그림 5.6과 같이 더 낮은 탄소 배출 전력으로 기기를 충전할 수 있다.[19]

5.5.4 탄소 해커톤 22

GSF의 탄소 해커톤 22[20]에서는 특히 ML 모델 학습에 필요한 막대한 에너지 요구량을 해결하는 데 초점을 맞춘 혁신적인 탄소 인식 프로젝트들을 많이 선보였다.

해커톤 우승 프로젝트인 로카브 Lowcarb[21]는 특별히 이 문제에 대한 해결책을 제시했다. 이 설루션은 인기 있는 연합 학습 federated-learning, FL 프레임워크인 Flower[22]의 플러그인으로, 사용자가 다양한 지역의 클라이언트에서 학습 작업을 예약할 수 있다.

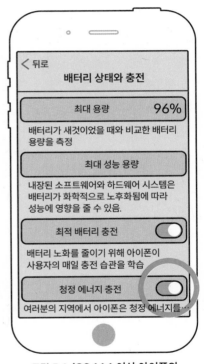

그림 5.6 **iOS 16.1 이상 아이폰의 청정 에너지 충전 기능**

---

18 https://oreil.ly/sT6Q-
19 [편집자] 편집 기준(2025년 1월) 미국에서만 서비스 중이다.
20 https://oreil.ly/i2xv4
21 https://oreil.ly/b_ZA8
22 https://flower.dev/

우승 팀은 이미지 분류 문제에 대한 설루션을 벤치마킹하여 '학습 속도, 최종 정확도 또는 클라이언트 선택의 공정성'을 저해하지 않으면서 학습 관련 탄소 배출량을 13% 감소시키는 놀라운 결과를 보여주었다. 이는 연합 학습 환경에서 필수적인 요구사항이다.

 연합 학습은 분산된 ML 모델 학습 방법론으로, 데이터가 각 위치를 떠나지 않고 여러 위치의 데이터를 기반으로 모델 학습이 이루어진다. 연합 학습의 분산된 특성 때문에 클라이언트 선택의 공정성을 유지하는 것은 모델의 정확성과 효율성에 매우 중요하다.

현재 탄소 인식 시장의 격차에 초점을 맞춘 또 다른 해커톤 아이디어[23]도 주목할 만하다. 많은 사례를 시도하고 테스트해왔지만, 탄소 인식 수요 이동과 형성은 아직 전 세계적 규모로 이루어지지는 않고 있다.

주된 어려움 중 하나는 개발 팀이 직면할 책임의 증가다. 애플리케이션을 다시 계측하고, 새로운 기능을 배포하고 유지 관리하는 방법을 결정해야 하며, 무엇보다도 시스템의 서비스 수준 목표service-level objective, SLO를 저해하지 않으면서 새로운 개념을 모니터링해야 한다.

이를 지원하기 위해 해커톤에서는 웹 트래픽 수준에서 탄소 인식 설루션을 제안한다. 이미 구축된 웹 애플리케이션에서 탄소 강도에 반응하는 SDK를 통해 계측하는 대신, 해커톤 참가자들은 로드 밸런싱 또는 DNS 수준에서 탄소 인식을 하는 기능도 소개했다.

애플리케이션이 여러 지역에 걸쳐 배포되는 경우, 이 아이디어를 활용하여 (다른 로드 밸런싱 요구사항이 충족되는 한) 탄소 강도가 가장 낮은 지역으로 트래픽을 리다이렉션할 수 있다. 또한 많은 기업에서 네트워킹 팀이 전체 회사의 탄소 인식 기능 구현을 전담하는 것도 가능하다. 따라서 애플리케이션 팀은 이에 대한 번거로움 없이 혜택을 누릴 수 있다!

---

23 https://oreil.ly/JqGqF

5.6 탄소 인식 컴퓨팅의 팬이 되셨나요?

이제 여러분도 탄소 인식 방식의 팬이 되어 소프트웨어 엔지니어링의 모든 분야에서 이 아이디어가 어떤 영향을 미칠지 궁금할 것이라고 생각한다. 또한 이 장이 탄소 인식 컴퓨팅 여정을 즉시 시작하도록 영감을 불어넣었기를 바란다. 이제 여러분은 다양한 탄소 인식 접근 방식을 이해할 뿐만 아니라, 각 전략의 장단점을 충분히 토론할 수 있는 자료도 갖춘 셈이다. 마지막으로 신속하게 적용해볼 수 있는 방법인 시간 이동을 기억하기 바란다. 시간에 덜 민감한 애플리케이션의 경우, 간단한 시간 이동만으로도 탄소 배출량 감소에 기여할 수 있다.

6

하드웨어 효율성

> 머신을 빠르게 하는 것은 하드웨어고 빨라진 머신을 느리게 만드는 것은 소프트웨어다.
>
> —크레이그 브루스Craig Bruce[1]

하드웨어 효율성? 잠깐만, 이 책은 소프트웨어에 관한 것이 아니었나? 물론, 그렇다. 이 책의 제목과 부제에는 '소프트웨어'라는 단어가 두 번이나 나온다. 하지만 소프트웨어는 하드웨어에서 실행되므로 하드웨어를 좀 더 깊이 살펴봐야 한다. 어셈블리로 코딩을 처음 배운 노련한 하드웨어 전문가이든, 하드웨어를 단지 수단으로만 생각하는 사람이든, 이번 장은 이들 모두를 위한 내용이다.

하드웨어hardware는 소프트웨어를 실행하는 데 사용할 수 있는 모든 장치를 의미하는데 매우 다양한 유형의 장치가 존재한다. 몇몇 진취적인 사람들이 임신 테스트기에서 둠 Doom 게임을 구현하기도 했지만(다행히 원래의 입력 방법을 사용하지는 않았다),[2] 이번 장에서는 더 광범위하게 사용하는 두 가지 하드웨어 장치, 즉 휴대폰, 데스크톱, 노트북과 같은 소비자 기기와 서버를 중심으로 살펴보려고 한다. 임신 테스트기의 탄소 효율성에 대한 논의는 다른 사람에게 맡기겠다.

---

1   https://oreil.ly/ZoSBH

2   https://www.popularmechanics.com/science/a33957256/this-programmer-figured-out-how-to-play-doom-on-a-pregnancy-test/

이전 장에서 살펴본 것처럼 친환경 소프트웨어 실무자로서 데이터 센터에서 해결할 수 있는 문제는 주로 전력 소비다. 그러나 소비자 기기의 경우에는 하드웨어 수명 동안 전체 탄소 발자국에서 더 큰 비중을 차지하는 내재 탄소가 더 큰 문제다. 실제로 스마트폰의 경우, 제조 비용이 연간 탄소 발자국의 85~95%를 차지하는데 사용량이 점점 더 늘어나고 있다.[3] 예를 들어 딜로이트Deloitte의 2022년 연결 및 모바일 트렌드 설문 조사[4]에 따르면 미국 가정은 평균적으로 22대의 기기를 연결해 사용하고 있다.

이러한 상황 속에서 소프트웨어 개발자인 우리는 하드웨어를 적게 사용하고 그 수명은 연장해야 한다. 클라우드나 자체 호스팅 데이터 센터의 서버 또는 소비자 장치 그 어느 것을 대상으로 코드를 배포하든지 간에 구체적인 조치를 취할 수 있다. 이 장에서는 고객이 완벽하게 작동하는 하드웨어를 폐기하는 이유가 소프트웨어 때문이 아니라는 점을 살펴보고, 소비자의 힘을 이용해 하드웨어 생산자로 하여금 운영 방식을 친환경적으로 바꾸고 하드웨어를 더 오래 지원하도록 장려하는 방법을 논의한다. 또한 제어 범위 내에서 하드웨어의 수명을 연장하고 중고 하드웨어를 사용하는 등 장치 수명 연장에 대해서도 설명할 것이다.

또 다른 흥미로운 주제는 하드웨어를 더 잘, 더 지속 가능하게 만드는 방법이다. 하지만 우리는 이 분야의 전문가가 아니므로 업계의 주요 업체들이 무엇을 하고 있는지, 재활용과 전자 폐기물에 대해 간략하게 언급만 하고 넘어갈 것이다. 이번 장을 통해 소프트웨어 개발자 역시 하드웨어 사용에 영향을 미칠 수 있고, 실제로 영향을 미치고 있다는 것을 알게 되기를 바란다.

6.1 내재 탄소

하드웨어는 이미 지불된 탄소 비용, 즉 **내재 탄소**embodied carbon를 수반하고 있다. 서버나 휴대폰과 같은 하드웨어 장치를 제조하는 것은 매우 복잡한 과정이다. 재료를 어딘

---

3 https://oreil.ly/3giTV
4 https://oreil.ly/x86sv

가에서 채굴한 다음, 전 세계를 돌아다니며 (아마도 여러 번) 에너지 집약적인 절차를 거쳐 조립되어 마침내 여러분의 손에 들어오게 된다.

이러한 하드웨어의 내재 탄소 비용은 여러 구성 요소로 이루어져 있으며, 이 중 집적회로가 가장 큰 단일 배출원이다.[i] 2장에서는 최종 사용자 장치의 내재 탄소 비용이 얼마나 높을 수 있는지 예시를 통해 살펴봤다. 일반적으로 정확한 내재 탄소 수치를 파악하는 것은 쉽지 않다. 9장에서는 클라우드 제공 업체가 하드웨어 데이터를 보고하는 방식을 살펴볼 것이다. 그린 소프트웨어 재단의 소프트웨어 탄소 집약도Software Carbon Intensity, SCI 지침 프로젝트[5]는 다양한 유형의 장치로부터 발생하는 내재 탄소 데이터에 대한 목록을 관리하고 있다.[6]

소프트웨어 실무자로서 우리에게는 구매력 외에는 내재 탄소 비용을 통제할 수 있는 방법이 거의 없다. 친환경 소프트웨어 실무자로서 할 수 있는 유일한 일은 반짝이는 새 기기가 자신의 손에 들어오기까지 발생한 탄소와 관련한 빚을 생각하고 이를 어떻게 상쇄해나갈지 계획하는 것이다. 소프트웨어의 내재 탄소 비용을 줄이는 방법으로 주로 두 가지를 사용하는데, 그것은 바로 하드웨어 수명을 늘리거나 하드웨어 활용도를 높이는 것이다. 이 절에서는 자체 호스팅 사용자와 클라우드 사용자 모두가 고려할 수 있는 몇 가지 흥미로운 사항과 함께 그 두 가지 목표를 달성하는 다양한 방법을 살펴본다.

6.1.1 장치 수명

최종 사용자 기기의 수명은 얼마나 될까? 저자들이 즐겨 하는 답변은 '상황에 따라 다르다'인데 기기 유형에 따라 달라지기도 한다. 스마트폰은 보통 2~3년 정도 사용할 수 있는 것으로 예상하는데 출시 주기도 빠르다.[ii] 예를 들어 애플은 매년 새로운 아이폰을 출시한다.[7] 반면 게임 업계의 주요 제조 업체들은 약 7년 주기로 새로운 콘솔을 출시한다. 즉, 다음 모델이 출시될 때까지, 때로는 그보다 더 오래도록 마음껏 비디오 게임을 즐길 수 있도록 설계되었다는 의미다. 예를 들어 Xbox One은 10년 동안 사용할 수 있

---

5 https://sci-guide.greensoftware.foundation/
6 https://oreil.ly/N8eRG
7 https://en.wikipedia.org/wiki/List_of_iPhone_models

도록 설계되었으며, 실제로 그 정도 수명을 유지하고 있는 것으로 보인다.[8] 공용 클라우드 제공 업체가 소유한 서버의 수명은 4~6년이다. 마이크로소프트는 2022년 7월 서버 수명을 4년에서 6년으로 연장한다고 발표했으며,[9] 알파벳Alphabet은 2023년 1월 서버와 네트워크 장비의 예상 수명을 6년으로 변경한다고 밝혔다.[iii] AWS는 2022년 1월 서버 예상 수명을 5년으로 늘렸다.[iv] 이것은 재무 관행상의 수치이며, 클라우드 제공 업체가 실제로 서버를 얼마나 오래 보관하는지 확실하게 알 수는 없다. 클라우드 제공 업체가 이 데이터에 대한 투명성을 높여주기를 기대한다(그림 6.1 참조).

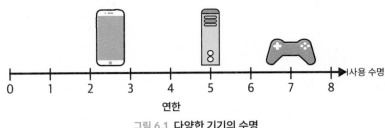

그림 6.1 **다양한 기기의 수명**

스마트폰의 수명은 2년밖에 되지 않는 반면, 게임 콘솔은 그보다 3배 이상 오래 사용할 수 있는 이유는 무엇일까? 소비지상주의consumerism와 더 얇은 기기, 더 긴 배터리 수명, 더 나은 성능에 대한 소비자의 욕구를 완전히 배제할 수는 없다. 이러한 소비자의 욕구를 만족시키고 시장점유율 경쟁에서 살아남기 위해 스마트폰 제공 업체는 더 높은 성능을 제공해야 한다는 압박에 내몰렸다. 그러나 소비자들의 환경 의식이 높아짐에 따라 이러한 상황이 변하고 있는 것으로 보이는데, 네덜란드의 모듈식 수리 가능 스마트폰 페어폰Fairphone의 판매 증가를 예로 들 수 있다. 페어폰은 2022년에 약 12만 대를 판매했는데, 이는 2018년의 23,000대, 2021년의 약 88,000대에서 훨씬 증가한 수치다.[10]

하지만 전자 기기의 수명과 이에 영향을 미치는 요인으로 돌아가보면 무어의 법칙 때문에 사용 기한 만료 시기보다 훨씬 전에 하드웨어를 폐기하는 경우가 있다.[v] 무어의 법

---

8   https://oreil.ly/FT5XZ

9   https://oreil.ly/4Atut

10   https://oreil.ly/fYXOQ

칙에 따라 마이크로칩의 트랜지스터 수가 2년마다 2배로 증가하는데, 다른 형태의 발전을 통해 기기에 새로운 기능이 추가되고 이로 인해 개발자는 새로운 앱 릴리스release에서 이를 활용하기를 원한다. 예를 들어 휴대폰은 더 빨라졌고, GPU와 머신러닝 칩을 탑재하고 메모리를 늘리는 등 발전을 거듭해왔다. 앱도 이러한 발전된 기술을 활용하는데, 이는 어쩔 수 없는 일이다. 서버, PC, 게임 콘솔, 주방 환풍기(이제 앱이 함께 제공됨)도 마찬가지다.

수명에 영향을 미치는 또 다른 요인은 기계적 또는 전기적 하드웨어 고장이다. 이 두 가지 중 기계적 고장이 더 일반적인데, 단순히 기계 부품이 전기 부품보다 마모가 더 심하기 때문이다. 클라이언트 측 장치의 경우, 소프트웨어 실무자로서 하드웨어 고장을 방지할 수 있는 방법은 매우 제한적이다. 기술 업계는 하드웨어 제조 업체가 수명 연장을 위한 설계에 더 많은 책임감을 가지고 임하기를 바랄 수밖에 없다. 우리는 10년 사용이 기기 수명의 새로운 표준이 되어야 한다고 믿는다.

클라이언트 측 하드웨어 고장을 방지하기 위해 할 수 있는 일이 많지는 않지만, 다음 절에서 자세히 살펴볼 소프트웨어 정의 노후화로 인한 치명적인 문제를 피할 수 있는 방안은 있다.

6.1.2 소프트웨어 정의 노후화

소프트웨어 정의 노후화software-defined obsolescence는 장치에 대한 지원이 중단될 때 발생하는 현상이다. 이러한 지원에는 정기적인 업데이트, 업그레이드 또는 수정 사항 등을 포함한다. 클라이언트 장치에 이러한 상황이 발생할 수 있는 세 가지 시나리오를 살펴보자.

1. 기기 제조 업체의 지원 중단
2. 클라이언트 기기에서 선호/주력/중요/필수 소프트웨어 지원 중단
3. 클라이언트 기기에서 사소한/추가적인/있으면 좋은 소프트웨어 지원 중단

첫 번째 시나리오의 경우, 개발자는 제조 업체가 제공하는 장치 지원에 여전히 의존한

다. 사용자는 보안 지원이 중단된 장치를 계속 사용해서는 안 된다. 소프트웨어 실무자로서 우리가 할 수 있는 최선의 방법은 제조 업체가 더 오랜 기간 지원하도록 압력을 가하는 것이다.

스마트폰의 경우 OS 지원 기간이 가장 긴 회사는 애플이며, 새로운 iOS 15는 최대 6년 된 휴대폰까지 지원한다.[11] 안드로이드 폰의 경우 시장이 좀 더 다양하다. 구글, 삼성, 칩셋 제조 업체 퀄컴Qualcomm은 모두 다양한 기기에 대해 4년간 보안 업데이트를 제공하기로 약속했으며, 구글은 일부 프로Pro 휴대폰에 대해 5년을 약속하고 있다. 이는 과거에 비해 개선된 것이지만, 애플을 포함해 모든 제공 업체는 더 개선을 이뤄야 한다. 제조 공정 시 내재된 비용을 정당화하려면 장치 수명이 6년 이상으로 훨씬 더 길어야 한다. 비교하자면 게임 콘솔은 스마트폰보다 예상 수명이 몇 년이나 더 길다. 즉, 오래 지속되도록 설계되었다는 의미인데, 이것은 제조 업체가 하려고만 하면 얼마든지 더 오래 사용할 수 있게 만들 수 있다는 것을 시사한다.

두 번째 시나리오를 생각해보자. 사용자가 가장 좋아하는 소프트웨어가 더 이상 기기에서 지원되지 않는 경우다. 사용자가 소프트웨어를 계속 사용하려면 가지고 있는 기기를 새것으로 교체해야 한다. 해당 기기는 다른 용도로는 완벽하게 작동할 수 있으며, 이는 소프트웨어(그리고 더 나아가 소프트웨어 개발자인 여러분)에게 책임이 있음을 강력하게 보여준다. 세 번째 시나리오, 즉 사용자에게 중요하지 않거나 즐겨 사용하지 않는 소프트웨어가 특정 기기에서 더 이상 사용할 수 없는 경우에도 소프트웨어에게 책임이 있지만, 두 번째 시나리오만큼은 아니다.

잘 작동하던 기기가 특정 소프트웨어 때문에 동작이 멈추고 이로 인해 소비자가 새 기기를 구매하게 되면 불필요한 탄소 부채가 발생한다. 친환경 소프트웨어 실무자로서 우리는 당연히 소프트웨어로 인해 발생하는 이러한 추가적인 내재 탄소 비용을 줄여야 한다. 이에 대한 해결책을 설명하는 것은 쉽지만 실제로 달성하려면 상당한 노력이 필요하다. 가장 친환경적인 방법은 이전 버전과 호환이 이루어지게 함으로써 기기 자체에는 아무 문제가 없지만 새 버전으로 업그레이드된 소프트웨어 때문에 폐기되는 일이

---

11 https://oreil.ly/sqauZ

발생하지 않도록 하는 것이다.

물론 기술적 사양이 크게 다른 하드웨어 버전을 광범위하게 지원하려면 유지 관리, 테스트 비용이 늘어난다. 다행히도 스마트폰 측면에서는 안드로이드와 iOS 모두 몇 가지 지침을 제공하고 있다. 안드로이드는 UI의 이전 버전과의 호환성을 유지하는 방법에 대한 가이드를 제공하며, 주요 내용은 다음과 같다.[12]

- 새로운 API 추상화
- 새로운 API에 대한 프록시proxy 생성
- 이전 API를 사용한 구현
- 버전 인식 컴포넌트 사용

물론 가이드 그 자체는 바람직하지만, 효과를 얻기 위해서는 애플리케이션 개발자가 추가적인 작업을 해야 한다. 안드로이드 폰의 이전 버전과의 호환성은 새로운 문제가 아니다. 2010년 안드로이드 개발자 블로그에는 <How to Have Your (Cup)cake and Eat It Too>라는 제목의 게시물이 올라왔는데, 이전 버전과의 호환성을 달성하기 위한 몇 가지 단계를 설명한다.[13]

6.1.3 클라우드 애플리케이션과 서비스

비용을 지불하면서까지 클라우드상에서 소프트웨어를 실행하는 이유 중 하나는 자산 관리에 신경 쓸 필요가 없기 때문이다. 서버실에 배치된 서버를 어떻게 실행하고, 언제 폐기하고, 서버에서 실행되는 워크로드를 어떻게 구성할지 등에 대해 고민할 필요가 없다. 이는 신경 써야 할 일의 양을 줄여주기 때문에 매우 편리하며, 클라우드로 전환하는 것이 지속 가능성 측면에서 이점이 될 수 있다는 주장의 근거가 되기도 한다. 사람들이 이렇게 말할 때 일반적으로 의미하는 바는 하이퍼스케일 클라우드 제공 업체가 기존 데이터 센터보다 효율적이라는 것이다.[14] 이것은 마법이 아니다. 공용 클라우드 제

---

12 https://oreil.ly/-AY2F
13 https://oreil.ly/xta81
14 https://www.iea.org/reports/data-centres-and-data-transmission-networks

공 업체는 데이터 센터를 더 효율적으로 운영하기 위해 더 많은 노력을 기울인다. 이들의 주요 사업은 결국 클라우드 서비스의 판매다. 대부분의 다른 회사의 주요 사업은 이와는 완전히 다른데 예를 들면 의류 판매와 같은 것이다.

클라우드 제공 업체가 제공하는 효율성을 최대한 활용하려면 클라우드를 일반 데이터 센터처럼 사용하는 것이 아니라 클라우드 기술과 협력해야 한다. 이것이 중요한 이유는 무엇일까? 2장에서 서버의 에너지 비례성에 대해 배웠다. 데이터 센터에도 동일하게 적용할 수 있지만, 공용 클라우드 제공 업체는 그 규모로 인해 에너지 비례성이 훨씬 더 커진다.

PUE, 운영 비용과 같은 요소는 활용도가 낮은 리소스의 에너지 비용을 크게 증가시킨다. 예를 들어 많은 사용자가 대형 가상 머신을 선택하지만 실제로는 사용률이 낮다면 클라우드 제공 업체는 (많은 하드웨어가 실제로는 사용되지 않음에도 불구하고) 더 많은 데이터 센터를 구축해야 하고, 이는 결국 반도체와 같은 탄소 집약적인 하드웨어 구성 요소를 더 많이 구축해야 한다는 것을 의미한다.

클라우드 제공 업체의 용량 계획은 장기적이고 하드웨어 구성 요소는 납품 시간이 오래 걸린다. 2020년대 초 반도체 부족 현상은 이를 더욱 극명하게 보여주었다.[vi] 인텔의 지속 가능성 기술 수석 책임자인 데브라 번스타인Debra Bernstein[15]은 "우리가 지금 취하는 조치는 미래를 위해 업계의 규모를 올바르게 조정하는 데 도움이 될 것이다"라고 말한다.[16] 운영 효율성에 관해 4장에서 소프트웨어 관점에서 이 목표를 달성하는 방법을 자세히 다루었으니, 혹시 4장을 건너뛰었다면 이 장을 마친 후 4장을 읽어보기 바란다.

또한 클라우드 제공 업체가 제공하는 서비스 중 자신의 워크로드에 가장 효율적인 아키텍처를 사용해야 한다. 그 예로 AWS 그래비톤Graviton 프로세서 기반 인스턴스를 들 수 있다.[17] 그래비톤 기반 인스턴스는 AWS 클라우드에서 이미 호스팅 서비스를 이용하고 있다면 좋은 옵션이다. 그래비톤 기반 인스턴스는 이와 유사한 AWS의 다른 비그래

---

15 https://oreil.ly/IB3UC
16 데브라 번스타인과 사적인 대화에서 나온 말이다.
17 https://oreil.ly/cMkZC

비톤non-Graviton 인스턴스보다 에너지 소비량이 60% 적다. ARM64 명령어 세트를 구현한 프로세서이기 때문에 모든 워크로드를 AWS 그래비톤에서 실행할 수 있는 것은 아니지만 많은 워크로드를 실행할 수 있고 60%의 에너지 절감 효과를 얻을 수 있다.[18]

6.1.4 자체 호스팅 데이터 센터

공용 클라우드가 아닌 자체 데이터 센터용 소프트웨어를 작성하는 경우(이 장에서 다루는 내용으로 보자면 서버가 가득 찬 방을 데이터 센터라고 불러도 전혀 문제가 되지 않는다) 하드웨어 효율성 측면에서 더 많은 방안이 있다.

자체 호스팅을 하는 경우에는 하드웨어 자산 관리를 직접 해야 한다. 완전한 제어가 가능하지만, 선택의 폭이 너무 넓어져 무엇을 어떻게 구성해야 할지 몰라 난관에 빠질 수 있다. 자체 호스팅을 하면 지속 가능성과 효율성 전략에 대해 온전히 책임져야 한다.

이론적으로는 세계에서 가장 최적화되고 지속 가능한 데이터 센터를 구축할 수 있지만, 실제로는 하드웨어 효율성을 높이는 결정을 내리려면 상당한 엔지니어링 노력이 필요하다. 이 절에서는 완벽하게 친환경적인 데이터 센터를 위한 청사진을 제공하는 것이 아니라, 여러분의 여정에 도움이 될 만한 몇 가지 유용한 팁을 제공한다. 4장에서 언급한 운영 효율성에 대한 내용은 여기에서도 거의 모두 적용되므로 4장을 건너뛰었다면 반드시 읽어보기 바란다.

자체 호스팅을 하는 경우 가장 주목할 만한 점은 하드웨어의 수명을 스스로 관리할 수 있다는 것이다. 수명 연장은 내재된 탄소 비용을 줄이는 쉽고 효과적인 방법 중 하나다. 서버를 생산하는 데 드는 탄소 부채는 이미 환경에 지불하였으므로, 이 빚을 갚아나가고 추가적인 탄소 지출을 지연시켜야 한다.

예를 들어 새 서버의 내재 탄소 비용은 4,000kg CO_2e이고, 이 장치를 4년 동안 보관할 계획이라고 가정해보자. 그러면 연간 내재 탄소 비용은 1,000kg CO_2e이다. 이제 서버 수명을 4년에서 5년으로 연장하면 연간 내재 탄소 비용은 800kg CO_2e로 줄어들어

---

18 https://oreil.ly/EBEiJ

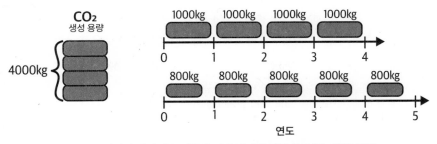

그림 6.2 **서버의 내재 탄소 비용을 시간 경과에 따라 상각하는 방법 예시**

20% 감소한다(그림 6.2는 이런 상각 비용의 예시를 나타낸 것이다).

베어 메탈bare metal(일반적으로 OS 또는 추가 애플리케이션 없이 사용자가 단독으로 사용하는 전용 서버) 또는 자체 데이터 센터를 운영한다면 하드웨어를 세밀하게 관리할 수 있다. 옴의 법칙Ohm's law에 따르면 전력은 전압에 전류를 곱한 값($P = V \times I$)이고, 에너지는 전력을 시간으로 곱한 값($E = P \times t$)이다. 이 두 방정식을 종합하면 전압이 낮을수록 에너지 소비량이 줄어든다는 것을 알 수 있다. 공용 클라우드에서는 전압을 선택할 수 없지만, 자체 베어 메탈 설정에서는 전압을 선택할 수 있다. 모든 장치에는 의도한 대로 작동하는 전압(V) 범위가 있기 때문이다. 이때 전압의 범위는 상당히 좁으며 하드웨어 수명 주기 동안 다르게 조정해야 한다. 즉, 일반적인 소프트웨어 담당자가 전압 조정을 할 수 있는 것은 아니지만, 그런 일을 하는 것이 가능하고 이는 하드웨어 수준에서 에너지 소비를 줄일 수 있는 한 가지 방법이다.

자체 데이터 센터를 소유하고 있다면 전원 버튼도 소유하게 된다. 클라우드의 주요 이점 중 하나는 클라우드는 절대 잠들지 않는다는 것이지만, 소프트웨어는 실제로 잠들 수도 있다! 예를 들어 비즈니스가 전 세계에 걸쳐 있지 않다면 분명 수요가 많은 시간대와 수요가 거의 없는 시간대가 있을 것이다. 수요가 적은 시간대에는 실제로 하드웨어를 완전히 종료하여 상당한 에너지를 절약할 수 있다. 데브라 번스타인은 "업계 전체가 저전력 상태에 들어가는 것을 두려워해서는 안 된다! 하드웨어를 끄는 위험을 감수하고 싶지 않을 수도 있지만, 지속 가능성 측면에서는 감수해야 할 위험이다"라고 말한다. 하드웨어 측면의 위험은 두 가지인데, 갑작스러운 수요 증가 시 용량 부족 위험과 시동 시 하드웨어 고장 위험이다. 이 두 가지 개념은 4장에서 자세히 설명했다. 하드웨어를 종료함으로써 얻을 수 있는 지속 가능성과 관련한 이점은 유휴 서버가 에너지를 소비하지 않도록 함으로써 에너지 사용량을 절약하는 것이다.

수리 문제를 처리하는 것은 자산 관리에서 지루한 부분 중 하나다. 하지만 긍정적인 면을 찾자면 하드웨어 고장은 경우에 따라 친환경적인 통찰력을 제공할 수 있다는 점이다. 예를 들어 항상 디스크가 가장 먼저 고장 나는가? 기계 부품은 전기 부품보다 고장 나기 쉽기 때문에 기계식 디스크가 있는 경우 꽤 가능성이 높은 시나리오다. 이 사실을 알고 있다면 실제로 디스크가 고장 나기 전에 코드 수정을 통해 디스크에 쓰기 동작을 줄일 수 있을까? 하드웨어 수명에 직접적인 영향을 미치는 이러한 유형의 소프트웨어 변경은 드물지만, 어떤 경우에는 바람직할 수 있다.

서버 제조 측면에서는 제조 업체가 제품의 신뢰성과 수명을 늘리기 위해 상당한 자원을 투자한다. 한 가지 예로 인텔은 칩에 노화 '주행 기록계'를 추가하여 고장 날 가능성이 가장 높은 칩 부분을 끄고 나머지 칩은 계속 작동할 수 있도록 했다. 꽤 멋진 기능이지만, 이점을 얻으려면 소프트웨어를 조정해야 한다. 예를 들어 64개의 vCPU 중 2개가 위험에 처한 경우, 62개의 정상 vCPU만 사용해 작동하려면 어떤 소프트웨어 계층이 관련되어야 할까? 자체적으로 호스팅을 한다면 하드웨어 공급 업체와 협력하여 서버 수명을 전반적으로 늘릴 수 있는 영역이다.

6.1.5 특수 하드웨어

잠시 클라이언트 기기에서 벗어나 서버와 데이터 센터의 세계로 돌아가서 생각해볼 것은 특수 하드웨어가 범용 하드웨어보다 더 친환경적인지 여부다. 특수 하드웨어에는 특정 용도용 집적회로application-specific integrated circuit, ASIC(주문형 반도체), 필드 프로그래머블 게이트 어레이field-programmable gate array, FPGA, 텐서 처리 장치tensor processing unit, TPU 등이 있다. 이러한 유형의 하드웨어는 일반적으로 처리 장치 역할을 하지만 다른 용도로도 사용할 수 있다.

데브라 번스타인은 "범용 하드웨어와 특수 하드웨어를 지속 가능성 측면에서 비교할 때 모든 시나리오를 포괄하는 명확한 답은 없다. 특수 하드웨어는 해결하고자 하는 문제를 깊이 이해하고 하드웨어 활용도를 극대화할 수 있는 경우 에너지 사용 측면에서 더 효율적이다. 또한 하드웨어를 더 오래 유지하면 내재 탄소 관점에서도 지속 가능성이 향상된다"라고 말한다.

그러나 해결하려는 문제가 좀 더 일반적이거나 아직 완전히 이해하지 못한 새로운 문제라면 의사 결정 트리가 더 커진다. 조직 내에 특수 하드웨어를 위해 효율적인 소프트웨어를 작성할 수 있는 전문 지식이 있는지, 그리고 이것이 장기적인 투자가 될 수 있는지를 고려해야 한다. 범용 하드웨어를 사용하면 나중에 문제의 성격에 맞춰 하드웨어의 용도를 변경할 수 있으므로 수명을 늘리고 내재 탄소 비용 대비 더 많은 효과를 얻을 수 있다. 하지만 특수 하드웨어의 경우에는 얘기가 다르다. 특히 짧은 기간 후에 하드웨어를 폐기해야 한다면 단기간에 얻은 에너지 효율성이 내재 탄소 비용과 비교해 크지 않을 수 있다.

ASIC의 사용이 CPU보다 더 효율적인 예는 블록 암호 분야에서 찾을 수 있다. **블록 암호**block cipher는 대량의 데이터를 암호화하거나 복호화하는 데 사용되는데, 이는 일부 소프트웨어가 자주 수행하는 작업이다. 예를 들어 TCP/IP에서 사용되는 암호화 프로토콜인 전송 계층 보안transport layer security, TLS은 데이터 처리 장치Data Processing Unit, DPU와 최신 제온Xeon 프로세서에서도 사용된다.[vii] 이 분야에서 ASIC는 다른 유형의 하드웨어보다 더 빠르고 저렴한 것으로 밝혀졌다.[viii]

그렇다면 특수 소프트웨어를 위한 특수 하드웨어는 어떨까? 블록체인과 암호화폐 분야에서 GPU를 사용하는 것이 여기에 해당한다. 또 다른 예로는 AI와 ML 분야에서 AI 가속기와 같은 특수 하드웨어를 사용하는 것이 있다. GPU는 원래 그래픽 처리용으로 설계한 것인데, 머신러닝과 암호화폐에 사용되는 행렬 계산에도 이상적인 것으로 밝혀졌다. 그런데 3장에서 언급했던 제번스의 역설을 여기서 환기할 필요가 있다. 제번스의 역설은 무언가를 더 효율적으로 수행할 수 있게 되면 더 저렴해지고 더 많이 사용하게 된다는 역사적 관찰이다. 이 장 앞부분에서 언급했듯이 특수 하드웨어는 특수 용도의 경우 에너지 효율성 측면에서 탁월할 수 있다. 중요한 것은 무언가가 더 효율적이 되면

(즉, 더 저렴해지면) 더 많이 사용하게 된다는 점이다.

이미지 처리와 같은 초기 AI 애플리케이션에서 이러한 현상이 나타났다. 칩의 효율성이 높아지면서 이미지 처리를 더 많이 수행하고, 그 결과 더 많은 칩을 생산하기에 이르렀다. 이는 효율성 향상이 내재 탄소 감소로 이어지는 것이 아니라 오히려 더 많은 내재 탄소를 생성한다는 것을 의미한다. 이분 아니라 다른 측면도 고려해야 한다. 예를 들어 문제 해결에 이처럼 특수한 소프트웨어 솔루션이 정말로 필요할까? 특히 허가형 블록체인의 경우 저자 중 한 사람인 세라는 대학 시절부터 이 질문에 매료되어 허가형 블록체인과 분산 데이터베이스의 성능을 비교하는 최초의 논문을 작성했다.[ix]

특수 소프트웨어를 위한 특수 하드웨어 구축의 윤리와 에너지 사용에 대한 논의는 다음 기회로 미루기로 한다.

6.2 전자 폐기물

전자 폐기물electronic waste은 일반적으로 **e-waste**라는 공상과학적 용어로 축약해 표현하는데 공식적인 명칭은 **폐전기전자제품**waste electrical and electronic equipment, WEEE이다. StEP(전자 폐기물 문제 해결) 이니셔티브Solving the E-waste Problem initiative는 전자 폐기물을 '모든 유형의 전기 및 전자 장비electrical and electronic equipment, EEE와 재사용 의도 없이 소유자가 폐기한 부품을 포괄하는 용어'로 정의한다.[x] 우리가 버리는 전자 폐기물은 분량도 방대하고 증가세도 가장 빠르다.[xi] 유엔에 따르면 2019년 전 세계에서 5000만 톤에 달하는 전자 폐기물이 발생했으며, 2050년에는 1억 2000만 톤으로 증가할 것으로 예상된다.[xii] 이 수치를 좀 더 쉽게 이해하자면 5000만 톤은 지금까지 만들어진 모든 상업용 항공기의 무게를 합친 것보다 더 무겁고 동물에 비유하자면 약 25만 마리의 흰긴수염고래와 같은 질량이다(그림 6.3 참조).

전자 폐기물 생산은 기후와 지구에 여러 가지 영향을 미친다. 2019년에는 전자 폐기물의 20%만 공식적으로 재활용되었다. 전자 폐기물은 금, 백금, 코발트와 같은 귀중한 물질을 많이 포함하고 있는데도 재활용 비율이 고작 이 정도에 그쳤다.[xiii] 안전하지 않거나 비공식적인 전자 폐기물의 재활용은 주로 개발도상국에서 일어나는데, 이는 그 지역 환경과 일하는 사람들에게 해를 끼칠 위험이 높다. 납, 카드뮴, 수은, 비소와 같은 유독성 물질이 들어 있는 전자 폐기물은 지구와 인간 모두에게 위험하다.[xiv] 또한 전자 폐기물은 전 세계가 얼마나 많은 새로운 기기를 만들어내야 하는지를 직접적으로 나타낸다. 우리 사회는 점점 더 전기장치에 의존하고 있으며, 기기를 버리고 나면 대부분의 경우 즉시 새로운 기기로 교체한다. 그 결과 내재 탄소 배출량이 훨씬 더 많아진다. 스마트폰 연간 탄소 발자국의 85~95%를 제조 비용이 차지한다는 사실[19]을 고려한다면, 새 스마트폰이 더 에너지 효율적이라 해도 교체 자체가 친환경적인 선택은 아니다.

2019년 연간 전자 폐기물   흰긴수염고래 25만 마리   지금까지 만들어진 모든 상업용 비행기

그림 6.3 전자 폐기물의 양을 25만 마리의 흰긴수염고래와 모든 상업용 항공기와 비교

전 세계적으로 많은 전자 장비가 버려지고 있다. 물론 이 모든 것이 소프트웨어 산업 때문은 아니다. 냉장고, TV, 세탁기와 같이 전통적으로 소프트웨어가 실행되지 않는 가전제품도 전자 장비로 간주된다. 사물인터넷(IoT)과 스마트 홈 시대가 도래하면서 소프트웨어 덕분에 이러한 전통적으로 '멍청한' 장치가 더 똑똑해지고 있다. 이는 불가피한 현상이지만, 소프트웨어 실무자가 하드웨어 수명 주기에 대해 가져야 할 책임을 더욱 강조한다. 서버와 노트북만 영향권 내에 있는 것으로 간주해서는 안 된다. 완벽하게 작동하는 식기세척기를 버리고 새 식기세척기를 사는 이유가 앱을 통해 식기세척기를 제어하기 위함이라면 소프트웨어가 더 많은 전자 폐기물을 직접적으로 유발하는 것이다.

---

19 https://oreil.ly/UgB_V

지금까지 다룬 내용은 다소 암울하지만 이 책에서는 해결책에 초점을 맞추고 있으니, 잠시 논의해보자. 이 문제를 해결하기 위해 무엇을 하고 있으며 어떻게 도울 수 있을까? 이미 짐작했겠지만 핵심은 이 장 앞부분에서 이야기한 내용, 즉 자신의 기기를 더 오래 사용하고 여러분의 고객 역시 그렇게 할 수 있도록 지원하는 것이다.

세계의 각 정부도 엄청난 폐기물을 줄이기 위해 노력하고 있다. 2023년 3월 유럽위원회는 소비재를 **수리할 권리**right to repair를 포함하는 제안을 채택했다.[xv] 이 제안은 유럽의회의 승인을 받았으며, 이제 유럽이사회의 승인만 받으면 현실화된다. 이 제안의 핵심은 관련 업계에 '교체보다는 수리'라는 명확한 신호를 보내는 것이다. 이것이 통과되면 기술적으로 가능한 경우 상품을 수리할 수 있는 법적 보장이 마련된다. 2022년 12월, 뉴욕은 미국 최초로 제조 업체에 전자 장비 수리를 요구하는 법안을 통과시켰다.[20] 인도에서는 2023년 4월부터 정부의 새로운 전자 폐기물 관리 규정이 발효되어 고객은 자신의 전자 기기를 수리할 권리를 갖게 되었다.[xvi]

이러한 일들은 소프트웨어 엔지니어인 여러분에게는 오래된 클라이언트 기기가 더 오랫동안 시장에 남아 있을 가능성이 높다는 것을 의미한다. 또한 이전 버전과의 호환성이 여러분의 고객에게 더욱 중요해진다는 것을 시사한다.

업계에서는 더욱 혁신적인 설루션도 제안하고 있다. 그중 하나는 버려진 스마트폰을 컴퓨팅 리소스로 활용하는 정크야드 데이터 센터junkyard data center 개념이다.[xvii] 이 연구 프로젝트는 특정 워크로드의 경우, 특히 내재 탄소 관점에서 기존 서버에 비해 재활용된 스마트폰 클러스터를 사용하는 것이 더 친환경적이고 저렴하다는 것을 보여주었다.

새롭지는 않지만 서버와 서버실 장비 중고 시장도 견고하게 존재한다. 비용과 내재 탄소를 모두 절약할 수 있는 좋은 방법이다.

---

20 https://oreil.ly/Z2v0f

하드웨어 제조 업체의 친환경 노력

그렇다면 모든 부담은 소프트웨어 개발자에게만 있는 걸까? 하드웨어 제조 업체도 어떤 역할을 해야 하지 않을까? 다행히도 많은 제조 업체가 이와 관련해 이미 목표를 설정해놓았다.

세계 최대 규모의 독립 반도체 회사인 TSMC는 운영 방식을 더욱 친환경적으로 만들기 위한 여러 목표를 설정했다.[xviii] 여기에는 2030년까지 생산 단위당 온실가스 배출량을 40% 줄이는 등 저탄소 제조 추진, 재생에너지 사용, 2016년부터 2030년까지 누적 5,000GWh의 에너지 절약을 통한 에너지 효율성 향상 지향 등을 포함한다.

반도체 업계의 또 다른 거인 인텔도 운영 방식을 친환경적으로 전환하기 위한 여러 기후 목표를 설정했다.[xix] 인텔의 2030 지속 가능성 목표에는 물 사용량 순증가 달성, 매립 폐기물 제로, 전 세계 사업장에서 100% 재생 전기를 사용하는 것을 포함하고 있다. GHG의 직접(범위 1) 및 간접(범위 2) 배출량의 경우 2030년 목표는 10% 감축이다. 인텔의 계열사인 인텔 리세일 코퍼레이션은 전자 폐기물을 최소화하는 것을 돕는 일을 하고 있다.[xx]

영국 반도체 및 소프트웨어 설계 회사인 ARM의 주요 사업 분야는 ARM 아키텍처 명령어 세트 제품군을 구현하는 CPU 코어의 아키텍처, 설계, 라이선스다.[xxi] ARM은 2030년까지 2019 회계연도 기준으로 모든 범위의 절대 배출량을 최소 50% 감축하여 탄소 중립을 달성하기 위해 과학 기반 접근 방식을 취하기로 했다.[xxii] 여기에는 특히 100% 재생에너지 사용, 에너지 소비 감축, 기술 기반 탄소 제거 프로젝트 투자 등을 포함한다.

또한 애플은 소비자 기기 제조와 관련하여 몇 가지 기후 목표를 가지고 있다.[xxiii] 여기에는 2030년까지 모든 애플 기기를 100% 재생에너지를 사용해 생산하고, 궁극적으로 신규 기기는 재활용과 재생 가능한 소재만으로 생산하는 것을 골자로 한다.

그리고 마이크로소프트는 2030년까지 직접 수행하는 운영, 생산, 포장 작업에서 폐기물 제로를 목표 삼아[xxiv] 이미 재활용 계획[xxv]을 세우고 서피스Surface나 Xbox에 대한 리

퍼비시refurbish 기기 구매 프로그램을 운영하고 있다.xxvi

소비자 기기 시장은 매우 크기 때문에 여기서 모든 제조 업체와 그들의 목표를 살펴볼 수는 없다. 하지만 이 기회를 통해 여러분이 즐겨 구매하는 제조 업체에 대해 좀 더 깊이 알아보고 싶은 궁금증을 갖게 되기를 바란다.

야심 찬 목표를 설정하는 것과 실제로 그 목표에 도달하는 것은 별개의 문제이므로 소프트웨어 업계 종사자들은 여전히 책임이 막중하다. 소프트웨어 업계와 이 업계의 종사자들(바로 여러분이다!)은 하드웨어 업계에 막대한 영향력을 행사할 수 있는 소비자다. 여러분은 하드웨어가 효율적이고 지속 가능하게 생산되도록 하드웨어 제조 업체에 영향을 미치는 것뿐 아니라 수리와 재활용 용이성을 촉진할 수도 있다.

6.3 요약

어떤 유형의 소프트웨어를 작성하든 그것은 하드웨어에서 실행된다. 이번 장을 통해 여러분이 더욱 친환경적으로 하드웨어 활용을 할 수 있는 몇 가지 방안을 배우고 적용하기를 바란다. 모든 내용이 일률적으로 적용되는 것은 아니지만, 이번 장에서 가장 중요한 내용을 요약하면 다음과 같다.

- 완벽하게 작동함에도 불구하고 소프트웨어 문제 때문에 하드웨어를 폐기하지 않도록 해야 한다.
- 소비자의 힘을 이용하여 하드웨어 제조 업체가 운영 방식을 친환경적으로 바꾸고 하드웨어를 더 오래 지원하도록 압박하자.
- 제어 범위 내에서 하드웨어의 수명을 연장하라.
- 중고 하드웨어 사용을 고려하라.

CHAPTER 7

네트워크

줄리엣과 그녀의 로미오보다 더 슬픈 이야기는 없었으니!

—**셰익스피어**Shakespeare

TCP/IP의 발명으로 얼마나 많은 목숨을 구했을까?

 전송 제어와 인터넷 프로토콜(TCP/IP, 세상에서 가장 이해하기 어려운 약어)은 많은 현대 통신의 기반이 되는 간단한 네트워킹 규칙이다. TCP/IP의 기본 가정 중 하나는 여러분이 의도한 수신자가 여러분의 메시지를 언제나 문제없이 잘 받을 것이라고 가정하지 말아야 한다는 것이다. 줄리엣이 신뢰성 있는 통신 원칙을 적용했다면 그녀는 매우 다른 결말을 맞았을 것이다. 줄리엣을 옹호하자면 신뢰성 있는 통신은 메시지를 유선으로 전달하지 않는 한, 느리고 비실용적일 때가 많다.

선진국에서는 신뢰성 있는 통신이 삶의 기반이 된다. 그것이 친환경적인지는 중요하지 않을 수도 있다. 어떤 사람들은 인류가 에너지를 사용하는 가장 중요한 용도가 통신이며, 어떤 대가를 치르더라도 유지되고 확장되어야 한다고 주장한다. 그들이 옳을까?

7.1 네트워크는 이미 충분히 친환경적인가?

이 책은 친환경 기술 구축에 관한 최초의 책 중 하나이므로 저자인 우리들은 대답만큼이나 많은 질문을 던지고 있다. 현재 상황은 여전히 기술 산업이 에너지 전환에 어떻게

129

대응해야 하는지 파악하는 단계에 있으며 쉬운 해결책은 거의 없다. 그러다 보니 대개 '상황에 따라 다르다'라고 말할 수밖에 없다. 안타깝지만 이 장도 역시 그러한 애매모호한 얼버무림의 일례로 볼 수 있다.

'네트워크는 이미 충분히 친환경적인가?'라는 질문에 쉽게 답할 수 없다고 해도, 네트워크에서 친환경적인 방법에 대해 많이 배울 수 있다. 네트워크는 에너지 전환에 필수적인 두 가지 기술, 즉 수요 이동demand shifting과 수요 형성demand shaping에 있어 다른 기술 분야보다 앞서 있기 때문인데, 가변적인 자원(이 경우 대역폭)에 의존하는 문제에 대응해왔다.

7.1.1 큰 그림 보기

이 장에서는 네트워크와 인터넷을 광범위하게 살펴보고 한 기기를 다른 기기, 즉 전화, 노트북, 데이터 센터의 가상 머신과 연결하거나 혹은 한 데이터 센터에서 다른 데이터 센터로 연결하는 것과 관련한 모든 내용을 다룬다. 따라서 광섬유 케이블 및 기타 형태의 '유선'분만 아니라 최종 사용자가 더 빠르게 액세스할 수 있도록 인터넷 콘텐츠를 캐싱하는 콘텐츠 전송 네트워크와 같은 서비스에 대해서도 살펴본다.

우리가 이렇게 광범위하게 정의하는 데는 그만한 이유가 있다. 인터넷이 작동하는 방식, 그중에서도 특히 라우팅은 대부분의 기업에게는 블랙박스이기 때문에 통신의 기반이 되는 네트워크 전선이나 프로토콜에 대해 할 수 있는 일이 많지 않다. 하지만 내부적으로 무언가 엉망이 된다면 이는 분명 좋지 않은 일이다. 인터넷에 연결하는 방법, 위치, 시기에 대해 선택할 수 있는 옵션은 여전히 많다. 그중 어떤 것은 친환경적이지만 어떤 것은 그렇지 못하다.

 3장에서 컴파일러의 동작에 대해 섣불리 추측하면 안 된다고 한 것을 기억하는가? 일반적으로 말해서 라우팅 역시 그렇다. 전문가라도 잘못 추측할 수 있는 위험[1]이 있기 때문이다.

---

1   https://oreil.ly/CWLNS

친환경 6G[2]가 우리를 구하지 못할 것이라는 점은 확실하다. 기적적인 결과가 나온다고 해도 그때까지 오랜 기간 기다릴 수 없다. 5G도 아직 보편적으로 사용되지 않는 상황에서 6G는 대략 10년 이상 걸릴 수 있다. 우리는 기후 관련 인프라 중단에 대해 더 친환경적이고 더 탄력적으로 대응하기 위해 지금 행동해야 하며 다행히 그렇게 할 수 있다.

인터넷 소비자와 공급자로 구성된 글로벌 커뮤니티는 필요할 때 자원 사용을 관리하기 위해 빠르게 대응할 수 있다. 2020년 팬데믹으로 인해 갑작스럽고 전례 없는 수요 증가에도 인터넷이 견뎌낸 것이 그 증거다. 당시 인터넷은 급증한 트래픽 요구를 처리하기 위해 새로운 케이블을 설치한 것이 아니었다. 물론 그렇게 할 시간도 없었다. 대신 5장에서 설명한 것과 같은 수요 이동과 조절 기술을 사용하여 유지해나갔다.

이러한 내용을 논의하기 전에 먼저 인터넷이 무엇을 의미하는지, 어떤 부분이 친환경적이고 어떤 부분이 그렇지 않은지 살펴보자.

7.2 인터넷의 정의

'인터넷이란 무엇인가?'라는 질문에 대한 표준적인 대답은 '전선, 컴퓨터, 저장 장치'이며, 다행히도 에너지 효율성은 대부분의 인터넷에 있어 근본적으로 중요하다. 전기는 모든 네트워크 운영 비용의 큰 부분을 차지하기 때문에 통신 장비를 만들 때 에너지 강도 또는 비트당 와트[3]를 핵심 지표로 사용하고 지속적인 개선에 집중한다.

그럼에도 불구하고 인터넷은 여전히 탄소 효율성과 인식 개선을 위한 여지가 많다. 다만, 개선되어야 할 부분이 여러분이 생각하는 방향이 아닐 수 있다.

7.2.1 이 전선들은 무엇일까?

소위 인터넷의 '전선'은 전통적으로 백본, 메트로, 라스트 마일의 세 가지 영역으로 나뉜다. 각 단계에서 트래픽 처리의 수준은 감소한다(즉, 각 단계에서 연결은 더 적은 트래픽

---

2   https://oreil.ly/Zn5yg
3   https://oreil.ly/eURWU

을 전달한다). 인터넷의 맥락에서 전선에 대해 이야기할 때 문자 그대로 구리선을 의미하기도 하지만, 일반적으로는 광섬유 케이블이나 전파radio wave를 뜻한다.

백본backbone은 인터넷이 수백만 사용자의 패킷을 장거리로 전송하는 방법으로, 세계 해저 케이블의 대부분이 여기에 속한다. 주로 광섬유로 구성되어 있으며 효율성을 보장하는 데 최선을 다하기 때문에 효율성이 매우 높다. 스트리밍 TV 또는 온라인 게임 패킷을 대서양 건너편으로 보내는 것이 에너지의 좋은 사용인지 논쟁할 거리는 있지만, 광섬유 케이블을 통해 수행하기 때문에 적어도 트래픽 전달 관점에서는 효율적이다.

메트로metro는 도시와 도심을 가로질러 수천 명의 도시 사용자 트래픽을 전달하는 것이다. 일반적으로 광섬유로 구성되어 있으며 이 역시 효율적이다.

라스트 마일last mile은 집이나 커피숍에서 인터넷을 사용한다든지, 기차에서 휴대폰으로 유튜브를 보는 등 개인 사용자에게 트래픽을 전달하는 부분이다. 실제로 '라스트 마일'은 거주 지역에 따라 15m 혹은 80km까지의 거리를 아우르기도 한다. 여기에서는 구리선, 광섬유 케이블 혹은 3G, 4G, 5G 형태의 전파를 사용한다. 심지어 스타링크Starlink,[4] 원웹OneWeb,[5] 아마존의 카이퍼 프로젝트Project Kuiper[6]와 같은 위성 시스템을 통해 지구 저궤도low Earth orbit, LEO에서 오는 것일 수도 있다.

가장 친환경적인 전선은 무엇일까?

까다로운 질문인데, 필요에 따라 다르다.

라스트 마일(모든 유형의 전선이 다소 비슷한 작업을 수행하는 구간)만 살펴보면 광섬유는 네트워크 트래픽을 전송하기에 가장 효율적인 방법이다.[7] 그다음은 구리, 5G, 4G, 3G 순이다. Wi-Fi는 모바일 옵션보다 더 효율적이지만 유선 연결에 비해 효율성이 떨어진다.

Wi-Fi 및 모바일 표준은 서로 다른 시나리오를 충족한다. 집에서 노트북을 사용하는 등 Wi-Fi가 통신 요구사항에 맞는다면 가장 탄소 효율적인 옵션이므로 Wi-Fi를 사용해야 한다. 그러나 네트워

---

4 https://www.starlink.com/
5 https://oneweb.net/
6 https://oreil.ly/EHpbS
7 https://oreil.ly/r-hnV

크 전문가 존 버거(Jon Berger)는 "사용자의 장치가 실외에 있거나 이동 중이거나 간섭이 많은 곳에 있다면 아마도 모바일 연결을 사용해야 할 것"이라고 말한다. 런던 지하철은 최근 전체 구간을 Wi-Fi에서 5G로 전환했다.[8]

결국 작업에 가장 적합한 옵션을 선택하는 것이 가장 효율적이다. 해당 작업이 탄소 비용을 감당할 가치가 있는지 여부는 기술적인 문제라기보다는 정치적인 문제다. 정치적인 문제를 다룬 책을 읽고 싶다면 앤의 공상과학소설을 추천한다.[9]

7.2.2 컴퓨터와 저장 장치는 어떻게 적용될까?

수년 동안 컴퓨터와 저장 장치는 전선의 부하를 줄이고 효율성을 개선하는 데 중요한 역할을 해왔다. 데이터 압축data compression, 영리한 트랜스코딩transcoding, 캐싱caching 등 다양한 기술을 통해 이를 수행한다. 전체 인터넷의 일부분을 구성하면서 이 작업을 수행하는 CPU가 얼마나 되는지는 아무도 정확히 모르지만, 전문가들은 1,000억 개로 추정한다.

1,000억은 인간 뇌의 뉴런 수, 은하계의 별 수, 일론 머스크(Elon Musk)의 개인 재산(달러 기준)에 대한 일반적인 추정치이기도 하다. 이것은 우연의 일치일 수도 있고 일종의 실존적 음모일 수도 있다. 혹은 단지 많은 수를 나타내기 위해 편의상 사용하는 숫자일 수도 있다.

일반 사용자도 스마트폰, 노트북 등의 기기를 인터넷에 연결함으로써 컴퓨팅 파워와 저장 공간을 인터넷에 추가한다. 하지만 대부분의 컴퓨팅과 저장은 데이터가 생성되는 곳이나 사용자 근처에 위치한 데이터 센터 또는 에지 미니 데이터 센터에서 이루어진다. 에지 데이터 센터는 응답시간을 단축하고 피크 시간대에 네트워크를 통해 전송되는 데이터를 줄여 서비스 속도를 높이고 비용을 절감한다.

인터넷을 구성하는 요소인 전선, 컴퓨팅, 저장 장치에 대해 살펴봤다. 한데 이들은 어떻게 서로 맞물려 작동할까?

---

8   https://oreil.ly/WY7Qv
9   https://oreil.ly/0UVGY

한 가지 질문이 떠오를 수 있다. 압축 등 추가적인 작업을 통해 전선 데이터 전송량을 줄이는 것이 언제나 더 나은 선택일까? 이에 대한 답은 다시 한번 '경우에 따라 다르다'라고 말할 수밖에 없다.

네트워크 장치와 시스템이 지속적으로 효율성을 높여왔기 때문에 잘 설계된 최신 데이터 센터는 전선, 라우터, 스위치 운영에 전기 요금의 10% 미만을 사용한다(구형 데이터 센터에서는 이 비율이 훨씬 더 높을 수 있다).[10] 기본적으로 광섬유 네트워크는 컴퓨팅 자원보다 효율성이 높다. 따라서 최신 데이터 센터에서는 압축하지 않은 데이터를 전송하는 것이 더 나을 때도 있다. 그러나 데이터의 압축이 용이하고 압축률도 높다면, 사용량이 많은 시간 혹은 비디오 코덱 칩[11]과 같은 압축 하드웨어를 활용할 수 있는 경우라면 데이터를 압축하는 것이 바람직하다.

또한, 언제나 작업에 가장 적합한 압축 방식을 사용해야 한다. 다양한 옵션이 있으므로 충분한 조사가 필요하다. 친환경 기술인 압축 알고리즘은 안타깝게도 많은 경우에 막대한 특허 비용이 든다. 저렴한 친환경 압축 기술은 책 한 권을 쓸 수 있을 정도로 방대한 주제이며, 누군가 이 주제로 출간해주기를 희망한다.

7.2.3 인터넷은 부분의 합 이상일까?

인터넷은 동질적이지 않으며 서로 이질적인 네트워크들이 모여 있는 네트워크다. 우리가 흔히 인터넷이라고 부르는 것은 실제로 수천 개의 서로 다른 네트워크가 서로 연결되어 있는 것이다. 여러 데이터 센터에서 운영되는 경우가 많으며, 다양한 네트워크 프로토콜을 사용하는 자체 라우터와 스위치에 의해 내부적으로 제어된다. 더 작은 규모의 개별적인 네트워크를 자율 시스템autonomous systems, AS[12]이라고 하는데, 일반적으로 사기업이 소유하고 운영한다.[13] 자율 시스템에 대해 들어본 적이 없을 수도 있지만 공용 인터넷의 기반이다.

일부 자율 시스템은 데이터를 라우팅하기 위해서만 존재하지만, 대부분의 시스템은 일반 데이터 센터 역할도 겸하면서 일상적인 컴퓨팅 서비스를 제공한다.

여러분의 가정용 네트워크에 Wi-Fi 라우터가 있다면(설정하는 데 몇 시간을 허비했을지도

---

10 https://oreil.ly/y7oKZ
11 https://oreil.ly/EFsOW
12 https://oreil.ly/Yp4J3
13 https://asrank.caida.org/

모르겠다), 거의 모든 경우 해당 네트워크는 여러분 자신의 ISP에 속하는 자율 시스템의 일부분이다. 그 ISP는 여러분의 집과 같은 아주 작은 규모의 네트워크들이 모여 있는 거대한 자율 시스템인데 이것을 인식하기는 어려울 수 있다.

이 모든 네트워크는 규모와 상관없이 전기를 사용하며, 전선, 물리적 장비인 라우터나 스위치뿐만 아니라 서버와 저장 장치에도 탄소가 포함되어 있다(그림 7.1 참조). 스페이스X의 스타링크와 같은 위성 시스템처럼 탄소를 적게 배출할 가능성을 가지고 있는 네트워크도 있다. 그런데 이러한 시스템은 해결책일까, 아니면 오히려 문제일까?

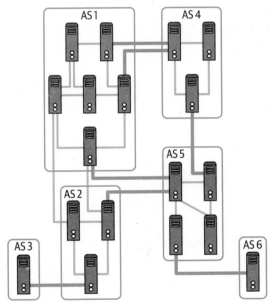

그림 7.1 인터넷은 자율 시스템들이 서로 연결된 네트워크다

7.2.4 인터넷 위성은 좋은가 나쁜가?

일론 머스크의 스페이스X가 개발한 통신 시스템인 스타링크[14]는 지구 저궤도LEO 위성을 통해 인터넷 연결을 제공한다. 좋든 싫든 스타링크는 윤리적이고 환경적인 문제를 안고 있다. 다행히도 우리는 이런 문제를 파헤치는 것을 좋아한다.

---

14 https://www.starlink.com/

머스크에 대해 호의적으로 생각하는지 여부는 차치하고(모든 게 항상 이론, 당신과 연관된 건 아니라는 것을 알기 바란다), 지상 연결이 불가능하거나 미치지 않는 지역까지 인터넷을 확장하기 위해 위성을 사용하는 것의 장단점을 생각해보자. 이 아이디어는 네트워크, 기술, 에너지 사용, 궁극적으로 인류의 우선순위에 대한 극단적인 절충안을 제시한다.

사라는 한 통신 회사의 운영 부서에서 근무했는데, 그 회사는 스웨덴 북쪽 외딴 지역에 기지국 몇 개를 가지고 있었다. 그녀는 '기지국 중 하나가 고장 나면 정말 골치 아팠어요. 서비스 엔지니어가 결함 부품을 교체하기 위해 하루 종일 운전하고 상당한 거리를 이동해야 했죠. 그리고 등반이 필요한 경우에는 2명이 가야 했어요. 아주 저렴한 부품이 고장 났을 수도 있는데 비용은 엄청나게 들었죠'라고 회상한다. 통신 회사들은 이를 '트럭 출장(truck roll)'이라고 부르며, 모든 ISP는 가능한 이런 상황을 피하고자 하는데, 인터넷 연결이 좋지 못한 곳이 있는 것은 바로 이런 연유 때문이다.

① 지구 저궤도의 단점
지구 저궤도에 엄청난 수의 위성[15]을 배치하는 데에는 몇 가지 심각한 단점이 있는데, 실제로 위성의 숫자가 너무 많다는 점을 논의해볼 수 있다.

문제는 전파 간섭 때문에 각 위성이 제한된 수의 사용자에게만 서비스를 제공할 수 있다는 것이다.[16] 이게 다 물리법칙 때문이다.

현재의 인터넷을 완전히 대체하려면 위성이 1000억 개까지는 필요하지 않지만, 스페이스X가 스타링크에 대해 처음 제안했던 1만 2000개나 그보다 늘어난 현재의 4만 2000개보다는 훨씬 더 많은 위성이 필요하다.[17] 현실적으로 따져보자면 엄청난 수의 위성이 필요하기 때문에 스타링크와 같은 시스템이 가까운 미래에 인터넷과 인터넷에 내재된 모든 탄소를 대체하는 일은 없을 것이다. 그러나 그러한 야심 찬 목표가 아니라도 4만 2000개의 위성은 많은 수이며 이는 시작에 불과하다.

궤도를 도는 위성의 수가 많은 경우의 단점은 다음과 같다.

- 제한된 수명을 갖는 정교한 장비에 포함된 탄소 배출

---

15 https://oreil.ly/9iNtW
16 Ibid.
17 https://oreil.ly/yLhOH

- 충돌 위험. 케슬러 증후군Kessler syndrome[18]이 발생할 가능성이 있는데, 이는 지구 저 궤도가 파괴된 위성의 파편으로 가득 차게 되는 상황을 의미함(이는 정확히 환경 문 제는 아니지만 주요 관심사임)
- 지구에서 수행하는 천문 관측이 방해받음[19]
- 발사에 소비되는 에너지(로켓 연료가 수소일지라도 생산 과정에서 탄소 집약적일 수 있음)[20]

1978년, NASA 과학자 도널드 케슬러(Donald Kessler)는 만약 위성들이 서로 충돌하기 시작 하면 각 충돌이 더 많은 파편을 만들어내고, 그 파편으로 인해 또 다른 충돌이 발생하는 악순 환이 일어날 수 있다는 우려를 제기했다. 이는 궤도상의 모든 위성이 파괴되고 너무 많은 쓰 레기가 쌓여 궤도를 사용하거나 통과하지 못하는 상황까지 이어질 수 있다. 이러한 현상을 케 슬러 증후군이라고 한다.

지구 저궤도에서 발생하는 케슬러 증후군은 (희망하기로는) 종말론적인 결과를 초래하지는 않 을 것이다. 왜냐하면 대부분의 파편은 대기 마찰로 인해 결국 지구로 떨어져 타버릴 것이기 때문이다.[21] 즉, 수십 년에 걸쳐 자정작용이 일어난다. 이는 메탄이 대기 중에서 분해되는 데 걸리는 시간과 비슷한데, 또 다른 우주적 우연의 일치다.

지구 저궤도는 충돌 회피에 필요한 엔지니어링 기술을 익히기에 비교적 안전한 장소라고 주 장할 수 있다. 어쨌든 대기권 밖의 더 높은 궤도보다는 저궤도가 더 안전한데, 고궤도에서는 케슬러 현상의 결과로 발생하는 우주 쓰레기가 영원히 남아 있을 것이기 때문이다.

그렇다고 해도 20년 동안 지구 저궤도를 사용할 수 없게 되는 상황 역시 여전히 이상적인 것 은 아니다. 게다가 고속 충돌로 인해 일부 파편이 더 높은 궤도로 올라갈 수도 있다.

2 지구 저궤도의 장점

반면 지구 저궤도 위성 시스템은 다른 방법으로 연결하기 어려운 지역에 인터넷 연결을 제공할 수 있는 잠재력을 가지고 있다. 여기에는 아프리카의 많은 지역이 포함된다.[22] 또 한 위성은 지상의 라스트 마일 인프라가 덜 필요하므로 (따라서 탄소 배출량이 적음) 태 양광 패널로 직접 전력을 공급받을 수 있다. 만약 우리가 이를 작동시키고 비용을 낮출 수 있다면 어떤 상황에서는 친환경적인 도구가 될 수 있다.

---

18 https://oreil.ly/DnkJV
19 https://oreil.ly/P8TYi
20 https://oreil.ly/Qwybu
21 https://oreil.ly/2be8t
22 https://oreil.ly/RKATO

보편적인 인터넷 접근은 유엔의 인류 지속 가능 발전 목표[23] 중 중요한 일부분이다. 지구상의 모든 사람이 인터넷에 연결될 때 얻을 수 있는 이점이 이로 인해 발생할 수 있는 위험과 환경 문제보다 더 클 수밖에 없는데, 여기에는 도덕적, 철학적, 실용적인 이유가 있다. 보편적인 인터넷 접근은 윤리적 의무일 뿐만 아니라 드로다운 프로젝트Project Drawdown[24]에 의하면 에너지 전환에 필수적인 글로벌 교육의 중요한 요소다. 화석연료에서 벗어나는 것은 매우 어려운 과업이기에 전 세계 모든 곳에서 교육받은 더 많은 두뇌가 이 문제를 해결하고 친환경적인 일자리를 채울수록 성공 가능성은 더 높아질 것이다.

빌 게이츠(Bill Gates)는 그의 저서 《빌 게이츠, 기후재앙을 피하는 법》(김영사, 2021)에서 이러한 공정성과 인적 자본 논쟁을 확장해 사하라 사막 이남 아프리카 국가들이 식량, 에너지 안보, 교육 측면에서 일정 수준에 도달할 때까지 탄소 배출에 대한 특혜를 받아야 한다고 제안한다. 그가 말하는 요점에 동감한다.

하지만 안타깝게도 위성(위성만이 유일한 옵션은 아니지만)을 사용하더라도 보편적인 연결을 보장할 수 없다. 예를 들어 스타링크는 현재 너무 비싸서 아프리카 전역에 널리 보급될 수 없다. 또한 토니 블레어 글로벌 변화 연구소Tony Blair Institute for Global Change[25]가 지적했듯이, 설사 지구 저궤도가 저렴한 위성으로 채워지더라도 진정한 글로벌 인터넷을 보장할 수 없다. 왜냐하면 기술의 문제보다 더 까다로운 문제가 남아 있기 때문이다. 스마트폰 비용, 문맹, 디지털 기술 부족, 접근성 부족이 보편적 인터넷 접근을 가로막고 있는 더 큰 장벽이다(이런 장벽은 사하라 사막 이남 아프리카뿐만 아니라 심지어 영국에도 있다).

❸ 그렇다면 위성은 친환경적인가?
인터넷 위성이 친환경 기술이 될지의 여부는 예측하기 어렵지만, 대규모의 효율적인 친환경 시스템은 필연적으로 궤도에 엄청난 수의 위성을 필요로 할 것이다. 따라서 이렇게 많은 위성들이 서로 충돌해 한 세대 동안 지구 저궤도를 파괴하는 일이 발생하지 않아야 성공이라고 할 수 있다. 그렇더라도 여전히 위성을 향한 회의적 시각에 대한 반

---

23 https://oreil.ly/uRiPt
24 https://oreil.ly/uScpL
25 https://oreil.ly/i2Xxl

론으로 '우리는 아프리카를 연결할 것이다!'라는 주장이 반박 불가의 논리는 아니다. 위성 하나만으로 이를 달성할 수는 없기 때문이다.

7.3 소프트웨어의 역할

다시 돌아가서 이 책은 하드웨어, 우주 장비 또는 세계 정치에 관한 책이 아니다! 소프트웨어와 소프트웨어가 어떻게 인터넷을 더 친환경적으로 만들 수 있는지 소개하는 책이다. 다행스럽게도 덜 공상과학적이고 더 현실적인 방안이 여러 가지 존재한다.

소프트웨어는 네트워크 친환경화에 중요한 역할을 한다.

- 전선으로 전송되는 트래픽양을 줄여 필요한 인프라를 줄이고 탄소 배출량과 전력 사용량을 줄일 수 있다.
- 트래픽 부하를 분산해 장치와 케이블의 수명 활용도를 높여 인프라 요구사항을 줄이고 탄소 배출량 대비 투자 수익률return on investment, ROI을 높일 수 있다.
- 인터넷 전선, 컴퓨팅, 저장 장치를 훨씬 더 탄소 인식적으로 만들 수 있다(즉, 전기 탄소 배출량이 낮은 시간과 장소에서 더 많은 작업을 수행하고 탄소 강도가 높을 때는 더 적은 작업을 수행한다. 일명 수요 이동).

이 얼마나 멋진 일인가!

하지만 네트워크 내에서 인터넷이라는 거대한 규모로 탄소 인식을 다루는 것에 대해서는 신중해야 한다. 위험 요소, 예상치 못한 난관, 방해 요소가 있으며, 네트워크 스택의 어디에서 발생하느냐에 따라 수요 이동의 위험성이나 효과가 크게 달라질 수 있다. 예를 들어 예측 가능하고 잘 이해하고 있는 기술을 논할 때 애플리케이션 수준에 대한 것인지, 아니면 트래픽 라우팅을 다르게 하는 것과 같은 저수준에서 이야기하고 있는지 따져봐야 한다.

7.4 왜 라우팅을 더 친환경적으로 만들 수 없을까?

공용 인터넷의 데이터 패킷packet은 물리적 라우터가 어떤 경로로 보낼지에 따라 A 지점에서 B 지점으로 이동하는데 이 결정이 쉽지 않다.

7.4.1 경계 경로 프로토콜

국제우주정거장이나 혹은 연결이 제한적인 곳에서 페이스북이나 X(또는 오늘날 무엇이라고 부르든)를 사용한다고 해도 패킷이 도달하는 경로는 엄청나게 많다. 공용 인터넷의 라우터는 경계 경로 프로토콜Border Gateway Protocol, BGP[26]이라는 것을 사용해 최상의 경로를 선택한다.

BGP 라우터는 패킷의 최종 도착지까지의 경로, 즉 종단 간 경로를 계산하지 않는다. 가능한 경로가 너무 많기 때문에 인터넷 같은 방대한 규모에서는 불가능하기 때문이다. 대신 더 간단한 방식을 사용하는데, 목적지까지 최적의 경로 또는 어느 정도 좋은 경로상에서 그다음 라우터[27]가 어떤 것인지 계산한다.

BGP 라우터의 결정은 다음과 같은 여러 요소를 종합적으로 고려해 이루어진다.

- 패킷이 통과하는 자율 시스템 수의 최소화
- 라우터를 운영하는 자율 시스템 간의 정책 규칙과 상업적 계약

결정적으로 BGP는 경로의 다음 '홉hop'에만 관심이 있다. 패킷의 최종 도착지까지의 경로에 대해서는 많이 알지 못할뿐더러 보장할 수도 없다. BGP 경로 계산이 이미 여러 요소를 기반으로 한다면 친환경성도 그중 하나가 될 수 있지 않을까? 예를 들어 전 세계 반대편 지역(예: 영국 런던에서 호주 시드니) 간에 패킷을 라우팅하는 경우, 더 느리더라도 태양열 발전으로 운영하는 경로로 패킷을 보낼 수 있지 않을까? 이어지는 절에서 이 질문에 대한 답을 논의한다.

---

26 https://oreil.ly/OhDVF
27 [옮긴이] 컴퓨터 네트워크에서 출발지와 목적지 사이에 위치한 경로의 한 부분이다.
    https://ko.wikipedia.org/wiki/컴퓨터_망

1 BGP 변경의 위험성과 보상

기술적으로 BGP는 라우팅 알고리즘에 지속 가능성 요소를 고려할 수 있다. BGP는 단지 코드일 뿐이며 이론적으로 보면 모든 것이 기술적으로 가능하다. 그러나 이렇게 하는 것이 탄소 배출 감소를 위한 최선의 방법일까?

저수준의 네트워크는 이미 고도로 최적화되어 있고 인터넷 총에너지 사용량의 10%에 불과하지만 여전히 연간 30TW에 달할 수 있을 정도로 엄청난 양의 트래픽이 존재한다.[28] 따라서 재생 가능 에너지로 생성된 전기를 사용하는 네트워크를 통해 라우팅할 경우 상당한 효과를 기대할 수 있다.

그러나 BGP 라우팅을 변경하거나 교체하는 것이 이러한 효과를 얻기 위한 올바른 방법인지는 확실하지 않다. 여기에는 몇 가지 문제가 있다.

- 놀랍게도 BGP는 그 중요성 때문에 인터넷 안정성의 가장 약한 연결 고리이기도 하다. 대규모 인터넷 장애가 발생할 때마다 BGP 설정 오류라고 추측하는데 DNS 문제를 제외하면 대개의 경우 이에 해당한다. BGP는 복잡하고 중요하며 ISP 관리자가 큰 실수를 저지르지 않을 것이라는 신뢰를 전제로 한다. 우리가 아는 한 네트워크 전문가는 BGP의 복잡성을 더 높이는 것을 염려한다. 물론 그러한 태도에는 타당한 이유가 있다. 그들의 주요 우선순위는 안정적인 인터넷이며, 지금까지는 현재와 같은 형태의 BGP가 이를 제공해왔다. 부분적인 장애는 여전히 발생하지만 인터넷은 전체적으로 잘 작동하고 있다.

- 자율 시스템을 운영하고 소유한 사업자에 대한 상업적 인센티브는 복잡한 데다 BGP를 친환경 의제에 일치시키기도 쉽지 않다. 인터넷 홉이 되어 더 많은 트래픽을 적극적으로 끌어와 수익을 창출하고자 하는 자율 시스템이 있는가 하면, 요구사항에 따라 홉 서비스를 제공하긴 하지만 트래픽이 비용이기 때문에 가능한 적게 라우팅되기를 원하는 자율 시스템도 있다. 따라서 친환경 경로가 더 많은 트래픽을 끌어온다고 해서 이것이 반드시 인센티브는 아니다. 그러므로 친환경성을 기반으로 한

---

28 https://oreil.ly/W2u0j

라우팅이 모든 네트워크의 친환경화를 위한 최적의 방법이라고 단정할 수 없고 결과도 예측할 수 없다.

따라서 라우팅이 태양열 전기를 사용하는 지역을 선호한다거나 탄소 집약적인 지역은 우회하도록 BGP를 수정하는 것은 바람직하지 않다. 친환경적인 BGP 라우팅은 이점보다는 위험과 문제점이 더 크다.

BGP에도 문제가 있지만 사실 라우팅 품질은 근본적인 문제가 아니다. 뉴욕에서 파리로 데이터 패킷을 보내면 BGP는 데이터 센터를 떠나는 순간 효율적으로 목적지까지 거의 직선으로 라우팅한다. 끔찍한 문제가 발생하지 않는 한 지구를 20번씩 도는 일은 일어나지 않을 것이고, 중요한 것은 목적지에 확실하게 도착할 것이라는 점이다. 그러한 확신을 당연한 것으로 여겨서는 안 된다. 이는 오랜 기간에 걸쳐 어렵게 얻은 기술적 성과다.

데이터를 외부로 보내기 전에 데이터 센터 내부에서 소프트웨어 시스템이 데이터에 미칠 수 있는 영향에 대해 낙관할 수 없다. 데이터는 쪼개져 에너지 집약적인 다양한 서비스 메시를 사용하는 수백 개의 마이크로서비스를 통과할 수도 있고, 탄소 집약적인 저장 매체에 불필요하게 저장될 수도 있으며, 실질적으로는 필요도 없는 높은 수준의 중복성을 위해 여러 지역에 복제될 수도 있다.

네트워크 사용자(즉, 우리 소프트웨어 개발자)가 패킷 전송을 망칠 수 있는 방법은 거의 없다. 필요 이상으로 많거나 혹은 필요한 것보다 적은 데이터, 심지어 잘못된 데이터를 보낼 수도 있지만, 이는 라우팅의 문제가 아니라 애플리케이션의 문제다. 인터넷을 비효율적으로 만들 가능성은 BGP에서보다 잘못된 소프트웨어 아키텍처에서 훨씬 더 크다.

언젠가는 BGP의 확장성 부족으로 인해 다른 것으로 교체해야 할 것이다. 그러나 BGP를 업그레이드하는 것은 수십 년에 걸친 주요 과제이며, 아마도 인터넷이 지금까지 직면한 가장 어려운 과제일 것이다. 존 버거는 "인터넷의 네트워크 동작은 우리가 생각하는 것보다 훨씬 더 예측 불허한 양상을 띤다. BGP와 같은 근본적인 구성 요소를 변경하는 것은 쉽지도 않고 안전하지도 않다"라고 지적했다.

인터넷의 지속 가능성을 근본적으로 개선하는 것은 지금 당장 해야 할 일이다. BGP의 혁신 또한 필요하지만 장기적으로 이루어져야 한다.

우리는 이 두 가지 매우 어려운 문제를 분리하는 것을 선호하는데 다행히도 그것은 가능하다. 인터넷 친환경화와 관련하여 BGP 변경은 쉬운 해결책이 아니며 걸림돌이 되는 문제도 아니다. 애플리케이션 수준에서의 개선은 어떻게 해야 하는지 명확하며, 더 큰 영향을 미치고, 더 빠르고 안전하게 수행할 수 있다. 또한 여러 가지 이점이 연쇄적으로 일어날 수 있다. 실제로 팬데믹 기간 동안 이러한 이점 중 몇 가지가 입증되었다.

7.5 인터넷의 하향식 친환경화

2020년 코로나19 팬데믹 때 이루어진 봉쇄로 사회 전체가 얻은 교훈이 있는지는 잘 모르겠지만, 기술 업계는 처음 몇 주에서 몇 달 사이에 많은 것을 배웠다. 당시에는 깨닫지 못했지만, 다행히도 이러한 교훈은 에너지 전환과 매우 깊은 관련이 있다.

7.5.1 봉쇄에서 얻은 교훈

코로나19 봉쇄 초기에는 전 세계 수십억 명의 사람들이 대면 상호작용을 화상회의로 전환하면서 인터넷 수요가 급증했다. 이 모든 것이 네트워크 인프라를 추가하지 않고도 가능했다. CDN 회사 클라우드플레어Cloudflare의 최고 기술 책임자인 존 그레이엄-커밍John Graham-Cumming은 "다른 유틸리티(예: 전기, 물 또는 가스)에 대해 50% 정도의 수요 증가가 갑자기 지속되는 상황이 발생했다면 잘 대처하기 어려웠을 것이다"라고 언급했다.[29] 이러한 전례 없는 대역폭 수요로 인해 소프트웨어 엔지니어들은 자원 관리에 대해 서둘러 배워야 했는데, 특히 다음과 같은 개념을 빠르게 파악하는 것이 시급했다.

- CDN과 같은 클라우드 아키텍처를 활용한 수요 이동과 조절
- 정상적인 서비스 저하
- 효율성 업그레이드(2장 참조)

---

29 https://oreil.ly/nYPrL

7.5.2 **수요 이동**

5장에서 논의했듯이 재생에너지의 근본적인 특징은 항상 사용할 수 있는 것이 아니라는 점이다. 해가 항상 떠 있는 것도 아니고 바람이 사시사철 부는 것도 아니다. 이러한 변동성에 대처하는 한 가지 방법은 반드시 요청된 시간에 작업을 실행할 필요가 없다면 청정 에너지를 사용할 수 있을 때만 작업을 수행하는 것이다. 이를 달성하는 것을 수요 이동 또는 시간 이동이라고 하며, CDN이 그 예다. CDN은 제한된 대역폭을 처리하므로 제한된 전력 가용성과는 다르지만 개념과 기술은 유사하다.

수십 년 동안 CDN은 인터넷 응답시간을 단축해왔다. 초기 CDN은 웹사이트 고객이 이미지나 비디오를 더 빨리 볼 수 있다는 것을 내세워 마케팅하는 방식을 취했으며, 전세계 곳곳의 사용자와 가까운 곳에 이를 저장해놓음으로써 목적을 달성했다. CDN은 실제로 마법과 같은 트릭이었다. 웹의 리소스가 사용자에게 더 빨리 이동한 것처럼 보였지만, 실제로는 이미 근처에서 기다리고 있었다. CDN은 데이터의 사전 전송, 사전 처리, 사전 캐싱을 사용하는데, 이 모든 것은 수요 이동이다.

 '수요 이동'은 어떤 경우에는 잘못된 명칭인데 CDN 역시 마찬가지다. 수요가 이동한 것이 아니라 작업이 다른 시점으로 이동한 것이다. 근본적으로 수요 이동을 통해 달성하고자 하는 것은 작업과 수요의 분리다.

CDN의 목적은 접속 속도를 향상시키는 것이며 이는 최종 사용자 경험에 큰 도움이 된다. 하지만 팬데믹 시기에 정작 CDN이 담당했던 중요한 역할은 자원 관리 기능이었다. CDN의 전제는 저장 공간을 스마트하게 사용한다는 것이다. 대용량 디지털 파일이라면 이 파일의 공급자로부터 CDN까지 장거리를 이동해 저장된다. 이 파일 사본이 HD 비디오라면 영화 <바비Barbie>나 <오펜하이머Oppenheimer>를 보려는 고객의 집, 즉 최종 목적지까지는 더 짧은 거리를 이동한다. 이로 인해 인터넷의 전체 부하는 모든 대용량 리소스가 종단 간에 전송되는 경우와 비교해 현저히 줄어든다. 또한 CDN에서 전송되는 리소스 복사본의 크기는 최종 소비자에 맞게 조정될 수 있다. 휴대폰 사용자는 4K TV의 사용자보다 해상도가 낮고 작은 버전이면 충분하다. 이 역시 인터넷 트래픽을 줄여준다.

이것만이 유일한 이점은 아니다. 원본 파일은 미리 CDN에 배치되므로 네트워크에 트래픽이 적을 때 전송될 수 있다. 이는 피크 부하를 완화하고 네트워크의 탄소 배출량을 더 효율적으로 활용하는 데 도움이 된다. 어떤 리소스에 언제 접근할지 예측할 수 있다면 (마케팅의 목적이기도 하다) CDN을 사용하여 인터넷 효율성을 높일 수 있다. 앞서 논의했듯이 트래픽을 줄이거나 피크를 제거하고 활용도를 높이는 것이 친환경적이다. 데이터 전송에 필요한 전력을 줄이고 전송 인프라 구축도 줄일 수 있다.

때로는 대용량 리소스를 네트워크를 통해 전송하지 않기도 한다. 넷플릭스는 영화 사본을 트럭으로 CDN에 보낸다.[30]

실제 트럭이다. 앤드루 타넨바움(Andrew Tanenbaum)[31]은 "테이프로 가득 찬 스테이션 왜건이 고속도로를 질주하는 대역폭을 과소평가하지 말아야 한다"[32]라고 강조했다.

CDN은 수요 이동 개념의 실제 사례이며, 2020년 인터넷의 생존에 기여한 여러 가지 방안 중 하나다. 하지만 이것만이 유일한 해법은 아니다.

7.5.3 브라운아웃, 점진적 기능 저하, 수요 형성

서비스를 유지하는 방법 중 하나는 서비스를 유지하지 않는 방안을 마련하는 것이다.

브라운아웃은 전력 부족 시 특정 지역의 에너지 관련 서비스 품질을 낮추는 것을 의미한다. 이 용어는 과거에 전력망 부하가 낮을 때 필라멘트 전구가 희미해지고 모든 것이 흐릿하게 보였던 현상에서 유래한다. 브라운아웃은 이른바 점진적 기능 저하의 물리적 예시에 속한다. 즉, 시스템 문제 발생 시 완전한 실패(이 경우 정전) 대신 제한된 기능을 유지한다. 넷플릭스는 팬데믹 때 대역폭 부족에 직면하여 자체적인 브라운아웃 버전을 시행했다. 점진적 기능 저하의 일환으로 비디오 인코딩을 고화질에서 저화질로 전환하

---

30 https://oreil.ly/zomJx
31 https://oreil.ly/L8xeY
32 [옮긴이] 앤드루 타넨바움은 네덜란드의 컴퓨터 과학자로서 리눅스 커널의 창조에 영감을 준 미닉스(Minix) 운영체제를 개발하였다. 운영체제와 네트워크의 교과서 집필자로 명성이 자자하다.

여 EU 지역에서 서비스 품질을 낮추고 네트워크 트래픽을 줄였다.[33] 결과적으로 록다운lockdown 기간 동안 영화 화질은 다소 떨어졌으나 시청은 여전히 가능했다. 이는 또한 **수요 형성**demand shaping의 예시이기도 하다.

줌Zoom과 같은 화상회의 회사는 서비스 다운그레이드downgrade를 통해 유사한 효과를 봤다. 화상회의는 대역폭 측면에서 브라운아웃을 수행할 수 있는 전형적인 예다. 네트워크 업계 전문가 크리스토퍼 릴옌스톨프Christopher Liljenstolpe는 "현재 대중적인 화상회의 시스템은 대역폭의 변동에 매우 잘 대처한다. 이 덕분에 팬데믹 시기에 급증한 트래픽에도 불구하고 시스템이 잘 동작했다"라고 밝혔다.[34]

화상회의 서비스는 대역폭 변동성을 처리하기 위해 모니터링과 우선순위 지정 서비스 품질quality of service, QoS 기술을 광범위하게 사용한다.[35] 예를 들어 고품질 오디오는 통화에 필수적이지만 네트워크 사용량은 비교적 적다. 비디오는 훨씬 더 많은 리소스를 필요로 하지만, 필요한 경우 통화 품질에 큰 영향을 미치지 않고도 품질을 낮출 수 있다. 따라서 네트워크 전송에서 오디오 데이터는 비디오 데이터보다 높은 우선순위를 갖는다.

화상회의 서비스는 동물/페이스 필터라든지 배경과 같은 교묘한 방법을 사용해 전송할 비디오 데이터의 양을 줄인다.

고화질(HD)에서 표준 화질(SD) 인코딩으로 변경하는 경우에 대해 '수요 형성'이라는 용어는 맞지 않다. 수요 자체가 변한 것이 아니라 최소한의 품질을 유지하기 위해 서비스 수준을 낮춘 것이다. 하지만 동물/페이스 필터는 분명히 수요 형성이다. 고객은 자신도 모르게 대역폭 요구량을 줄이는 필터를 선택한 것이다. 편의상 이러한 방법들을 묶어서 하나의 용어로 설명하는 것은 대역폭 감소라는 비슷한 효과를 가져오기 때문이다.

대역폭 변동성을 처리할 수 있는 것은 화상회의 서비스만이 아니다. 대부분의 잘 설계된 애플리케이션은 (BGP 장애 없이도) 인터넷이 불안정할 때 대처할 수 있는 메커니즘을 갖추고 있다.

---

33 https://oreil.ly/Xz9_v
34 https://oreil.ly/wEpPd
35 https://oreil.ly/TxlVp

따라서 인터넷 분야는 수요 이동과 형성에 있어 다른 기술 분야보다 앞서 있다. 소프트웨어 설계자로서 에너지가 부족하거나 매우 비쌀 때를 대비해 효과적인 해결책을 마련해야 한다. 5장에서 이와 관련해 몇 가지 아이디어를 제시했다.

겨울이 닥친다(winter is coming)

동적 요금제는 지역 전력망의 가용성에 따라 30분마다 비용이 변동하는 전기 요금제를 가리킨다. 현재 재생에너지가 화석연료보다 저렴하기 때문에 동적 요금제는 사용 가능한 전력이 얼마나 친환경적인지를 반영하는 경우가 많다. 이러한 요금제는 이미 스페인과 EU, 북미의 여러 국가와 지역에 도입되었다.[36] 이런 요금제를 아직 시행하지 않은 국가들도 채택이 불가피하며 사고방식의 전환이 필요하다. 불안정한 인터넷 연결에 맞춰 설계하는 데 수십 년이 걸렸지만, 대부분의 사람들은 아직도 전력을 오래전 방식으로 인식해 100% 사용 가능한 자원으로 생각한다. 이제 제한된 대역폭 가용성에 대처하는 것과 동일한 방식으로 전력에 대한 점진적 서비스 다운그레이드 옵션을 고려해야 할 때다.

7.6 2020년의 교훈

인터넷은 믿을 수 없을 정도로 강한 회복력을 가지고 있는 시스템이다. 팬데믹을 극복하기 위해 엔지니어와 제품 관리자, 그리고 그러한 서비스 저하를 받아들이고 해결책을 찾아낸 사용자들은 수천 가지 방법으로 서비스를 점진적으로 축소했다. 위기에 직면하여 모두가 '계속 운영되어야 한다'는 하나의 목표를 향해 노력했다.

아이러니하게도 인터넷이 일반적으로 견고하고 신뢰할 수 있는 플랫폼이라 이러한 노력이 효과적이었던 것이 아니라 오히려 그 반대였다. 인터넷은 지금까지 그래왔듯이 견고하거나 신뢰할 만한 시스템이 아니라 결함으로 가득 차 있다. 일종의 내장된 카오스 엔지니어링 플랫폼이며, 인터넷에서 성공적으로 실행되는 모든 애플리케이션은 여러 가지 문제와 작동 중단을 처리해야 한다.

---

36 https://oreil.ly/wsl7p

현실적으로 볼 때 100% 신뢰성을 갖는 플랫폼을 95%로 하향 조정하는 것보다 90%에서 50%로 하향하는 것이 더 쉽다. 코로나19 위기 동안 인터넷을 계속 운영하기 위해 무언가 새로운 기술 같은 것은 거의 사용하지 않았고 이미 시도되고 테스트된 기술들을 그대로 활용했다.

인류가 어려움에 처했을 때 무언가를 해내는 능력은 매우 놀랍다. 하지만 인터넷이 100%의 신뢰성을 가져야 한다는 조건이었다면 상황은 매우 달랐을 것이다. 너무 자주 100% 전력 신뢰성을 가정하는 소프트웨어 엔지니어는 전력 복원력과 관련한 이 예를 통해 하나의 교훈을 얻을 수 있을 것이다.

7.7 결론

일반적으로 인터넷의 하위 계층은 효율적이지만 상위 계층은 그렇지 않다. 그러므로 우리는 상위 계층에 먼저 집중해야 한다. 애플리케이션 수준에서 개선의 여지는 충분하다.

 네트워크의 세계에서는 우리의 직관과는 다르게 따기 쉬운 과일이 맨 아래가 아닌 맨 위에 달려 있다.

이번 장에서는 인터넷 수요 이동과 형성의 실제 사례를 살펴봤다. 또한 플랫폼이 불안정하다는 것을 알면 엔지니어가 안정성과 효율성에 더 집중함으로써 결과적으로 더 안정적인 시스템을 구축하게 된다는 점도 살펴봤다. 이러한 카오스 엔지니어링 기술은 팬데믹 동안 인터넷을 유지한 원동력이다. 앞으로 예측 불가능한 재생에너지로의 전환에서도 유사한 기술을 사용해야 한다.

그렇다면 우리는 무엇을 해야 할까?

- 모든 것을 동적 요금제에 맞춰 설계해야 한다.
- 우리가 사용하는 모든 플랫폼이 동적 요금제, 정전, 수요 이동과 수요 형성에 대한 계획을 가지고 있는지 확인해야 한다.

- 전력이 100% 사용 가능하다는 가정을 버려야 한다. 전력을 대역폭이나 네트워크 연결처럼 생각하고 수요 관리와 점진적인 기능 저하 전략을 고려해야 한다.

이미 수요 이동과 형성 기능을 수행하는 기존 도구(예: CDN, 스폿 인스턴스)는 에너지 전환에도 필수적일 것이다. 다행히도 록다운 기간 동안 우리 업계는 필요에 따라 빠르게 새로운 방식으로 전환하는 데 성공했다. 하지만 인터넷은 항상 불안정했고, 이는 다운 그레이드, 수요 이동과 형성이 처음부터 애플리케이션 설계에서 중요하고 익숙한 부분이었음을 의미한다. 전력망에 대해서도 이런 상황을 상정하는 것이 생소하지만 이제는 익숙해져야 한다.

8

좀 더 친환경적인
머신러닝, AI, LLM

> 컴퓨터가 인간을 속여 자신이 인간이라고 믿게 만들 수 있다면, 그것은 지능이 있다고
> 불릴 만하다.
>
> **—앨런 튜링**Alan Turing

2023년 3월 말, 빌 게이츠는 자신의 블로그인 게이츠노트GatesNotes에 <AI의 시대가 도래했다>라는 글[1]을 작성하며 인공지능이 휴대폰이나 인터넷만큼 혁명적일 것이라고 말했다. 게이츠의 이 말은 휴대폰이나 인터넷이 없던 시절을 거의 기억하지 못하는 두 저자에게는 꽤 의미 있는 발언이다. 우리가 AI와 머신러닝ML의 시대에 살고 있다는 것은 부인할 수 없는 사실이다. AI가 지금처럼 우리 삶에 지대한 영향을 미친 적은 없었다. AI는 예술부터 의학, 전쟁, 학교 논문, 기후에 이르기까지 삶의 모든 영역에서 화제를 불러일으키고 있다.

AI는 새로운 것이 아니다. 앨런 튜링은 1950년에 쓴 논문 <Computing Machinery and Intelligence>에서 '생각하는 기계'라는 개념을 처음 제안했다.[xxvii] 이 논문에서 그는 현재 세계적으로 유명한 '모방 게임The Imitation Game', 즉 지금은 튜링 테스트Turing test라고 지칭하는 개념을 정의했다. 이 테스트는 컴퓨터가 인간의 인지 능력이나 또는 그

---

1 https://oreil.ly/xmLXk

와 유사한 능력을 갖추고 있는지 판단하기 위해 고안되었다. 이 아이디어는 70년이 지난 지금까지도 독자나 저자와 같은 업계 종사자분만 아니라 영화계에서조차도 매력적이고 상상력을 자극하는 주제여서 <웨스트월드Westworld>,[2] <엑스 마키나Ex Machina>,[3] <이미테이션 게임The Imitation Game>[4] 등 이 아이디어를 소재로 한 영화도 많을 정도다.

1950년대와 1960년대의 첫 AI 모델 이후, AI는 2012년까지 무어의 법칙과 같은 속도로 발전했다.[xxviii] 그 후 모델 크기는 폭발적으로 증가했다. 2023년 초, 챗GPTChatGPT,[5] 마이크로소프트 365 코파일럿Copilot,[6] 구글 PaLM 2[7]와 같은 모델과 서비스를 통해 대규모 언어 모델이 일반 대중에게 공개되면서 세상은 새로운 패러다임 전환을 목격했다. LLM은 딥 러닝 기술과 방대한 데이터셋을 사용해 새로운 콘텐츠를 이해, 요약, 생성, 예측하는 AI 알고리즘 유형이다. 이러한 모델은 이전의 언어 모델과 비교해 학습과 추론에 필요한 데이터가 엄청나게 많아졌다.

이 장에서는 AI가 우리 삶을 바꾸거나 세상을 장악할지 여부가 아니라 더 친환경적인 ML, AI 시스템을 구축하는 방법에 초점을 맞출 것이다. 하지만 저자들은 AI보다 기후 변화가 인류에게 더 큰 위협이라고 생각한다는 점을 이 자리를 빌려 밝혀두고 싶다.

AI가 별도의 장을 할애할 만한 가치가 있는 이유를 이해하려면 AI 사용량과 AI 모델의 급속한 성장 과정을 살펴볼 필요가 있다. (스포일러: 무어의 법칙보다 훨씬 빠르다.)[xxix] 이 장의 대부분은 ML 수명 주기 전반에 걸친 완화 방안에 관심을 갖는다. 수명 주기는 여러 가지 방법으로 정의할 수 있지만, 이 장에서는 단순화된 모델(그림 8.1 참조)을 사용한다. 친환경 AIGreen AI는 그 자체만으로도 책 한 권 분량이 거뜬하다. 이 장은 마치 한 입 크기로 먹을 수 있는 간식처럼 적당한 분량의 내용을 담고 있다.

---

2 https://oreil.ly/dxKpE
3 https://oreil.ly/UVUgM
4 https://oreil.ly/xfKkd
5 https://oreil.ly/dcK4H
6 https://oreil.ly/UBp8a
7 https://oreil.ly/tPqHP

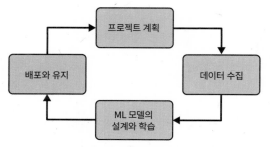

그림 8.1 단순화된 ML 수명 주기를 설명하는 순서도

8.1 규모와 사용량 증가

앞서 언급했듯이 AI 모델은 원래 무어의 법칙 속도로 규모가 커졌다. 하드웨어는 항상 AI
의 원동력이었다. 무어의 법칙은 처음에는 충분했지만, 이후 병렬 처리, GPU 및 AI 가속
기와 같은 기타 특수 하드웨어 사용이 증가하면서 이 분야의 성장이 더욱 가속화되었다.

모델 크기가 ML의 지속 가능성에 어떤 영향을 미치는지 예를 통해 살펴보자. 2019년
엠마 스트루벨Emma Strubell, 아난야 가네시Ananya Ganesh, 앤드루 매컬럼Andrew McCallum이
발표한 <Energy and Policy Considerations for Deep Learning in NLP(자연어 처리에
서 딥 러닝의 에너지와 정책 고려 사항)>는 현재 활발하게 인용이 이루어지고 있는 논문이
다.[8] 이 논문에서 저자들은 자연어 처리 분야에서 딥 러닝의 달러 비용과 탄소 배출량
을 분석했다. 특히 상품화하여 널리 사용하고 있는 트랜스포머Transformer, ELMo, BERT,
GPT-2 이상 네 가지의 모델을 분석했다. 이 논문에서 가장 많이 인용되는 결과 중 하
나는 신경망 아키텍처 검색을 통해 트랜스포머(2억 1300만 매개변수)를 한 번 학습하는
데 배출되는 탄소량이 미국 자동차 5대가 평생 동안 배출하는 탄소량과 같다는 것이
다. 이는 상당히 중요한 결과다. 논문에는 더 작은 모델의 경우 탄소 비용도 더 적다는
내용도 실려 있었다. 그러나 주로 트랜스포머 모델 훈련 데이터만 인용되는 경우가 많
았던 데다가 이에 대한 지적으로 학습 비용이 높기 때문에 트랜스포머 모델 정도의 규

---

8   https://oreil.ly/NdFlB

모는 매우 드물 것이라는 비판이 나오기도 했다. 하지만 그 이후로 모델 크기가 폭발적으로 증가해온 데다가 대규모 모델이 더 이상 드물지 않은 점에서 그런 비판은 근거를 상실했다. 2022년, 2023년, 2024년에 등장한 대규모 모델은 수천억 개의 매개변수를 가지고 있는데,[xxx] 이는 트랜스포머보다 약 1000배 더 큰 규모다.

따라서 모델 크기가 커지면 학습에 필요한 탄소 비용도 증가한다는 것을 알 수 있다. 하지만 학습은 전체의 일부분일 뿐이다. 학습은 현재 가장 많은 연구가 진행되고 있는 분야이지만, 이는 소프트웨어 기업 운영 현황이라기보다는 연구 현황을 반영하는 것일 가능성이 높다. 또한 AI 기능의 사용도 급격히 증가하고 있다. 맥킨지McKinsey의 'State of AI in 2022' 설문 조사[9]에 따르면 2020년대 초반에 정체되긴 했지만 2017년과 2022년 사이에 AI 도입률이 2배 이상 증가했다. 2023년 초 대규모 언어 모델이 본격적으로 등장하면서 맥킨지의 향후 보고서에서 AI의 채택률이 어떻게 나타날지 주목할 만하다. 앞서 언급한 맥킨지의 보고서에서는 조직에서 사용하는 AI 기능의 수도 2018년과 2022년 사이에 2배로 증가했으며, NLP가 선두를 달리고 있다는 보고도 있다. 딜로이트Deloitte의 2022년 'State of AI in the Enterprise' 보고서[10]에 따르면 응답자의 94%는 AI가 성공에 중요하다고 답했으며, 79%는 세 가지 유형 이상의 AI 설루션을 배포했다고 답했는데 전년의 62%와 비교하면 17% 늘어난 수치다.

요약하면 AI 모델의 크기와 모델 사용량이 모두 증가하고 있다는 것을 알 수 있다. 이러한 이유로 AI와 지속 가능성에 대한 논의는 챗GPT에게 기후변화를 믿는지 묻는 것보다 더 흥미로운 주제다.

8.2 프로젝트 계획

프로젝트 계획은 대부분의 소프트웨어 제품에서 첫 번째 단계다. 이 단계에서 친환경적인 설계를 할 수 있는 진정한 기회를 얻을 수 있다. '이 새로운 시스템이 기후에 미치

---

9   https://oreil.ly/Ffv-q
10 https://oreil.ly/wW2Ut

는 영향은 무엇일까?' 또는 '영향을 어떻게 측정할 수 있을까?'와 같은 어려운 질문을 이 단계에서 던져야 한다. 제품이 아직 문서 상태일 때 설계를 변경하는 것이 이미 작성, 배포, 사용 중일 때보다 훨씬 저렴하다.

수요 형성과 같은 탄소 인식 기능을 포함하려면 이 단계에서 논의하는 것이 바람직하다. 수요 형성이란 5장에서 설명한 것처럼 그리드의 탄소 강도에 따라 제품의 동작을 변경하는 것을 의미한다. 다시 설명하자면 인터넷 대역폭에 따라 화상회의 통화의 화질이 어떻게 변하는지 생각해볼 수 있는데, 이와 동일한 사고방식을 그리드의 탄소 강도에도 적용할 수 있다. 예를 들면 사용자 전력망의 탄소 배출량이 높을 때는 계산량 부담이 더 적은 연산을 수행할 수 있다. 프로젝트 계획 단계는 이러한 것을 논의하기에 적합한 단계다.

초기 단계에서 고려해야 할 또 다른 사항은 서비스 수준 계약과 서비스 수준 목표다. AWS에서 지속 가능 아키텍처 부사장을 역임한 에이드리언 콕크로프트는 앞에서도 얘기했지만 "요구사항이나 서비스 수준 계약을 변경하면 큰 효과를 볼 때가 종종 있다. 로그 파일 보존 시간을 줄이고 과도하게 설정된 목표를 낮출 수 있다"[11]라고 말했다. 서비스 또는 고객에게 실제로 필요한 만큼의 서비스 수준 목표를 비판적으로 고려하고 필요 이상으로 제공하지 않는 것이 지속 가능성을 위해 필요하다.

8.3 데이터 수집

데이터 수집은 ML 수명 주기의 두 번째 단계다. 데이터 수집은 다양한 소스에서 원시 데이터를 수집하는 것을 의미한다. 이러한 소스는 자체 내부 판매 시스템, 인터넷, 특정 포럼 웹사이트, 설문 조사 데이터가 될 수 있다.

이 단계는 종종 ML 수명 주기에서 별로 주목을 끌지 못한다. '쓰레기가 들어오면 쓰레기가 나온다', '데이터 정리', '사금 채취' 등 온갖 종류의 완곡한 표현을 사용해 이 단계

---

11 에이드리언 콕크로프트와 사적인 대화에서 나온 말이다.

가 얼마나 재미없는지를 강조한다. 이러한 모든 비유는 힘든 육체 노동을 떠올리게 한다. 데이터 품질 문제가 수명 주기 후반에 정확도 감소와 같은 영향을 연쇄적으로 미친다는 것을 알고 있으면서도 데이터 수집에 대한 인식이 좋지 않은 것은 아이러니하다.

더 큰 ML 모델을 구축할수록 과적합overfitting을 방지하고 모델의 데이터가 실제 데이터를 제대로 나타낼 수 있도록 더 큰 데이터셋이 필요하다. 대규모 데이터셋은 잠재적으로 나중에 다른 프로젝트에 재사용할 수 있으므로 더욱 매력적이다. 데이터셋이 증가함에 따라 탄소 비용을 낮추기 위한 친환경 데이터 수집이 점점 더 중요해지고 있다. 그럼에도 불구하고 데이터 수집이 탄소 발자국에서 차지하는 비중이 얼마나 되는지에 대한 연구는 매우 부족한 실정이다. 하지만 다행히도 데이터 수집 파이프라인의 발자국을 최소화하는 데 사용할 수 있는 몇 가지 도구가 있다.

일단 실제로 필요한 데이터의 양과 시나리오에 맞는 오픈소스 데이터셋이 이미 있는지 비판적으로 생각해야 한다. 이미 수집된 데이터를 사용하면 자체 데이터 파이프라인을 구축하는 데 드는 탄소 배출량을 피할 수 있다. 다행히도 이미 많은 데이터셋을 사용할 수 있으며, 오픈소스나 무료인 것도 있고 유료인 것도 있다. 예를 들면 허깅 페이스 Hugging Face[12]는 11만 개 이상의 데이터셋을, 캐글Kaggle[13]은 30만 개 이상의 데이터셋을 제공한다. 두 리소스 모두 오픈소스며 공개적으로 사용할 수 있는데, 고양이 이미지부터 아보카도 가격, 남아시아지역협력연합South Asian Association for Regional Cooperation, SAARC 국가의 신생아 사망률에 이르기까지 광범위한 시나리오를 포함하고 있다.

대규모 데이터셋에 대해 윤리적인 문제가 부각될 때가 종종 있다. 이러한 데이터셋을 구축하고 사용하는 방식을 동의함에 있어 충분한 정보에 기반하지 않는다든지, 일단 동의하고 나면 나중에 철회하는 것이 불가능할 수도 있다. 이런 논란은 고품질 AI 생성 이미지의 등장으로 예술계에서 일어났지만, 소프트웨어 실무자로서 여러분의 코드 역시 AI 모델에 사용될 수 있으므로 이런 문제는 예술가뿐만 아니라 모든 사람에게 해당된다.

윤리적 문제의 또 다른 예는 인간 피드백을 통한 강화 학습(reinforcement learning with human feedback, RLHF)의 등장에서 찾아볼 수 있다. 강화 학습은 학습 데이터로 처음에는

---

12 https://huggingface.co/
13 https://www.kaggle.com/

원시 데이터(raw data), 즉 인터넷에서 스크랩된 대량의 데이터를 레이블링하지 않고 사용했다. 이 방식은 항상 그런 것은 아니었지만 기술적인 수준에서는 잘 작동했으나 다른 문제가 발생했다. 콘텐츠와 관련한 이슈가 터졌고 곧 무시할 수 없을 정도로 커졌다. 알다시피 인터넷에는 전문적인 시각에서 보면 엉터리 같은 자료나 심지어 끔찍한 콘텐츠도 넘쳐 난다. 이를 해결하기 위해 RLHF가 탄생했다. RLHF는 원시 데이터와 인간이 레이블을 지정한 데이터를 함께 사용한다. 이 기술은 최신 LLM에서도 사용한다. 여기서 레이블 지정과 관련해 윤리적인 우려가 있다. 타임지는 2023년 1월 기사에서 케냐의 노동자들이 시간당 2달러 미만의 임금을 받으면서 모델이 부적합한 콘텐츠를 학습하지 않도록 폭력적이고 성차별적이며 인종차별적인 데이터에 레이블을 지정한다고 보도했다.[14] AI와 윤리는 그 자체로 책 한 권 분량의 주제이므로 나머지 부분은 관심 있는 분들을 위한 숙제로 남겨두겠다.

데이터 수집이 즉각적으로 필요하지 않을 때는 수요 이동을 통해 친환경 에너지를 활용할 수 있는 시기와 장소를 이용하는 방법을 고려해볼 수 있다. 5장에서 이에 관한 내용을 자세히 살펴봤다.

8.4 ML 모델 설계와 훈련

ML 수명 주기의 다음 단계는 ML 모델 설계와 훈련이다. 이 단계는 ML 수명 주기에서 가장 독특한 부분으로, 다른 유형의 소프트웨어와 가장 차별화되는 부분이다. 또한 이 단계를 친환경적으로 만들기 위해 사용할 수 있는 데이터와 완화 방안이 많다.

8.4.1 크기의 중요성

대규모 모델 학습은 상당한 저장 공간과 컴퓨팅 사이클을 필요로 한다. 모델 크기를 줄이면 학습 시간을 단축할 수 있을 뿐만 아니라 학습 리소스 효율성도 높일 수 있다. 이는 결과적으로 시간분만 아니라 비용과 탄소 배출량도 줄일 수 있는 셈이다. 모델 크기 축소는 지속적인 연구 분야이며, 가지치기, 압축, 증류, 양자화 등 다양한 기술을 연구하는 여러 이니셔티브가 진행되고 있다. 4장에서 배웠듯이 리소스 효율성을 높이는 것만으로는 완벽한 해결책이 될 수 없지만, 동일한 하드웨어와 에너지로 더 많은 것을 달성할 수 있으므로 친환경적인 측면에서 더 큰 잠재력을 발휘할 수 있다. 데이터가 네트

---

14 https://oreil.ly/dw0Xj

워크 '에지(즉, 최종 사용자에게 더 가까운 곳)'에 있는 서버나 장치에서 처리되는 **에지 컴퓨팅**edge computing과 사물인터넷IoT의 부상으로 인해 기능이 제한적인 장치가 점점 더 많아지고 있는데, 이러한 종류의 장치에는 더 작은 모델이 적합할 것이다. 에지 컴퓨팅의 또 다른 장점은 데이터 소스에 더 가까운 곳에서 처리와 저장을 수행함으로써 에너지 소비를 줄이는 것인데, 이는 지속 가능성 측면에서 모두에게 이익이 된다.

모델 축소 기술 중 하나인 **양자화**quantization는 연속적인 무한값을 좀 더 적은 수의 유한적이고 이산적인 값의 집합으로 매핑하는 기술이다. ML 세계에서 이것이 의미하는 바는 일반적인 32비트 부동소수점 대신 8비트 정수와 같은 저정밀 데이터 유형으로 ML 모델을 나타내는 것이다. 이는 여러 가지 이유로 친환경적인 기술이다. 앞서 언급한 다른 축소 기술과 마찬가지로 저장 공간을 절약하므로 리소스 효율성이 높아진다. 또한 정수 연산으로 일부 연산을 훨씬 빠르게 수행함으로써 에너지와 리소스를 절약할 수 있다.

학습 단계에서 양자화를 수행하는 경우 이를 **양자화 인식 훈련**quantization-aware training이라고 한다. 메타는 <LLM-QAT: Data-Free Quantization Aware Training for Large Language Models> 논문[15]에서 LLaMA 모델에 대한 양자화 학습을 실험했다. 논문에서는 각각 7B, 13B, 30B 파라미터 크기의 LLaMA 모델을 실험했으며, 이 기술을 사용하면 정확한 4비트 양자화가 가능하다는 것을 보여주었다. 이는 양자화 인식 학습을 LLM에 성공적으로 사용한 최초의 사례 중 하나로, LLM을 위한 보다 리소스 효율적인 학습의 가능성을 제시했다.

모델 축소 기술의 또 다른 예는 **가지치기**pruning다. <PruneTrain: Fast Neural Network Training by Dynamic Sparse Model Reconfiguration>라는 논문[16]에서 저자들은 학습 단계에서 가지치기를 사용해 모델 크기를 줄이려고 시도했다. 이미지 분류 시나리오의 경우 FLOP, 메모리 사용량, 가속기 간 통신 측면에서 훈련 시간과 리소스 사용량을 크게 줄일 수 있었다.

---

15 https://oreil.ly/tkohZ
16 https://oreil.ly/Vzddl

더 작은 모델을 사용하는 것은 ML 연구의 평등화를 위한 방법이 될 수도 있다. 논문 작성에 필요한 모델을 학습하기 위해 막대한 컴퓨팅 성능이 필요하다면 자금력이 풍부한 기관에 속한 연구자가 유리하다. 이는 소수의 사람들에게만 최첨단 연구에 기여할 수 있는 기회가 돌아가 공정성 문제를 야기할 수 있다. 더 작은 모델을 사용할 수 있다면, 노트북만 있으면 누구나 이 분야에 기여할 수 있다.

8.4.2 크기가 전부는 아니다

ML 모델의 크기를 제한하는 것은 좋은 방안이지만, 학습을 더 친환경적으로 만들 수 있는 방법도 있다. 예를 들어 ML 학습은 긴급한 경우가 거의 없다는 큰 장점이 있다. 즉, 수요 이동에 적합한 후보라는 뜻이다(자세한 내용은 5장 참조).

이미지 인식이나 자연어 처리에서 가장 널리 사용하는 또 다른 옵션은 사전 학습 모델을 활용하는 것이다. 이는 모델을 있는 그대로 사용하거나 전이 학습transfer learning을 사용하는 두 가지 방법으로 수행할 수 있다. 기존 모델을 있는 그대로 사용하면 학습을 거의 생략할 수 있으므로 학습 단계를 매우 친환경적으로 만들 수 있다. 가장 친환경적인 소프트웨어는 존재하지 않는 소프트웨어다(물론 가장 흥미롭지 않다). 데이터 수집 단계와 마찬가지로 커뮤니티가 힘을 합쳐 많은 모델이 이미 존재하며, 무료로 또는 구매해서 사용할 수 있다. 앞서 언급했듯이 허깅 페이스는 40만 개 이상의 모델을, 캐글은 2000개 이상의 모델을 공개하고 있다.

재사용하기에 완벽하지는 않지만 거의 맞는 모델이 있다면 전이 학습을 사용할 수 있다. 전이 학습의 일반적인 아이디어는 대규모 데이터셋에서 훈련된 모델을 재사용해 새로운 목적에 맞게 활용하는 것이다. 예를 들어 사진에서 고양이를 감지할 수 있는 모델이 있다고 가정해보자. 이 경우 전이 학습을 사용해 원숭이를 인식하도록 모델을 조정할 수 있다. 전이 학습을 사용하면 이미 생성된 모델을 활용하기 때문에 처음부터 학습을 다시 할 필요가 없다. 대신 미세 조정 또는 기능 추출과 같은 기술을 사용하여 모델을 시나리오에 맞게 조정할 수 있다.[xxxi] 이렇게 하면 데이터 수집을 포함해 새로운 모델을 처음부터 다시 학습하는 경우보다 탄소를 절약할 수 있다. 또한 기존 모델을 새로운 문제에 적용하는 것이 처음부터 새 모델을 만드는 것보다 경제적으로 훨씬 더 실현 가능하므로 비용 측면에서도 장점이 있다.

ML 모델은 일반적으로 데이터 센터에서 중앙 집중식 학습이 이루어지는데, 데이터가 중앙 집중식이라면 이 방식이 매우 편리하지만 다른 방안도 가능하다. 어떤 경우에는 약간의 아이디어를 적용하면 더 친환경적일 수 있다. 한 가지 예로 이 장 앞부분에서 언급했듯이 에지에서의 학습을 들 수 있다. 또 다른 예는 구글에서 2017년부터 프로덕션에 사용하고 있는 연합 학습federated learning, FL이다.[xxxii] FL은 모든 데이터를 최종 사용자의 기기에 가지고 있으면서 최종 모델에서 협업을 통해 학습을 분산하는 기술이다. <Can Federated Learning Save the Planet?>이라는 논문[17]은 연합 학습의 탄소 비용 측면에서 중앙 집중식 학습과 비교를 통해 환경 비용을 자세히 다룬다. 연구 결과에 따르면 FL은 수렴 속도가 느리지만 데이터 센터에서 중앙 집중식으로 훈련하는 것보다 더 친환경적인 기술이 될 수 있다. 특히 더 작은 데이터셋이나 덜 복잡한 모델의 경우 FL은 훨씬 더 친환경적인 기술이다.

AI의 발전은 하드웨어의 발전과 밀접하게 연관되어 있다. 물론 모든 소프트웨어 산업에 해당하는 말이지만, AI는 더욱 그렇다. 하드웨어와 지속 가능성에 대해서는 6장에서 다루고 있으므로 자세한 내용은 해당 장을 참고하기 바란다. 여기에서는 한 가지 예시인 특수 AI 칩에 대해서만 살펴보겠다. AI 칩은 훈련과 추론 모두에 사용할 수 있으며, 일반적으로 AI 작업에 특화된 그래픽 처리 장치graphics processing units, GPU, 필드 프로그래머블 게이트 어레이field-programmable gate arrays, FPGA, 특정 용도용 집적회로application-specific integrated circuits, ASIC 등을 포함한다. 이러한 칩은 중앙처리장치CPU와 같은 범용 하드웨어 칩과 달리 특정 작업에 특화되어 있기 때문에 훨씬 더 효율적이다. 특수 AI 칩을 사용하여 훈련하면 범용 하드웨어를 사용하는 것보다 10배에서 1000배 더 효율적일 수 있다.[xxxiii] 이는 엄청난 비용 절감 효과를 얻을 수 있는데, 이미지 인식 영역에서는 전통적으로 이러한 이점을 활용해왔다. 물론 생산되는 모든 하드웨어의 내재 비용embodied cost(제조 과정에서 발생하는 환경 비용)도 고려해야 하지만, 이러한 상충 관계에 대한 자세한 내용은 6장에서 다루었다.

---

17 https://oreil.ly/mwX43

8.5 배포와 유지 관리

생산 기업의 경우 배포와 유지 관리 단계에서 가장 많은 탄소 배출이 일어날 수 있다. 최소한 공개된 결과만 놓고 보면 이 분야에 대한 연구가 충분하지 않기에 확실하게 말할 수는 없다. 그러나 논리적으로 봤을 때 전체 학습은 단 한 번만 이루어지고 이를 사용한 추론은 여러 번 일어나기 때문에 이 단계에 많은 시간과 노력을 투자해야 한다. 이것은 ML의 모든 경우에 해당하는 것은 아니다. 예를 들어 모델 구축의 주된 이유가 논문 작성인 학계나 연구계는 여기에 해당하지 않을 수 있다. 하지만 이 책의 저자들이 주로 활동하는 엔터프라이즈 소프트웨어 분야에서는 이 부분에 주목할 필요가 있다.

더 친환경적으로 ML 모델을 배포하는 한 가지 방법은 사용 중인 모델의 크기를 줄이는 것이다. 앞 절에서 양자화, 압축, 가지치기를 학습 단계에서 사용해 모델 크기를 줄일 수 있다는 것을 살펴봤다. 이러한 기술은 학습 이후 추론을 위한 모델의 크기를 줄이는 데도 사용할 수 있다. 최종 모델의 크기를 줄이면 두 가지 이점이 있다. 첫째, 더 작은 장치에서 이러한 모델을 실행할 수 있으므로 사물인터넷 또는 클라이언트 측 시나리오에 적합할 수 있다. 둘째, 프로덕션 환경에서 더 작은 모델을 사용하면 리소스 효율성을 높일 수 있으므로 모델의 배포 비용이 저렴해지고 친환경적이다.

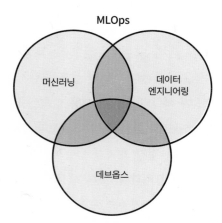

그림 8.2 **MLOps의 구성 요소 다이어그램**

ML 모델 유지 관리에 대해 논의할 때 **MLOps**Machine Learning Operations를 언급하지 않을 수 없다. MLOps는 머신러닝, 데브옵스, 데이터 엔지니어링이 교차하는 분야다(그림 8.2 참조). 머신러닝 모델을 프로덕션 환경으로 이전한 다음 유지 관리, 모니터링하는 프로세스를 운영하는 것을 목표로 한다. ML 수명 주기의 유지 관리 단계를 더 친환경적으로 만드는 것과 관련해 MLOps와 데브옵스가 동일하지는 않지만 많은 공통점이 있다. 따라서 운영 측면에서 탄소 발자국을 줄이는 데 4장에서 배운 내용을 재사용할 수 있다. 3장에서 소개한 일반적인 내용은 ML 프로덕션 워크로드를 처리하기 위한 코드 작성에도 적용되므로 필요하다면 다시 살펴보기 바란다.

8.6 어디서부터 시작할까?

이제 여러분은 AI와 ML이 지속 가능성 측면에서 왜 중요한지, 그리고 각 수명 주기 단계별 도구를 알게 되었을 것이다. 이러한 도구의 예로는 데이터 수집을 더 친환경적으로 만들기 위해 더 작은 데이터셋을 사용하고, 훈련 단계에서 탄소를 절약하기 위한 전이 학습, 모델 재사용 또는 더 작은 모델을 사용하는 것이 있다. 아마 여러분의 다음 질문은 '수명 주기의 어느 부분에서 가장 많은 탄소를 소비하는가?'일 것이다.

간단히 말하자면 프로젝트마다 다르다! 완전히 새로운 데이터로 대규모의 모델에 대해 작업하는 경우라면 데이터 수집부터 살펴보는 것이 좋다. 그러나 매우 높은 정확도를 달성하려고 하거나, 모델을 생성만 하고 실제로 사용하지는 않는 연구 목적인 경우에는 학습 비용을 살펴봐야 한다. 반면에 프로덕션 워크로드에서 ML 작업을 실행하는 경우라면 배포와 유지 관리 단계에서 가장 많은 비용을 지출할 가능성이 높다.

CHAPTER 9

측정

실험은 과학이 자연에 던지는 질문이며, 측정은 자연의 대답을 기록하는 것이다.

— **막스 플랑크**Max Planck

지표, 측정, 모니터링 등 용어가 무엇이든 간에 소프트웨어 실무자는 무언가 발전된 것이 있음을 보여주는 숫자와 차트를 좋아한다. 이는 어쩌면 우리 분야의 무형적인 특성때문일 수도 있고, 아니면 오랜 시간을 투자해 무언가를 만드는 전문가라면 누구나 측정에 집착하는 것일 수도 있다. 이유가 무엇이든, 친환경 소프트웨어에 대해 이야기할때 가장 많이 듣는 질문은 '어떻게 측정할 수 있는가?', '내가 어떤 영향을 미치는지 어떻게 알 수 있는가?', '소프트웨어의 어떤 부분이 가장 큰 영향을 미치는가?'와 같은 질문이다. 이 장에서는 이러한 질문을 깊이 있게 살펴보고 이에 대한 답을 논의한다.

모든 항목에 탄소 가격이 명확하게 표시되어 우리가 취하는 각 행동이나 구매하는 각제품이 기후에 미치는 영향을 명확하게 보여줄 수만 있다면 더없이 이상적일 것이다. 그렇게 하면 항상 정보를 기반으로 기후와 관련한 선택을 한다. 물론 현재 상황이 그렇진 않지만, 이 장에서는 소프트웨어에 '최대한 완벽에 가까운' 의미가 무엇인지 살펴보겠다. 우리는 주관이 뚜렷한 사람들이므로 업계가 나아가야 할 방향, 즉 탄소 배출량 실시간 모니터링에 대해서도 논의할 것이다. 그리고 '충분히 좋은' 조치가 무엇이며 언제어떻게 사용할 수 있는지도 살펴본다.

대부분의 경우와 마찬가지로 이러한 문제를 처음으로 고민한 사람은 당연히 우리가 아니다. 따라서 다른 현명한 이들이 이미 제시한 방법론에 대해서도 살펴보겠다. 목표는 이들을 평가하기보다는 각 방법론의 장단점을 살펴봄으로써 언제 어떤 상황에서 어떤 방법론을 사용해야 하는지 이해하는 것이다.

탄소 발자국을 직접 계산하는 것이 너무 어렵다고 느껴지는가? 다행히도 이미 표준이 있고, 사용 가능한 도구도 있다! 모든 주요 공용 클라우드는 자체 도구를 제공하며, 이보다 광범위한 커뮤니티에서도 다양한 오픈소스 도구를 제공한다.

이 장의 목표는 '내 발자국은 무엇인가?'에서 '내 발자국을 알았으니 이제 어떤 조치부터 시작해야 할까?'로 나아가는 것이다.

9.1 완벽한 측정

지금쯤이면 친환경 소프트웨어를 구성하는 기본 요소를 알고 있을 테니 무엇을 측정해야 하는지 이해할 수 있을 것이다. 2장에서 살펴봤듯이 에너지 사용량, 하드웨어에 내재된 탄소, 그리드의 탄소 강도는 소프트웨어의 친환경성에 영향을 미친다. 이러한 각 요소를 측정하는 완벽한 방법은 무엇일까?

그 전에 범위에 대해 간략히 논의해야 한다. 오늘날의 소프트웨어는 그 범위를 단일 머신 안에 국한할 수 있는 경우는 거의 없다. 단일 머신은 우리가 완전히 제어할 수 있는 범위다. 그보다는 여러 대의 머신, 추상화 계층, 네트워크 및 기타 유형의 하드웨어 장치에 걸쳐 있으며, 이들을 기반으로 모든 것을 다른 소프트웨어와 공유한다. 소프트웨어의 배출량을 측정하려면 소프트웨어 시스템의 경계를 정해야 한다. 웹 애플리케이션의 경우 클라우드의 가상 머신, 해당 클라우드에서 최종 사용자 장치(예: 휴대폰)로 데이터를 전송하는 네트워크 장비, 그리고 해당 최종 사용자 장치가 이에 해당한다. 또한 소프트웨어의 시간적 경계(예: 시간 경과에 따른 동작 방식)를 고려하는 것도 유용하다. 웹 애플리케이션의 경우 사용자가 버튼을 클릭하는 등의 적극적 사용과 업데이트 설치와 같은 수동적 사용으로 이루어진다. 이 중 어떤 것은 측정하기 쉽지만 어떤 것은 어렵거나 사실상 불가능한데, 예를 들어 데이터 액세스 제한과 같은 이유 때문이다.

다음 절에서는 에너지, 탄소 강도, 포함된 배출량을 완벽하게 측정하는 방법을 소개한다. 이러한 값은 9.3에서 소개하는 표준적 방법 중 한 가지 이상의 방안을 섞어서 사용할 수 있다.

9.1.1 완벽한 에너지 데이터

소프트웨어의 탄소 배출량을 생각하면 에너지가 가장 먼저 떠오를 테니 에너지부터 시작해보자. 소프트웨어의 바람직한 에너지 데이터 소스는 실시간이어야 할 것이고, 원하는 수준까지 세분해서(예: 서비스, 프로세스, 코드 라인별 수준) 범위를 지정할 수 있어야 한다. 직접 측정할 수 있을까? 할 수는 있지만 약간 번거로울 수 있다.

여러분이 물리적으로 접근할 수 있는 곳에서 소프트웨어가 실행되는 경우라면 가장 신뢰할 수 있고 가장 간단한 방법은 저렴한 전력량 계측기를 구입해 하드웨어가 연결된 소켓에 꽂는 것이다. 전력량 계측기는 특정 시간에 회로를 통과하는 전력을 측정할 수 있는 소형 측정 장치다. 집 전체부터 휴대폰과 같은 소형 하드웨어 기기까지 무엇이든지 전기회로가 될 수 있다. 하드웨어가 소비하는 정확한 양을 측정하므로 에너지 소비량을 측정하기에는 가장 좋은 방법이다. 몇 가지 주의해야 할 점은 다음과 같다.

- 모든 하드웨어는 유휴 상태에서도 전력을 사용하는데, 이를 **정적 전력 소비**static power draw라고 한다. 이것을 기본 에너지 소비량으로 간주해야 한다. 애플리케이션만의 수치를 측정하려면 애플리케이션을 실행할 때 측정한 전체 소비량에서 기본 소비량을 빼야 한다(이것은 2장에서 소개한 에너지 비례에서도 활용할 수 있는 부분이다).

- 항상 정상 상태steady state, SS에서 측정을 해야 한다. 고등학교 기술 수업에서 전기 부품이 시동될 때마다 급격한 전력 변화가 발생했던 것을 기억하는가. 이것은 바로 갑작스러운 에너지 증가를 의미한다. 이런 상태가 지나고 정상 상태로 접어든 후에 측정을 시작해야 한다.

- 장치에 배터리가 있다면 완전히 충전한 후에 측정해야 한다. 그렇지 않으면 배터리 충전 전력 소비량을 측정하게 되는데, 흥미롭기는 하지만 여기서는 다루지 않는다.

장치에 물리적으로 액세스할 수 없다면 소프트웨어나 하드웨어 계측을 통해 이 데이터를 장치로부터 추출할 수 있는 방법이 여러 가지 있다. 이 작업을 수행하는 방법은 시스템 구성과 작동 방식에 따라 다른데, 예를 들면 운영체제나 사용 중인 오케스트레이션 소프트웨어로부터 데이터를 가져올 수 있다.

하지만 일반적으로 이 방법은 실험실과 같은 환경이나 덜 복잡한 소프트웨어에 효과적이다. 여러 추상화 계층에 걸쳐 있는 대규모 시스템에서 실시간 에너지 측정을 수행하는 것은 또 다른 문제다. 전적으로 가능하지만, 많은 경우 ISP 또는 클라우드 제공 업체와 같은 제삼자에게 에너지 계측을 대신 수행하도록 하는 것이 더 나을 수 있다. 물론 제삼자에게 맡기는 경우에도 처음에 언급한 기준은 여전히 유효하다. 이 데이터는 실시간으로 제공되고 충분히 세분화되어야 한다.

개나리 한 송이가 피었다고 봄이 온 것이 아니듯 완벽한 에너지 데이터 하나만으로 완벽한 탄소 지표를 삼을 수는 없다. 에너지는 단지 하나의 지표일 뿐이니 다른 부분도 살펴보자.

9.1.2 완벽한 탄소 강도 데이터

이론적으로 모든 에너지는 동일하게 생성된다. 태양전지에서 나오는 전자는 화력발전소에서 나오는 전자와 똑같이 전구를 밝힐 것이다. 하지만 실제로 이 두 가지 방식이 기후에 미치는 영향과 탄소 지표는 크게 달라진다. 이 내용은 2장에서 이미 다루었으므로 여기서는 자세한 설명은 건너뛴다. 다만 이것을 어떻게 완벽하게 측정할 수 있을지 생각해보자.

간단한 전력량계나 코드 계측만으로는 이 문제를 해결할 수 없다. 완벽한 탄소 강도 데이터를 얻으려면 에너지 그리드에 대한 깊이 있는 이해와 데이터 접근 권한이 필요하다. 그러나 에너지 데이터와 마찬가지로 이 데이터는 실시간으로 제공되고 위치, 시간대와 관련하여 충분히 세분화되어야 한다. 또한 에너지 사용 데이터와 에너지 생성 방식을 결합해야 한다. 이렇게 하면 소프트웨어의 에너지 부분에 대한 탄소 지표를 얻을 수 있다.

대부분의 경우 이러한 탄소 강도 데이터는 그리드 운영자로부터 직접 제공받거나 와트타임WattTime API[1]나 전기 지도Electricity Maps[2]와 같이 여러 그리드 운영자의 데이터를 모아서 제공하는 서비스를 이용해 얻을 수 있다. 그리드 운영자로부터 직접 데이터를 얻는 경우, 실시간 데이터가 아니라 아워 월드 인 데이터Our World in Data[3]가 제공하는 데이터처럼 과거 탄소 강도에 대한 공개 데이터일 경우가 많다. 와트타임이나 전기 지도와 같은 API는 실시간으로 과거와 예측 탄소 강도 데이터에 대한 상세한 데이터를 제공한다. 그림 9.1은 전 세계적으로 그리드의 탄소 강도가 어떻게 다른지 보여준다.

제삼자 제공 업체로부터 얻을 수 있는 데이터는 다음과 같은 유형이 가능하다.

- **LRMER**long-run marginal emission rates: 장기 한계 배출률
- **SRMER**short-run marginal emission rates: 단기 한계 배출률
- **AER**average emission rates: 평균 배출률

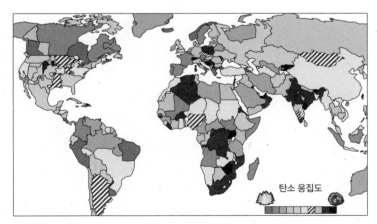

그림 9.1 **세계 각 지역의 탄소 강도를 가상으로 보여주는 지도**

1   https://www.watttime.org
2   https://www.electricitymaps.com
3   https://oreil.ly/GUSm6

이와 관련해 할 말이 많지만, 지금은 완벽한 데이터를 직접 계측할 수 없다는 점을 고려해야 한다. 하지만 걱정하지 않아도 된다. 세계 여러 지역에서 소프트웨어 기반으로 완벽한 데이터에 접근할 수 있다. '그럼 탄소 상쇄는 어떻게 되는가?' 또는 '전력 구매 계약은?'과 같은 질문을 던질 수 있다. 다음 절에서는 탄소 강도와 전력의 경제적 측면에 대해 자세히 살펴보자.

9.1.3 시장 기반 감축은 어디에 적합할까?

경제적 측면을 잠깐 논의해보자. 탄소 발자국을 변화시키고자 하는 방안 중 **시장 기반 감축**market-based reduction 전략은 본질적으로는 경제적 도구다. 배출량을 상쇄함으로써 시스템 운영에서 발생하는 탄소 발자국을 줄였다고 주장할 수 있다. 이와 유사하게 재생에너지 구매를 계약했으나 실제로 운영은 비재생에너지원을 사용하면서 탄소 중립을 달성했다고 주장할 수 있다. 이런 것은 탄소 제거와는 다르며 본질적으로 경제적인 조치이지만 흥미롭고 잘 활용되고 있으므로 이에 대해 살펴봐야 한다. 이러한 맥락에서 '경제적 조치'는 무엇을 의미할까? 우리가 사용하는 전기 전자는 사용자 관점에서 항상 동일하다. 전력망의 특성상 우리에게는 선택의 여지가 없다. 우리가 선택할 수 있는 것은 무엇에 대해 지불할 것인가이다.

전력 구매 계약power purchase agreements, PPA은 이러한 유형의 시장 기반 조치의 일례다. PPA는 에너지 생산자와 소비자 간의 장기 계약으로, 일반적으로 소비자가 고정된 양

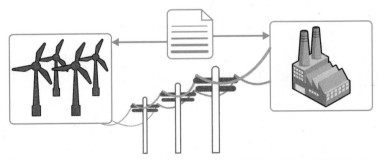

그림 9.2 에너지 생산자와 소비자가 서로 가까운 곳에 위치해 계약을 맺는 가장 단순한 형태의 PPA를 설명하는 다이어그램

또는 비율의 에너지 생산량을 구매하는 것을 보장한다. 계약에 따라 고정 요금 또는 시장 기반 가격으로 책정할 수 있다. 그림 9.2는 두 당사자 간의 간단한 PPA 설정 예시를 보여준다. PPA 계약은 데이터 센터(또는 에너지 사용을 계획하고 있는 다른 소비자) 바로 옆에 있는 발전소 혹은 다른 국가의 발전소에서 에너지를 조달하는 등 지리적으로 다양하게 설정할 수 있다.

이 방법은 재생에너지 발전소에 자금을 조달하는 방법으로 사용될 때가 많은데[xxxiv] 생산자 입장에서는 최종적으로 생산하는 에너지를 판매할 수 있다는 확신을 얻을 수 있기 때문이다. 이 개념을 **추가성**additionality이라고 하는데, 점점 비화석연료 전력망의 생성을 장려하는 요인이 되고 있다. PPA는 현재 인기를 끌고 있으며 2021년에 32개국 137개 이상의 기업이 PPA를 구매했다. 기술 부문은 PPA를 통한 재생에너지의 최대 소비자 중 하나이며, 2021년에 아마존, 마이크로소프트, 메타가 상위 3대 소비자였고 구글이 6위를 차지했다.[xxxv]

상쇄offsetting는 에너지 시장이 생성한 후에 발생하는 또 다른 시장 기반 조치로 탄소 상쇄, 즉 탄소 크레딧 생산자와 소비자의 관계에 대한 것이다. **탄소 상쇄**carbon offset는 고정된 양의 탄소 감축 또는 제거를 나타내며 구매가 가능하다. 이러한 거래는 자발적 탄소 시장에서 정부 또는 독립 인증 기관의 규제를 받는다. 개인과 조직 모두 이 시장에서 탄소 상쇄 크레딧을 구매하여 목표로 삼은 탄소 상쇄 목표를 달성할 수 있다. 실제 상쇄(예: 판매와 구매 부분 제외)는 여러 가지 방법으로 수행할 수 있다. 가장 익숙한 방법은 아마도 삼림 복원reforestation 프로젝트나 탄소 포집 이니셔티브일 것이다. 알다시피 이 시장의 특성상 어떤 상쇄 크레딧은 추적하고 유효성을 확인하기 어려울 수 있다. 사실 이 문제는 탄소 상쇄에 대한 비판의 이유가 되어왔으며 앞으로도 계속될 것이다. 이를 해결하기 위한 한 가지 조치는 인증 탄소 스탠더드Verified Carbon Standard,[4] 골드 스탠더드Gold Standard[5]와 같은 탄소 상쇄 크레딧이 충족해야 하는 여러 글로벌 표준의 준수를 확인하는 것이다.

---

4   https://verra.org/programs/verified-carbon-standard/
5   https://www.goldstandard.org

여기서 감축, 중립화 또는 보상과 같은 더 많은 방안에 대해 이야기할 수 있지만, 관심 있는 독자라면 자료를 추가로 찾아보기 바란다. 지금은 이러한 것이 완벽한 측정에 어떻게 부합하는지 살펴봐야 한다.

여기에는 여러 가지 의견이 있다. 시장 기반 감축은 공정한 게임이며 탄소 보고에 포함할 수 있다고 주장하는 사람들도 있고, 효과가 의심스러우므로 탄소 보고와는 별개여야 한다는 주장도 있다. 소프트웨어 측정의 측면에서 소프트웨어의 탄소 발자국을 파악하고 줄이기를 원하는 우리와 같은 사람들의 관점에서 보자면 시장 기반 감축과 같은 방안은 오히려 혼란을 야기할 수도 있다. 우리의 관심은 현재 실행 중인 소프트웨어의 탄소 응집도인데 미래의 잠재적인 상쇄는 이것에 아무런 영향을 미치지 못한다.

넷제로net-zero 전략에서는 2045년 목표를 달성하기 위해 배출량 제거가 중요하다. 현재 4000개 기업에서 사용하는 과학 기반 타깃 이니셔티브Science Based Targets initiative, SBTi 의 <기업 탄소 중립 표준The Corporate Net-Zero Standard>[6]은 대부분의 기업이 2050년 이전에 배출량을 90% 줄이기 위한 장기 목표를 설정해야 한다고 명시하고 있다. 시장 기반 감축은 자체 소프트웨어에서 제거된 배출량을 측정하기 어렵게 만들기 때문에 우리는 시장 기반 감축이 소위 완벽한 탄소 지표에서는 설 자리가 없다고 생각한다. 이는 모든 시장 기반 감축이 나쁘거나 사용해서는 안 된다는 의미가 아니라, 소프트웨어의 탄소 지표에 대한 실행 가능성을 복잡하게 만든다는 의미다.

9.1.4 완벽한 내재 탄소 추적

완벽한 탄소 지표의 마지막 부분은 내재 탄소다. 안타깝지만 이것도 역시 직접 계측하기가 어렵다. 왜냐하면 소프트웨어 종사자가 하드웨어를 직접 생산하는 경우가 거의 없기에 제조 프로세스에 대한 통찰력이 제한적이기 때문이다. 제조 업체로부터 필요한 것은 일종의 시작값(예: 장치의 제조에 들어간 총비용)이다. 이렇게 지출한 비용의 상각은 여러분이 완전히 통제할 수 있는 부분이다. 마찬가지로 수명이 다한 장치를 재활용하거나

---

6   https://oreil.ly/M2yPF

폐기하는 비용에 대해서도 추론할 수 있다.

2장에서 배웠듯이 하드웨어에는 이미 탄소 부채가 내재되어 있다. 이 탄소는 이미 대기 중으로 방출되었으며, 이를 되돌릴 수는 없더라도 이 사실을 염두에는 두어야 한다. 예를 들어 서버와 같은 하드웨어 공급 업체가 단위당 탄소 비용을 제공한다면 이 탄소 배출량 단위를 사용해 가치를 평가할 수 있다. 서버의 수명을 1년 연장하거나 동일한 하드웨어에서 2배의 워크로드를 실행할 수 있도록 코드를 개선하거나 운영을 효율화할 수 있는 경우 기후에 미치는 영향이 어떻게 변하는지 모델링할 수 있다.

하지만 자체 하드웨어를 소유하지 않은 경우는 어떻게 해야 할까? 예를 들어 프런트엔드 애플리케이션을 개발하거나 공용 클라우드 플랫폼에서 실행하는 경우 ISP가 이 데이터를 제공할까?

자체 데이터 센터를 운영하고 직접 관리한다면 이 데이터를 얻는 것이 그리 복잡하지 않다. 그렇지 않다면 누군가가 이 데이터를 제공해주기를 바랄 수밖에 없다. 여기서 세분화가 중요해진다. 서비스 공급 업체로부터 내재 탄소에 대한 상세한 정보를 충분히 제공받아 이 정보에 근거해 어떤 조치를 취하면 탄소 배출을 줄일 수 있는지 파악해야 한다.

공용 클라우드에서 이 데이터를 얻는 방법의 한 예로 클라우드 탄소 발자국Cloud Carbon Footprint, CCF[7]이 있다. CCF는 소트웍스Thoughtworks Inc.에서 후원하는 오픈소스 프로젝트다. 이 도구는 AWS, 애저, 구글 클라우드의 클라우드 탄소 배출량을 측정하고 모니터링하며 그 양을 줄일 수 있다. CCF는 이들 클라우드 제공 업체가 제공하는 많은 머신에 대한 수명 주기 분석을 수행했다. 이 분석 데이터가 공개되어 있으므로 무료로 사용할 수 있다.

클라이언트 측 기기의 경우는 상황이 까다롭다. 전체 사용자 기반에서 기기의 사용 연수와 사용률을 제공받기가 쉽지 않다. 또한 이러한 어려운 질문을 던질 만한 서비스 제

---

7   https://www.cloudcarbonfootprint.org

공 업체가 거의 없다. 9.2절에서 이런 경우 더 유용한 대안을 몇 가지 살펴본다.

9.1.5 완벽한 모니터링의 미래

소프트웨어의 탄소 모니터링은 앞으로 어떤 방향으로 나아가야 할까? 이 질문에 대한 우리의 답은 실시간 탄소 모니터링이다. 이게 무슨 뜻일까? 탄소 데이터가 지연시간이나 가용성 같은 지표처럼 자리매김한다면 업계에 많은 이점이 있을 것이다. 우선 다른 유형의 지표metric에 이미 많은 원칙, 관행과 도구가 마련되어 있을 터이므로 이를 재사용할 수 있다. 또한 업계 내에는 이미 이러한 지표를 관리하는 데 익숙하고 효과적인 방법으로 사용 중인 사람이 많다.

탄소 데이터를 다른 친숙한 지표처럼 만드는 방법은 무엇일까? 여기에는 두 가지 핵심 요소가 있는데 시계열 데이터와 지표 표준화다.

1 시계열 데이터

시계열 데이터time-series data를 사용하면 프로메테우스Prometheus나 그라파나Grafana 또는 즐겨 사용하는 모니터링 도구와 같은 현재 업계 표준 모니터링 및 경고 도구에 측정값을 쉽게 포함할 수 있다. 이를 통해 소프트웨어의 탄소 발자국을 또 하나의 중요한 지표로 취급할 수 있다. 또한 탄소의 SLO가 위반될 때 알림을 보내는 등의 기능도 가능해진다.

2 지표 표준화

지표 표준화standardization of metrics는 또 다른 핵심 요소다. 오픈텔리메트리OpenTelemetry와 관련해 일어난 일을 통해 살펴보자면 원격 측정 데이터에 대한 업계 표준이 하나로 통일되었는데, 이것은 업계에 명확한 이점을 가져왔다. 데이터 수집 복잡성을 줄이고, 데이터 품질을 높이며, 시스템/벤더 간 비교를 더 쉽게 하고, 사람들이 해당 데이터를 분석할 수 있는 도구를 개발할 수 있도록 지원했다. 물론 탄소 데이터에 대해서도 이와 동일한 이점을 얻어야 한다.

더욱이 시간, 위치, 소프트웨어 구성 요소에 대해 충분한 세분성을 갖춘 도구를 사용해 실시간(또는 거의 실시간) 데이터를 제공할 수 있다면 소프트웨어 개발자는 측정에 대한 걱정을 덜고 감축에 더 집중할 수 있다. 소수의 사람들이 투명한 지표를 완벽하게 만들어 더 많은 사람이 이를 사용하게 한다면 결과적으로 배출량을 줄일 수 있으니 이는 공정한 거래라고 할 수 있겠다.

물론 모든 유형의 소프트웨어에 이것이 가능한 것은 아니다. 하지만 하이퍼스케일 클라우드나 잘 알려진 운영체제와 같은 대규모 플랫폼에서 실행되는 소프트웨어의 경우라면 이것이 업계가 나아가야 할 방향이며 바람직한 해결책이다.

9.2 충분히 좋은가?

'완벽'한 지표를 수집하는 것이 지금 당장 가능하지는 않다. 항상 완벽한 데이터에 접근할 수 있는 것도 아니고, 지속적으로 데이터를 수집할 수 있는 것도 아니며, 때로는 데이터에 전혀 접근할 수 없는 경우도 있다. 그렇다고 해서 측정을 포기해야 할까? 그렇지 않다. 여전히 다른 각도에서 과학적인 접근 방식을 취할 수 있다.

9.2.1 간접 지표 사용

당연한 말이지만, 탄소 배출량을 직접 측정하는 것이 탄소 배출량을 파악하는 가장 좋은 방법이다. 하지만 탄소 배출량과 관련한 간접 지표proxy를 사용하면 올바른 방향으로 가고 있는지 확인할 수 있다.

가장 좋은 간접 지표 중 하나는 에너지인데 탄소 발자국과 밀접한 관련이 있다. 실험실과 같은 환경이라면 서버와 클라이언트 측 장치에서 계측할 수 있다는 이점도 있다. 에너지에 대한 가장 좋은 간접 지표 중 하나는 CPU 사용률이며 계측하기 쉽다는 장점이 있다. 자체 호스팅하는 경우 에너지 공급 업체로부터 실시간으로 또는 월말에 청구서와 함께 이 데이터를 받을 수 있다. 지금쯤이면 이해하고 있겠지만, 에너지와 탄소가 일대일 관계는 아니지만 간접 지표로 사용하기에 좋다.

또 다른 간접 지표는 비용cost인데, 많은 친환경 절약 조치는 비용도 절감한다. 간접 지표로 비용을 사용하는 것의 장점은 CFO의 언어로도 소통할 수 있다는 점인데, CFO가 탄소 배출에 대해 이해하고 있는 것의 장점을 과소평가해서는 안 된다. 하지만 비용은 몇 가지 이유로 완벽한 지표는 아니다. 한 가지 예를 들자면 클라우드 제공 업체가 워크로드의 탄소 인식을 청구서에 반영하지 않는다는 점이다. 또 다른 예로는 전기 비용이 생산의 친환경성과 관련이 없을 수도 있다는 점이다. 하지만 일반적으로 운영 비용을 낮추면 탄소 배출량도 줄어들기 때문에 유용하게 사용할 수 있다.

하드웨어는 탄소 배출량의 일부를 나타내는 유용한 간접 지표다. 새 하드웨어를 생산하려면 상당한 탄소 비용이 발생한다. 더 많은 서버를 낮은 활용률로 실행하면 더 적은 서버를 더 높은 활용률로 실행하는 경우보다 에너지 비례성으로 인해 더 많은 에너지를 소비한다. 여기서 까다로운 부분은 시스템 전체의 영향을 고려해야 한다는 점이다. 더 많은 계산을 클라이언트 측으로 수행함으로써 하드웨어를 줄인다면 전체 배출량은 실제로 증가할 수 있다. 왜냐하면 네트워크와 클라이언트 측 장치를 더 많이 사용함으로써 에너지 사용량이 늘어날 수 있기 때문이다. 시스템을 전체적인 관점에서 바라본다면 하드웨어 사용량도 유용한 간접 지표가 될 수 있다.

지연시간latency 또는 기타 성능 지표performance metric를 사용할 수 있는 경우도 있다. 하지만 이 방법은 지연시간이나 성능을 어떻게 해석해야 하는지 고려해야 하므로 더 많은 주의가 필요하다. 일반적으로 다음과 같은 방식으로 작동한다. 단순히 하드웨어 캐시를 추가해 문제가 해결될 것이라고 낙관적으로 생각하기보다 코드 효율성이나 더 스마트한 운영을 통해 지연시간을 줄이면 컴퓨터에서 더 적은 리소스를 사용하게 된다. 예를 들어 문제 해결에 대한 단순한 낙관적 예측에 기반하여 하드웨어 캐시를 추가하는 것을 지양해야 한다. 이런 것들은 유용하지만 4장에서 지적했듯이 이것만으로는 아무것도(또는 거의 아무것도) 할 수 없다. 이와 병행해 동일한 하드웨어가 더 많은 일을 하게 한다면, 예를 들어 동일한 서버가 API 요청을 2배 더 많이 처리할 수 있게 되면 효율성이 높아진다. 바로 여기에서 탄소 절감 효과가 나타난다. 성능 지표도 마찬가지다. CPU 사용량을 줄이면 더 많은 리소스가 CPU에 액세스함으로써 효율성이 높아진다.

9.2.2 불완전한 데이터를 지속적으로 사용하여 감축 달성하기

이것이 얼마나 과학적일까? 완벽한 데이터만큼 유용하지는 않다. 하지만 현실 세계에서 완벽한 데이터는 드문데, 그렇다고 해서 포기해서는 안 된다. 간접 데이터를 사용할 때 과학적인 접근 방식을 유지하거나 여러 간접 지표를 결합해 더 큰 그림을 그릴 수 있다면 이는 훌륭한 출발점이 될 수 있다.

간접 데이터를 사용해 가능한 한 정확한 결과를 얻으려면 소프트웨어에 대해 상당히 잘 알고 있어야 한다. 간접 데이터를 사용하는 것이 문제가 안 될 경우도 있다. 하지만 유용한 데이터임에도 불구하고 완벽하지 않다는 이유로 사용하지 않을 수도 있다. 이런 우를 범하지 않으려면 약간 부정확한 수치를 사용하는 위험성을 감수할 수도 있어야 한다. 프록시가 어떻게 작동하는지 조금만 이해하면 큰 도움이 될 것이다. 하지만 탄소 데이터를 쉽게 얻을 수 있는 것만큼 이상적이지는 않기 때문에, 우리 업계의 미래 목표는 실시간 탄소 모니터링이 되어야 한다.

9.3 현재 방법론 검토

앞서 언급했듯이 탄소 발자국을 파악하는 과업을 우리가 최초로 한 것이 아니다. 이를 정확하게 수행하기 위한 방법론이 이미 몇 가지 제시되었다. 이에 대해 살펴보자.

래디아 펄먼Radia Perlman 박사는 "표준을 관장하는 기관은 때로는 스포츠 팬과 같아서 각자 자기 팀만 응원한다"라고 꼬집었다. 이 책에서는 스포츠 팬보다 좀 더 객관적인 시각을 유지하려고 노력했다. 여러분도 판단하기 전에 먼저 각각의 방법론에 대해 자세히 알아볼 것을 권한다. 스포츠 팬과 달리 여러 팀을 좋아해도 무방하다.

9.3.1 온실가스 프로토콜

먼저 온실가스 프로토콜greenhouse gas protocol(GHG 프로토콜)[8]부터 시작할 텐데 이 표준은 한 기업이나 조직의 탄소 발자국을 계산하는 데 가장 널리 사용되는 표준 가운데

---

8 https://ghgprotocol.org

하나다. 최소한 포춘 500대 기업의 90%가 이 표준을 사용하는 것으로 알려져 있다. GHG 프로토콜은 세계자원연구소World Resources Institute, WRI와 세계지속가능발전기업협의회World Business Council for Sustainable Development, WBCSD의 공동 이니셔티브다. 이 표준은 1990년대 후반을 시작으로 2001년에 첫 번째 기업 표준을 발표하였다. 현재 GHG 프로토콜은 여러 다른 표준도 관장하고 있지만, 이 책에서는 GHG 기업 표준 검토에 중점을 둘 것이다. 이 표준은 표준을 구현하려는 사람들을 위해 많은 지침과 도움을 제공하며 무료로 사용할 수 있다.

기업 표준은 교토 의정서[9]에서 명시한 일곱 가지 온실가스의 회계 및 보고를 다루며 보고는 세 부분으로 나뉜다.

범위 1

- 기업 자체에서 발생하는 모든 직접 배출량, 예를 들어 기업 소유 차량이나 설비에서 연소하는 연료 등이 해당된다.

범위 2

- 구매한 에너지에서 발생하는 전기, 스팀, 열, 냉각과 같은 모든 간접 배출량이다.
- 2015년에는 기업 표준을 포괄적인 범위 2 지침[10]으로 확장했는데, 다음과 같이 회계에 대한 명확한 방법을 두 가지 규정하고 있다.
  - 위치 기반 방법: 에너지 소비가 발생하는 지역 전력망의 평균 배출 강도를 사용한다.
  - 시장 기반 방법: 기업이 의도적으로 선택한 전력의 배출량을 반영한다. 여기에는 에너지 속성 인증서(REC, GO 등), 직접 계약(저탄소, 재생 가능 또는 화석연료 발전 모두), 공급 업체별 배출률, 기타 기본 배출 계수를 포함한다.
- 복잡하게 보이지만 걱정하지 않아도 된다. 이러한 세부 사항은 우리에게 그다지 중요하지 않다. 간단히 말해서 두 가지 방법의 핵심적인 차이점은 위치 기반 방법은

---

9   <What Is the Kyoto Protocol?(교토 의정서란 무엇인가요?)> United Nations Climate Change, https://oreil.ly/Ck35L
10 https://oreil.ly/sJh6M

실제로 사용한 전기를 계산하는 반면, 시장 기반 방법은 비용을 지불한 전기를 계산한다는 점이다.

범위 3

* 기업이 소유하거나 통제하지 않는 모든 간접 배출량이다. 짐작할 수 있듯이 이는 구매한 자재부터 폐기물 관리, 출장, 제품 사용에 이르기까지 모든 것을 포함할 정도로 범주가 매우 크다.

그림 9.3에서 활동 예시와 해당 범위를 확인할 수 있다.

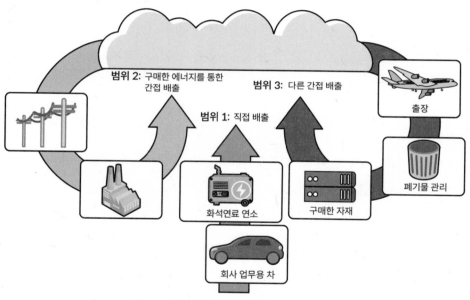

범위 2: 구매한 에너지를 통한 간접 배출

범위 3: 다른 간접 배출

범위 1: 직접 배출

출장

폐기물 관리

화석연료 연소

구매한 자재

회사 업무용 차

그림 9.3 **다양한 활동의 GHG 프로토콜 범위 예시**

그렇다면 소프트웨어는 어떻게 적용될까? 현재 GHG 프로토콜은 소프트웨어에 최적화되어 있지 않다. 최소한 소프트웨어 개발자가 어떤 조치를 취해야 GHG 프로토콜과 관련한 영향을 줄일 수 있는지 이해할 수 있도록 해주는 도구가 없다. 몇 가지 예를 통해 좀 더 자세히 살펴보자.

개발자가 직접 실행하지는 않는 소프트웨어를 작성한다고 가정해보자. 예를 들어 다른 개발자가 다운로드해 사용할 수 있는 라이브러리 또는 SDK를 개발하는 경우가 이에 해당한다. 이 경우 개발자는 실제 다운로드 기능만 제공하고 런타임은 항상 다른 사람의 하드웨어에서 실행된다. 이러한 소프트웨어에서 발생하는 대부분의 배출량은 다른 사람의 범위 2나 범위 3 보고에 포함될 가능성이 높다. 왜냐하면 SDK가 고객의 데이터 센터에서 에너지를 소비하기 때문에 범위 2에 해당하고, 소프트웨어가 사용하는 하드 웨어의 양에 영향을 미치므로 범위 3에 해당하기 때문이다. 설사 소프트웨어의 에너지 사용량을 줄일 수 있다 하더라도, 그 감소량은 주로 다른 사람의 범위 2 보고에 나타날 뿐 개발자 본인의 보고에는 나타나지 않는다. 자체적으로 호스팅하는 오픈소스 서비스를 구축하는 경우에도 배출량의 일부는 다른 소프트웨어에서 해당 서비스를 사용하는 데서 발생한다. 그리고 자체 실행으로 인한 배출량(범위 1, 2, 3)은 소프트웨어 사용자의 범위 3에도 포함된다.

다양한 운영 방식을 고려하면 상황은 더욱 복잡해진다. 에너지와 내재 탄소 배출량을 보고해야 하는 범위가 선택한 인프라에 의해 결정된다(표 9.1 참조).

표 9.1 인프라를 기반으로 에너지 사용량과 내재 탄소 배출이 해당하는 범위를 보여주는 표

GHG 범위	2	3
사설 클라우드	에너지	내재
공용 클라우드	-	에너지 + 내재
사설/공용 혼용 클라우드	일부 에너지	일부 에너지
프런트엔드	-	에너지 + 내재

- 사설 클라우드 애플리케이션의 경우 소프트웨어 에너지 사용량은 범위 2에 해당하며, 모든 서버의 내재 탄소는 범위 3에 해당한다.
- 공용 클라우드 애플리케이션의 경우 애플리케이션의 에너지 사용량과 내재 탄소 모두 범위 3에 해당한다.
- 사설 및 공용 클라우드를 혼용해서 사용하는 애플리케이션의 경우 배출량의 일부는 범위 2에 해당하고 일부는 범위 3에 해당한다.

- 마찬가지로 고객 대면 프런트엔드 애플리케이션의 경우 고객이 자신의 장치에 전원을 공급하기 위한 에너지를 구매하기 때문에 에너지 사용량은 애플리케이션을 유지 관리하는 조직의 범위 3에 해당한다.

이로 인해 어떤 조치가 어떤 영향을 미치는지 이해하고 대응하기가 더욱 까다롭다. 그럼에도 불구하고 기술 부문의 많은 조직에서 현재 GHG 프로토콜을 사용하고 있다. 즉, 동료와 조직 리더가 이미 이 전문용어를 사용하고 있으므로 측정값을 변화의 도구로 사용하고자 할 때 매우 유용하다.

9.3.2 그린 소프트웨어 재단의 소프트웨어 탄소 응집도 규격

이번에는 그린 소프트웨어 재단의 소프트웨어 탄소 응집도 규격Software Carbon Intensity (SCI) Specification에 대해 알아보자.[11] SCI는 특별히 소프트웨어를 위해 고안한 것인데 GHG 프로토콜과 비교해보면 서로 다른 제약과 기능을 가지고 있다. GHG 프로토콜과 마찬가지로 SCI 구현을 돕기 위한 안내 문서도 함께 제공한다.

첫 번째 버전인 베타 버전은 2021년 가을 COP26에서 선을 보였다. 뒤이어 2022년 COP27에서는 SCI 버전 1을 신속하게 출시하였다. GSF는 이 표준을 ISO 표준으로 제정하기 위해 노력하고 있지만, 이 책을 출간한 현재까지 아직 ISO 표준으로 지정되지 않았다. ISO/IEC 21031:2024에서 진행 상황을 확인할 수 있다.[12, xxxvi]

SCI는 조직 전체의 총량이 아니라 소프트웨어의 기능 단위당 탄소 배출량을 나타내는 비율이라는 점에서 GHG 프로토콜과는 다르다. 수치가 낮을수록 좋지만 0에 도달하는 것은 불가능하다.

SCI는 다음 네 가지 핵심 요소로 이루어져 있다.

- **에너지(E)**: 소프트웨어에서 소비되는 에너지
- **탄소 응집도(I)**: 소프트웨어에 전력을 공급하는 에너지 그리드의 위치 기반 탄소 강도

---

11 https://github.com/Green-Software-Foundation/sci
12 [옮긴이] 2024년 1월 ISO 표준으로 제정되었다. https://www.iso.org/standard/86612.html

- **내재 탄소**(M): 소프트웨어가 실행되는 하드웨어의 생성과 폐기를 통해 배출되는 탄소
- **기능적 단위**(R): 이 표준을 비율로 표현하기 위한 것으로 소프트웨어가 어떻게 확장되는지를 나타내는데 예를 들면 사용자, 장치, API 호출이 있다.

이러한 요소들을 결합해 $SCI = ((E \times I) + M)\ per\ R$(그림 9.4 참조)라는 공식을 제안한다.

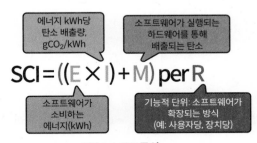

그림 9.4 **SCI 공식**

SCI의 또 다른 핵심 측면은 소프트웨어 경계다. 이는 소프트웨어 시스템을 의미 있는 방식으로 구분하기 위해 사용자가 정의하는 것이다. 여기서는 '더 적을수록 좋다More is less'는 원칙을 적용하는데, SCI는 운영에 상당한 영향을 미치는 모든 시스템과 인프라를 소프트웨어 경계 내에 포함해야 한다고 명시한다.

앞에서 SCI는 절대 0이 될 수 없다고 말했다. SCI에 대한 이해가 바탕에 깔려 있다면 다음과 같은 세 가지 이유 때문이라는 것을 알 수 있다.

1. 하드웨어 분야에서 상당한 과학적 발전을 이루지 않는 한 소프트웨어를 하드웨어 없이 실행할 수 없으므로 M은 절대 0이 될 수 없다.
2. SCI는 시장 기반 감축을 허용하지 않으므로 I는 항상 0보다 큰 숫자가 된다.
3. 기계의 플러그를 뽑지 않는 한 소비되는 에너지는 절대 0이 될 수 없으며, 플러그를 뽑으면 작동하는 소프트웨어 시스템으로 간주할 수 없다.

SCI는 모든 사람과 모든 유형의 소프트웨어를 위한 것이므로 다른 보고 표준과 차별화된다.

실제로 어떻게 작동할까? GSF에 사례 연구를 제출한 <원더풀 타이니 팜Wonderful Tiny Farm>을 예로 살펴보자.[13] 이 농장의 소프트웨어는 라즈베리 파이Raspberry Pi를 통해 햇빛, 온도와 같은 농장 데이터를 수집하는 .NET 애플리케이션이다.[14]

- **에너지(E)**: 하루 0.003kWh
- **탄소 응집도(I)**: kWh당 0.713kg
- **내재 탄소(M)**: 55kg
- 이 장치는 이 목적으로만 독점적으로 사용되며 수명은 3년이다.
- **기능적 단위(R)**: 라즈베리 파이 장치당

$SCI = ((E \times I) + M) / R = ((0.003 \times 0.731) + (55 / (365 \times 3))) /$ 라즈베리 파이 = 라즈베리 파이당 하루 0.002139 + 0.05228 = 라즈베리 파이당 하루 0.052kg CO_2e

이 수치는 흥미롭지만 그 자체로는 큰 의미가 없으므로 <원더풀 타이니 팜>은 여기서 멈추지 않고 추가 조치를 취해야 한다. 아마도 이 SCI 점수를 통해 내재 탄소 비용이 에너지 비용보다 높다는 것을 알게 됐을 테니, 첫 번째 단계로는 라즈베리 파이의 수명을 연장하는 것이 더 효과적이고 그다음 단계로 에너지 공급 업체 전환을 고려해볼 수 있다.

9.3.3 ISO 14064 표준

ISO 14064 표준은 ISO 14064-1,[xxxvii] ISO 14064-2,[xxxviii] ISO 14064-3[xxxix]의 세 부분으로 구성되어 있다. 다소 평범한 명명 체계지만 편리하다. 이 표준은 2006년 첫 발표를 시작으로 최신 개정판은 2018년에 나왔으며, 이 책을 쓰는 현재 계획된 5년 주기 검토 과정을 거치고 있다. ISO 14064-1은 조직 차원에서 온실가스 배출량과 제거량 보고에 중점을 두고 있으며, 앞서 언급한 다른 표준과의 비교를 위해 여기에 포함했다.

ISO 14064-1 역시 GHG 프로토콜을 기반으로 하지만 배출량 구분 방식이 약간 다르다.

---

13 https://oreil.ly/hevOX
14 https://oreil.ly/poKaL

GHG 프로토콜은 범위 1, 2, 3을 사용하는 반면, ISO 14064-1은 배출량을 직접 배출(범위 1에 해당)과 간접 배출(범위 2, 3에 해당)로 구분한다. ISO 14064-1은 시장 기반 감축 기술도 지원하지만 GHG 프로토콜과 달리 무료가 아니며, 문서에 접근하려면 약간의 비용이 들어간다. ISO 표준을 사용하는 한 가지 이점은 ISO 적합성평가위원회CASCO가 인증 프로세스와 관련해 여러 표준을 제정했다는 점이다. 따라서 기업이나 조직은 제삼자 인증 기관을 통해 ISO 인증을 받을 수 있으며, 이는 감사 측면에서 큰 이점이 될 수 있다.

9.4 사용 가능한 도구

직접 측정하고 싶지 않거나 표준 구현의 세부 사항에 깊이 관여하고 싶지 않더라도 괜찮다. 이런 생각을 하는 사람은 여러분만이 아니며, 이런 경우에도 방안은 있다! 모든 주요 하이퍼클라우드 제공 업체는 사용량을 기반으로 탄소 영향 데이터를 제공하는 도구를 자체적으로 지원한다. 클라우드가 아닌 클라이언트 측 기기에서 실행하는 애플리케이션을 위한 도구 역시 존재한다. 하지만 올바른 비교를 하려면 이러한 도구를 자세히 살펴보는 것이 우선이다.

9.4.1 하이퍼스케일 클라우드 제공 업체 도구

어떤 공급 업체를 하이퍼스케일러로 간주하는지에 대한 공식적인 정의는 없다. 하지만 아마존 AWS, 마이크로소프트 애저, 구글 클라우드는 2022년에 합쳐서 66%의 시장 점유율을 차지했으므로 이 절에서는 이 세 업체를 중심으로 살펴보겠다.[xi] IBM 클라우드, 오라클 클라우드, 알리바바 클라우드 등 다른 대형 클라우드 제공 업체 역시 모두 지속 가능성에 중점을 두고 다양한 재생에너지와 지속 가능성 목표 달성을 위한 슬로건을 가지고 있는 것으로 알려져 있다. 이러한 점은 매우 고무적이며 앞으로 업계 전반에 걸쳐 발전이 있기를 기대한다. 하지만 이 셋 중 어느 업체도 현재 이 장의 맥락에서 검토 가능한 탄소 회계 도구를 제공하지는 않는다.

AWS,[15] 애저,[16] 구글 클라우드[17] 역시 지속 가능성에 대해 강력한 의지를 보인다. 또한 이러한 플랫폼에서 탄소 발자국을 평가할 수 있는 도구도 제공한다. 호기심 많은 사람들은 즉시 몇 가지 질문을 떠올릴 것이다. 어떤 도구들이 있고 그들은 서로 어떻게 다르며 어디에 유용하게 사용할 수 있을까 등의 질문 말이다.

이들을 서로 비교해보자(표 9.2 참조)

표 9.2 **3대 주요 하이퍼스케일러의 탄소 발자국 도구 개요 및 비교**

	아마존 AWS	마이크로소프트 애저	구글 클라우드
세분성	대륙 수준 CO_2e 0.001톤	국가, 지역 수준 CO_2e 0.001톤	국가, 지역, 영역 수준 CO_2e 0.1kg
범위 1	제공	제공	제공
범위 2	제공 시장 기반 GHG 프로토콜 준수(지역별)	제공 시장 기반 GHG 프로토콜 준수(지역별)	제공 시간별 배출 계수를 사용한 위치 기반 GHG 프로토콜 준수 고객에게 시장 기반 대시보드도 제공할 예정
범위 3	제공하지 않음 (2024년 초 추가 예정)[18]	제공 데이터 센터 장비의 제조, 포장, 운송, 사용, 수명 종료 단계에 대한 내재 탄소 데이터가 확보되는 대로 데이터 센터 건물의 내재 탄소가 포함될 수 있음	제공 데이터 센터 장비와 건물 생성 시 내재된 탄소 구글 데이터 센터 직원과 관련된 출장, 통근 포함

---

15 https://oreil.ly/1-J6z
16 https://oreil.ly/cznEG
17 https://oreil.ly/Q7veh
18 [옮긴이] 2025년 1월 기준 AWS 탄소 회계 설루션이 범위 3을 지원하는 것으로 확인된다.
   https://aws.amazon.com/solutions/sustainability/carbon-accounting/

표 9.2 3대 주요 하이퍼스케일러의 탄소 발자국 도구 개요 및 비교 (계속)

	아마존 AWS	마이크로소프트 애저	구글 클라우드
할당 유형	알려지지 않음	각 데이터 센터 지역에서 고객의 상대적인 애저 사용량을 기준으로 배출량 할당	상향식 방법을 사용 워크로드 실행 시 사용되는 에너지는 각 서비스의 CPU 사용량을 기준으로 할당 시스템 유휴 시 사용되는 에너지는 각 서비스의 리소스 할당량을 기준으로 할당 간접 에너지 사용량은 매시간 각 시스템에 할당되므로 처음 두 범주로 내려감
시간 민감도	월별 집계 3개월 데이터 지연	월별 집계 14일 데이터 지연	월별 집계 최대 21일 데이터 지연
전력사용효율 (PUE)	제공	제공	제공
추가 자료	https://oreil.ly/3LpW8 https://oreil.ly/ph4fD	https://oreil.ly/c_l__	https://oreil.ly/LsH9z https://oreil.ly/QvQIH

9.4.2 클라우드에서 사용 가능한 오픈소스

클라우드 탄소 발자국CCF은 소트웍스에서 후원하는 오픈소스 프로젝트다.[19] 이 도구는 공용 클라우드에서 클라우드 탄소 배출량을 측정하고 모니터링하며 감축할 수 있다. CCF는 현재 AWS, 애저, 구글 클라우드를 지원한다. 클라우드 사용량을 예상 에너지 사용량으로 변환한 다음 탄소 배출량으로 변환해 지표와 탄소 절감 추정치를 생성한다. CCF 도구에서 표시되는 배출량은 다음과 같이 계산할 수 있다.[20]

총 CO_2e = 운영 배출량 + 내재 배출량

이 공식에서 운영 배출량과 내재 배출량은 다음과 같다.

---

[19] https://www.cloudcarbonfootprint.org
[20] <Methodology>, Cloud Carbon Footprint, https://oreil.ly/HmNDD

$$\text{운영 배출량} = (\text{클라우드 제공 업체 서비스 사용량}) \times (\text{클라우드 에너지 변환 계수 [kWh]})$$
$$\times (\text{클라우드 제공 업체 전력 사용 효율성(PUE)}) \times (\text{전력망 배출 계수 [CO}_2\text{e 톤]})$$

$$\text{내재 배출량} = \text{데이터 센터 서버 제조 시 예상되는 CO}_2\text{e 톤 배출량}$$

또 다른 오픈소스로는 케플러Kubernetes-based Efficient Power Level Exporter, Kepler 프로젝트가 있는데 2023년부터 클라우드 네이티브 컴퓨팅 재단Cloud Native Computing Foundation, CNCF 에서 시작했다.[21] 케플러는 소프트웨어의 프로세스, 컨테이너, 쿠버네티스 파드 수준에서 전력 소비량을 추정할 수 있다. 베어 메탈에 배포된 소프트웨어(예: 가상 머신 추상화 없이 서버에서 직접 실행되는 경우)의 경우 실시간 시스템 메트릭을 읽어 추정치를 계산한다. 가상 머신의 경우에는 사전 학습된 ML 모델을 사용해 에너지 소비량을 추정한다. 이 데이터는 프로메테우스 메트릭으로 내보낼 수 있으므로 추적과 모니터링이 용이하다. 이는 우리가 꿈꾸던 이상적인 지표에 매우 가깝다!

표 9.3은 오픈소스 도구들을 편의상 표 9.2와 동일한 형식으로 비교해서 보여준다.

표 9.3 두 가지 오픈소스 탄소 발자국 도구 개요 및 비교

	클라우드 탄소 발자국	케플러
세분화	CO$_2$e 0.001톤	해당 사항 없음(케플러는 에너지를 탄소로 변환하지 않음)
범위 1	제공하지 않음	제공하지 않음
범위 2	제공. 위치 기반 GHG 프로토콜 준수	제공(단, 케플러는 에너지 관련 통계만 제공하므로 사용자가 직접 그리드 탄소 강도를 곱해서 계산해야 함)
범위 3	제공. 현재 공개 데이터 부족으로 인해 컴퓨팅 사용 유형에 대해서만 제공	제공하지 않음
할당 유형	클라우드 유형에 따라 약간 다르지만, 요금 계산서 정보에 기반해 컴퓨팅, GPU, 스토리지, 네트워킹과 메모리가 모델에 포함됨	케플러는 실시간 시스템 메트릭을 읽어 상향식으로 계산함
시간 민감도	각 공용 클라우드 제공 업체의 요금 계산서 지연에 따라 다름	실시간

---

21 https://oreil.ly/73nTL

표 9.3 두 가지 오픈소스 탄소 발자국 도구 개요 및 비교 (계속)

	클라우드 탄소 발자국	케플러
전력사용효율 (PUE)	제공. 각 공용 클라우드 제공 업체의 공개 정적 데이터 기반	제공하지 않음
추가 자료	https://oreil.ly/epvKv	https://oreil.ly/bUsyt

9.4.3 클라이언트 측 도구

공용 클라우드 도구는 훌륭하지만 모든 소프트웨어가 클라우드에서 실행되는 것은 아니다. 앱이나 웹사이트 같은 클라이언트 측 코드가 대표적인 예다. 이러한 시나리오를 지원하는 도구도 있는데, 주요 업체에서 직접 제공하는 것도 있고 오픈소스도 있다. 여기서 소개하는 도구가 전부는 아니며, 단지 시작하는 데 도움이 될 만한 도구를 몇 가지만 살펴보고자 한다.

휴대폰 앱의 경우 안드로이드 스튜디오Android Studio[22]와 iOS Xcode[23] 모두 개발 단계에서 에너지를 모델링하는 옵션을 제공한다. 소프트웨어 업계는 (휴대폰 배터리와 같이) 제한된 리소스를 효과적으로 사용할 수 있는 도구를 만드는 데 꽤 능숙하다.

모바일 앱을 위한 또 다른 도구인 그린스펙터Greenspector[24]는 실제 휴대폰에서 소프트웨어를 실행하고 에너지 사용량을 측정한다. 이는 완벽한 에너지 데이터라는 우리의 이상에 매우 가깝다! 물론 이것은 스냅숏만 제공하지만, 시간 경과에 따른 추정과 벤치마킹을 위한 기반 데이터가 될 수 있다.

그린더웹Green the Web[25]은 웹 개발의 다양한 측면을 위한 수많은 도구를 수집해왔는데, (아마도 이 장에서 다루는 내용과 관련해 가장 흥미로운 부분인) 분석부터 이미지 압축 도구까지 모든 것을 다룬다.

---

22 https://oreil.ly/ItHR8
23 https://oreil.ly/MC0_F
24 https://greenspector.com
25 https://oreil.ly/Ss48j

ML 학습의 탄소 비용을 추정하려는 경우, ML 연구원들이 개발한 ML CO$_2$ 영향 도구[26]를 활용할 수 있다. 이 도구는 여러 하이퍼스케일 클라우드와 자사 데이터 센터에서 작동하며, 누구나 기여할 수 있도록 공개되어 있다.

알다시피 이러한 도구는 모두 각자의 한계점이나 제약이 있지만, 가장 큰 장점은 에너지 또는 탄소 사용량에 대한 상세한 정보를 얻기 위해 사용자가 별다른 노력을 기울일 필요가 없다는 점이다. 과학적인 방법론과 지속적인 측정을 병행하면 소프트웨어가 환경에 미치는 영향을 줄이는 데 큰 도움이 된다.

9.5 결론

지금까지 측정에 관한 내용을 살펴보았다. 새로운 개념과 용어를 접했을 수도 있고 이미 알고 있는 내용일 수도 있다. 어떤 경우든 이제 여러분은 탄소 배출량 측정 방법과 도움을 얻을 수 있는 도구에 대한 이해도가 높아졌을 것이다. 어떤 솔루션을 사용하든 호기심을 가지고 소프트웨어 측정에 접근하는 것이 중요하다. 다음과 같은 질문을 던져보기 바란다.

- 이 수치가 왜 이렇게 높을까?
- 다른 수치와 어떻게 비교할 수 있을까?
- 이 작업을 조금 변경하면 어떻게 될까? 수치가 어떻게 변할까?

측정값을 토대로 대화를 시작하고, 이러한 작업이 익숙해지면 탄소 감축을 위한 여정에서 믿음직한 동반자로 삼을 수 있을 것이다.

---

26 https://oreil.ly/-t35S

10

모니터링

> 믿을 수 없는 사람은 어느 누구와도 친구가 될 수 없다.
>
> —이드리스 샤Idries Shah, 《Reflections(성찰)》

옛날 옛적에 척Chuck이라는 프로덕트가 있었다. 거의 완벽에 가까운 척은 99.9999%의 가용성availability을 자랑했다(즉, 거의 모든 요청을 처리할 준비가 되어 있었다!). 척은 '프로덕션 왕국'에서 다운타임이나 장애 없이 평화로운 삶을 살았다. 여느 때와 다름없었던 평범한 어느 날, 척은 프로덕션 거리를 산책하던 중 갑자기 연결이 끊기는 것을 느끼고 천천히 길가에 주저앉았다. 당황한 척은 속으로 생각했다. '이게 끝인가? 마침내 내가 넘어지는 건가?'

척은 까마득한 옛날에 겪었던 네트워크 장애를 경험하고 있는 걸까?

프로덕션 왕국의 척은 동화 속 이야기가 아니다. 매우 뛰어난 아키텍처로 설계되어 신뢰성이 높았던 구글의 처비Chubby라는 실제 제품의 이야기다.[1] 처비는 신뢰성이 너무 높아 사용자들에게 잘못된 안전 의식을 심어주었다. 처비가 절대 다운되지 않을 것이라는 사용자들의 신뢰를 바탕으로 관찰되고 모니터링된 가용성을 훨씬 더 뛰어넘어 처비에 대한 의존도가 높아졌다.

---

1   https://oreil.ly/2EvHe

우리 모두 유니콘은 존재하지 않는 신화 속 생물이라는 것을 알고 있으며, 소프트웨어 제품의 100% 가동 시간도 마찬가지다. 처비는 거의 문제를 일으키지 않았지만, 가끔씩 문제가 발생했고 예상치 못한 (그리고 더 중요한 것은 계획되지 않은) 다운스트림 서비스 중단으로 이어졌다.[2]

구글은 이 상황에 대한 해결책으로, 공개된 가동 시간에 맞춰 자체 시스템을 의도적으로 자주 다운시켰다. 이를 통해 처비가 가용성을 과도하게 유지하지 않도록 함으로써 사용자들이 다시는 잘못된 안전 의식에 빠지지 않도록 경각심을 심어주었다.

이 이야기의 교훈은 제품의 가용성을 최대한 높이는 것이 흥미롭고 도전적인 엔지니어링 문제일 수 있지만, 간과해서는 안 되는 부정적인 결과가 있다는 점이다. 여기에는 사용자의 과도한 의존뿐만 아니라 소프트웨어로 인한 탄소 배출도 포함된다.

척의 이야기를 계속 풀어가기 전에 가용성이 무엇이며 왜 기술 업계가 열광하는지 정의해보자. 그런 다음 기본으로 돌아가 모니터링의 이유와 방법을 살펴보고 왜 SRE는 마이크로서비스에 대한 기존의 모니터링만으로는 충분하지 않다고 생각하는지 논의한다. 마지막으로 중요한 주제인 관측 가능성의 소개와 더불어 이것이 어떻게 기술 분야의 지속 가능성에 부합하는지 간략하게 살펴보겠다. 이를 통해 친환경 소프트웨어 실무자로서 점점 더 복잡해지는 분산 시스템 환경에 발맞춰나갈 수 있을 것이다.

소프트웨어 시스템의 탄소 배출량 모니터링은 그 자체로 하나의 장을 할애할 만큼 중요하다. 검토할 자료나 비교할 도구가 아주 많아서가 아니라 친환경적인 방식을 데브옵스나 SRE의 기존 영역과 어떻게 통합할지에 대해 기술 전문가들이 초기에 고민하는 것이 매우 중요하기 때문이다.

탄소 배출량 모니터링 방식을 파악할 때 새로운 표준을 만들기보다는 기존의 업계 표준을 따르는 것이 중요하다.

---

2   https://oreil.ly/bxD17

10.1 북극성으로서의 가용성

시스템의 가용성은 특정 시점에 시스템이 의도된 목적을 달성하는지 여부와 관련이 있다. 이는 종종 성공적인 작업 수와 총작업 수의 비율(가동 시간 / (가동 시간 + 중단 시간))로 계산되는 확률로 정량화한다. **가동 시간**uptime은 시스템이 작동 중일 때를 의미하고, **중단 시간**downtime은 명칭에서 알 수 있듯이 시스템이 작동하지 않을 때를 나타낸다. 사용되는 지표와 관계없이 이 계산 결과는 표 10.1과 같이 99.99%와 같은 백분율로 표시하고 숫자 9의 개수에 따라 4 나인four nines이라고 부른다.

표 10.1 연간, 월간, 일간 허용 중단 시간으로 표시되는 가용성 표

가용성 수준	연간 허용 중단 시간	월간 허용 중단 시간	일간 허용 중단 시간
90% ('1 nine')	36일 5시간 22분 55초	3일 26분 55초	2시간 24분
99.9% ('3 nines')	8시간 41분 38초	43분 28초	1분 26초
99.999% ('5 nines')	5분 13초	26초	0.86초

단순한 숫자로만 보면 첫 번째 열에 나오는 숫자 9가 많다고 해서 그것이 꼭 어려움의 정도를 의미하는 것은 아니지만 중요성을 과소평가해서는 안 된다. 9가 많을수록 시스템 전반적으로 더 많은 어려움이 발생한다. 왜냐하면 가용성은 단순히 시스템이 기능해야 하는 시간을 나타내는 것이 아니라, 비가동 상태가 허용되는 시간도 결정하기 때문이다. 이러한 맥락에서 비가동 시간은 계획된 중단 시간과 계획되지 않은 중단 시간을 모두 포함한다.

표 10.1에서 볼 수 있듯이, 1년 전체에서 단 5.26분의 가용 불가 시간만 허용하는 '5 나인' 제품의 경우 설계, 개발, 배포, 관리하는 데 엄청난 작업량이 필요할 것임은 자명하다! 이러한 많은 작업량은 제품의 탄소 배출량에도 직간접적으로 영향을 미칠 것이다.

가용성은 데브옵스와 SRE가 관심을 갖는 많은 신호 중 하나일 뿐이다. 네 가지 중요한 황금 신호golden signal, 또는 메트릭 기반 모니터링의 4기사four horsemen of metrics-based monitoring라고 부르는 것에 대한 마법 같은 이야기를 들어본 적이 있는가? 이들은 현대 모니터링의 기반이 된다.

10.2 메트릭 기반 모니터링의 4기사

소프트웨어 엔지니어링에서 **모니터링**monitoring은 애플리케이션 또는 시스템에 대한 메트릭을 수집, 시각화, 분석하는 것을 포함한다. 이는 애플리케이션 소유자가 시스템이 의도한 대로 작동하는지 확인하는 방법이다. 다시 말해 정량화 가능한 측정값인 메트릭을 사용해 소프트웨어, 네트워크, 인프라의 다양한 측면을 설명한다.

구글의 《사이트 신뢰성 엔지니어링》(제이펍, 2018)[3]에 자세히 설명된 네 가지 황금 신호는 다음과 같다.

- **지연시간**latency: 서비스가 요청을 처리하는 데 걸리는 시간(즉, 사용자가 요청을 보내고 응답을 받는 데 걸리는 시간)을 나타낸다.
- **트래픽**traffic: 소프트웨어 프로그램이 경험하는 수요량(즉, 사용자가 특정 기간 동안 보낸 총요청 수)을 측정한다.
- **오류**error: 시스템이 처리하는 실패한 요청에 중점을 두어 시스템이 사용자에게 오류 응답을 반환하는 비율을 나타낸다.
- **포화도**saturation: CPU나 메모리 같은 컴퓨팅 리소스가 특정 시점에 얼마나 사용되고 있는지를 나타낸다.

실제 적용

SRE 전문용어를 많이 소개했다. 이 모든 것을 이해하기 위해 글래스톤베리 페스티벌(Glastonbury Festival) 티켓 구매 비유를 사용해보자. (영국 외 지역은 테일러 스위프트(Taylor Swift) 콘서트 티켓 구매라고 생각하면 된다.)

다음과 같은 상황을 가정해보자. 온라인 티켓 대기열에 성공적으로 합류했다. 여러분을 포함해 글래스톤베리 티켓을 확보하려는 모든 사람이 티켓 플랫폼에서 발생하는 트래픽(또는 수요) 발생에 기여하고 있다. 이제 기적적으로 대기열을 통과해 등록 정보를 입력하고 티켓값을 지불한다. 그러나 잘못된 정보를 계속 입력해 시스템에서 계속 오류가 발생하고, 형식에 맞지 않는 입력으로 인해 플랫폼의 오류율이 급증한다. 결국 운이 없게도 형편없는 타이핑 실력과 좋지 않은 UI 때문에 티켓을 구하는 데 실패하고 만다.

---

3   https://oreil.ly/ap76v

하지만 여러분의 친구는 정보를 성공적으로 입력하고 티켓을 확보했으며 웹사이트에서 확인 응답을 받았다. 플랫폼이 결제 요청을 처리하고 고객에게 성공적인 응답을 반환하는 데 걸리는 시간을 지연시간이라고 한다.

2023년에는 2만 장이 넘는 글래스톤베리 티켓이 60분 만에 매진되었다. 글래스톤베리 팀은 매년 증가하는 수요에 대비하기 위해 워크로드를 처리할 수 있는 충분한 리소스를 확보함으로써 시스템이 리소스 포화 상태가 되지 않도록 노력한다.

탄소 메트릭 관점에서 이 시나리오는 어떻게 보이는가? 그 질문에 답하기 전에 사람들은 왜 임의로 정의한 수치에 그렇게 집착하는지 논의해보자.

10.3 서비스 수준

디자이너, 개발자, 테스터, 관리자, 심지어 영업 담당자까지 모두가 동의하는 한 가지가 있다면 바로 고객 만족을 위한 열망이다. 하지만 어떻게 하면 모두가 같은 생각을 하고 이를 실현하기 위해 필요한 것에 대해 동의를 끌어낼 수 있을까? 그것은 바로 서비스 수준 메트릭을 활용하는 것이다.

구글에 따르면 서비스 수준 메트릭은 사용자 만족도를 포함한 비즈니스 목표의 주요 동인이 되어야 한다. 따라서 서비스 수준의 정의를 살펴보고 탄소 배출량이 서비스 수준에 어떻게 포함될 수 있는지 논의하자.

첫째, **서비스 수준 지표**service-level indicator, SLI는 시스템의 특성을 설명하는 직접적인 측정 값(즉, 수량)이다. 네 가지 황금 신호 중 어떤 것이든 이러한 맥락에서 지표로 사용될 수 있음을 이미 알고 있을 것이다. 따라서 요청 지연시간을 SLI로 사용하고자 한다면 시스템이 요청에 응답하는 데 걸리는 시간을 계산하겠다는 의미다.

다음으로 **서비스 수준 목표**service-level objective, SLO는 특정 기간 동안 특정 SLI를 얼마나 준수하는지에 관한 것이다. 일반적으로 특정 기간 동안의 SLI(예: 지난 28일 동안의 요청 지연시간)로 표현된다. SLO는 모든 엔지니어링 팀의 행복의 원천으로 간주된다. 우리는 SLO를 SRE 원칙의 초석으로 생각한다. 또한 SLO를 사용하여 의사 결정을 내릴 수도 있다. 예를 들어 다음 스프린트 계획 중에 현재 달의 SLO를 충족하지 못할 것으로 예상된다면, 새로운 기능을 출시하기 전에 한 걸음 물러서서 가용성이 저하되는 이유를 파악할 수 있다.

마지막으로 **서비스 수준 계약**service-level agreement, SLA은 서비스 제공 업체와 서비스 사용자 간의 공식적인 계약이다. SLA는 가동 시간, 지연시간, 오류율 등과 같은 SLO의 집합체로 생각할 수 있다.

따라서 서비스 수준 메트릭은 데이터 기반 의사 결정을 위한 유용한 도구임을 알 수 있다. 서비스 수준 메트릭은 서비스 제공 업체가 고객에게 한 약속을 얼마나 잘 이행하는지 정확하게 추적할 수 있게 해줄 뿐만 아니라 소프트웨어 엔지니어링, 특히 지속 가능한 컴퓨팅 분야의 다른 많은 분야에서 활용할 수 있는 프레임워크도 제공한다.

10.3.1 탄소 메트릭

9장에서 논의한 것처럼 프로메테우스 스타일의 실시간 탄소 메트릭을 모든 사람이 사용할 수 있도록 준비했다고 가정해보자. 이제 이 메트릭을 SRE 팀에게 넘겨 다른 신호와 함께 추적을 시작할 수 있다.

 프로메테우스 스타일의 메트릭은 현재 메트릭 기반 모니터링에서 인기 있는 설루션 중 하나다. 이 스타일을 따르면 읽기 쉽고 유연하며 사용 가능한 데이터를 수집할 수 있다. 예를 들어 http_requests_total은 특정 시스템이 받은 HTTP 요청의 총수를 계산하는 메트릭임을 쉽게 추론할 수 있다. 프로메테우스 모니터링 생태계가 왜 우수한지에 대한 자세한 내용은 《Prometheus: Up & Running》(O'Reilly)을 참고하기 바란다(프로메테우스의 함수형 쿼리 언어인 PromQL은 사용자가 실시간으로 데이터를 선택하고 집계할 수 있도록 해주는 유용한 도구다).

이 장의 서두에 등장한 척을 기억하는가? 프로덕션 왕국에서의 또 다른 평범한 하루를 상상해보자. 가동 시간과 재생에너지 사용 모두에 대해 고객에게 '1 나인(90%)' 서비스를 약속한 척은 청정 에너지를 사용해 데이터 작업을 수행하면서 올해 마지막 햇빛을 만끽하고 있는 중이다. 그런데 기후변화로 인해 갑자기 폭우가 내리기 시작하면서 척은 유일한 청정 에너지원인 태양광에 접근하는 길이 막혀버린다.

척은 모범 사례를 고수하고 SRE 원칙을 따르므로 데이터 작업으로 인한 탄소 배출량을 측정하고 모니터링하는 시스템을 갖추고 있다. 그 덕분에 이 특정 서비스에 대한 탄소 배출량 측면에서 사용자와의 약속을 지킬 수 있다.

척은 석탄이나 석유와 같은 재생 불가능 에너지원으로 전환해야 하는 상황에 직면한다. 가만 생각해보니 이번 달에 재생 불가능 에너지를 사용할 수 있는 오류 예산이 3일 남아 있다는 것이 기억난다. 하지만 안타깝게도 그 전주에 대규모 정전이 있었고 이때 발생한 서비스 중단으로 인해 더 이상 남은 오류 예산이 없음을 알게 된다.

 오류 예산(error budget)은 특정 기간 동안 남은 SLO를 의미한다. 즉, 가용성이 '3 나인'이면 계획되거나 계획되지 않은 중단 시간이 최대 43.5분까지 허용된다.

따라서 척은 SLO를 유지하기 위해 재생 불가능 에너지로 전환한다. 이 장은 모니터링에 관한 내용임을 기억하자. 지난주에 정전만 없었더라면 척은 전원을 끄고 탄소를 절약할 수 있었을 것이다. 우리들 인생사가 이렇다. 오류 예산은 양날의 검과 같다. 하지만 여전히 탄소 배출량을 처리하는 올바른 방법이다.

여기서 설명하는 것은 탄소 메트릭을 프로덕션 모니터링이라고 하는, 이미 업계에서 잘하고 있는 관행을 적용하는 것이다. 다시 한번 강조하지만, 친환경 소프트웨어 실무자로서 환경 관련 지표를 효율적이고 효과적으로 모니터링하기 위해서는 기존 생태계의 활용이 바람직하며 처음부터 다시 만들 필요가 없다.

10.4 관측 가능성

시간을 되돌려 척의 아버지인 찰스가 이웃들과 평화롭게 살았던 2000년대 초반의 프로덕션 왕국으로 돌아가보자. 찰스는 이웃들에게 친절하게 대하긴 했지만 그들과 교류를 많이 하지는 않았다. 당시 찰스와 그의 이웃들은 모놀리식monolithic으로 불렸다. 이들은 자급자족하는 애플리케이션으로, 자신들의 목적을 달성하는 데 있어 서로를 필요로 하지 않았다.

다시 현재로 돌아와서 척은 자신의 거리에 있는 모든 이웃과 상호작용해야 할 뿐만 아니라 때로는 사용자를 위한 간단한 작업조차도 도시 반대편에 있는 주민들에게 연락해야 할 때도 있다. 척과 그의 많은 이웃들은 분산 시스템을 구성하는 마이크로서비스라고 불린다.

찰스의 세계에 비해 척과 그의 친구들의 새로운 컨소시엄은 수많은 이점을 제공하지만, 문제가 발생했을 때 정확히 누가 문제의 원인인지 파악하는 데 전례 없는 복잡성을 야기한다. 분산 시스템에서 문제를 디버깅하고, 문제의 원인을 파악하고, 알려지지 않은 미지unknown unknowns를 이해하는 데 야기되는 복잡성이 바로 관측 가능성observability이 등장하게 된 배경이다.

10.4.1 기대되는 대결: 관측 가능성 vs. 모니터링

관측 가능성과 모니터링은 함께 언급될 때가 많지만 둘은 엄연히 다른 개념이다. 이 두 가지에 대한 기대가 왜 컸는지, 그리고 실제로는 왜 서로를 대체하는 것이 아니라 보완하는 관계인지 잠시 논의해보자.

척과 그의 친구들의 최신 소프트웨어 시스템(즉, 고도로 분산된 아키텍처)의 새로운 세계는 유연성, 확장성 등 수많은 장점을 자랑하지만, 간과하기 십상인 중요한 단점이 한 가지 있는데 그림 10.1에서 볼 수 있듯이 이들이 야기하는 복잡성이다.

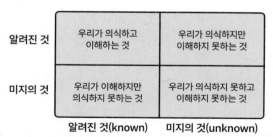

그림 10.1 **럼즈펠드 매트릭스의 네 가지 사분면**

럼즈펠드Rumsfeld 매트릭스는 문제의 불확실성을 파악하는 데 유용한 도구다. 예를 들어 SRE 영역에서는 모니터링과 관측 가능성의 차이를 각각 '알려진' 버그와 '알려지지 않은' 버그를 식별하는 데 도움이 되는 것으로 요약할 수 있다.

과거의 모놀리식 애플리케이션의 경우, 자체적으로 문제가 발생한 위치와 이유를 정확히 파악하는 것이 비교적 간단했기 때문에 모니터링만으로도 충분했다. 예를 들어 애플리케이션의 CPU 사용량을 쉽게 수집하고, 그래프를 그리고, 경고를 설정하여 성능을 모니터링함으로써 소프트웨어가 과부하되는 것을 방지할 수 있었다. 이 CPU 과부하 문제는 많은 모놀리식 시스템에서 발생했던, 잘 알려진 미지known unknown 문제다. 일반적으로 CPU 사용량은 모니터링 방법을 알고 있고 문제 자체도 잘 이해되기 때문에 비교적 쉽게 해결할 수 있는 버그bug다. 그러나 우리가 사분면을 이동함에 따라 (즉, 더 복잡하게 얽혀 있는 마이크로서비스) 버그는 우리가 의식하지도 못하고 이해하지도 못하는 것 (즉, '알려지지 않은 미지')으로 빠르게 변할 수 있다.

다음과 같은 상황을 생각해보자. 여러분이 모바일 앱의 개발자인데 이 앱이 30개 이상의 국가에서 픽셀 폰의 이전 다섯 세대까지 지원해야 한다고 치자. 이 상황에서 픽셀 7A가 대만에서만 발생하는 문제를 감지하려면 어떤 메트릭과 대시보드를 설정해야 할까? 바로 이 부분에서 기존 모니터링은 한계에 부딪힌다. 의미 있는 메트릭, 대시보드, 경고를 설정하려면 어떤 문제가 발생하고 어디에서 발생할 수 있는지 예측해야 한다. 기본적으로 아무런 단서도 없는 미스터리한 살인 사건과 같다! 과거에 삐삐pager를 사용해본 적이 있는 사람에게 물어보면 분산 시스템distributed system에서 동일한 사고를 두 번 이상 처리하는 것은 드문 일이라고 말할 것이다.

관측 가능성은 제어 이론에서 유래했다. 구체적으로 소프트웨어 시스템의 내부 상태를 이해하기 위해 외부 출력을 측정하는 것이다. 최근에 화제가 되고 있는 이 주제를 통해 무엇인가 고장 났다는 사실뿐만 아니라 어디서, 왜 고장이 났는지도 파악할 수 있다. 관측 가능성은 단순히 추적trace, 메트릭metric, 로그log라고 하는 세 가지 원격 측정의 중요한 요소에 대한 것만은 아니다. 관측 가능성은 원격 측정 데이터를 수집하는 것에서 시작하지만, 단순히 수집하는 것만으로는 시스템을 이해하고 관측 가능하게 만들 수 없다. 수집된 원격 측정 데이터를 활용해 시스템 내부에서 무슨 일이 일어나고 있는지 설명할 수 있을 때에라야 진정으로 관측 가능한 시스템이다.

다시 한번 비유로 비교해보자면 프로덕션 왕국에 있는 누군가가 네트워크 문제에 직면하고 있다는 사실은 모니터링을 통해서 알 수 있지만, 척의 옆집 욕실에서 방화벽 재동기화firewall resync가 필요하다는 사실은 관측 가능성을 통해서 알 수 있다.

10.4.2 관측 가능성을 위한 준비가 되어 있는가?

친환경 소프트웨어는 관측 가능성을 위한 준비가 되어 있을까? 탄소 메트릭을 어떻게 하면 최신 주제와 함께 발전시킬 수 있을까?

10.3.1절에서 모든 것을 파악했을 때를 생각해보라고 했는데, 이 절에서는 더 나아가 표준화된 실시간 메트릭뿐만 아니라 복잡한 분산 시스템에서 발생하는 이벤트의 상관관계도 추적할 수 있다고 상상해보자. 이러한 상관관계는 어떤 이벤트가 어떤 구성 요소에서 가장 많은 에너지를 방출하도록 유발했는지 정확히 파악하는 데 도움이 되므로 이러한 병목현상을 효과적이고 직접적으로 처리할 수 있다.

진정으로 관측 가능한 시스템은 데브옵스와 SRE가 시스템 중단 원인을 파악하고 해결하는 데 도움이 될 뿐만 아니라, 친환경 소프트웨어 옹호자가 가장 효율적인 방식으로 지속 가능성 SLO를 준수하는 데에도 도움이 될 것이다. 어느 이벤트가 전력 사용량을 높이는지 신속하게 파악할 수 있다면 이런 일이 용이해진다.

10.5 결국 도달할 것이다

이 장은 짧고 명료할 것이라는 약속대로 여기까지 다룬다. 이 장은 '친환경 요소를 가미한 모니터링 101'이라고 부를 수 있고, 해당 분야에 익숙하지 않은 독자들을 위한 입문 가이드다. 우리가 가장 좋아하는 캐릭터인 척이 친환경 소프트웨어 관점에서 이 분야를 어떻게 탐구할 수 있는지 살펴봤다.

모니터링과 관측 가능성은 오랫동안 현대 프로덕션 시스템 관리의 기반이 되어왔다. 결국 동료sidekick 모티 없는 릭이 무슨 소용이 있겠는가?[4] 둘 중 하나라도 없으면 심각한 시스템 중단이 일어날 것이다.

포네몬 인스티튜트Ponemon Institute의 놀라운 통계에 따르면 다운타임 시 분당 평균 비용은 무려 9,000달러이며, 한 시간 동안 다운될 경우 50만 달러를 훌쩍 넘는다.[5] 따라서 척이 서비스 중단 복구 시간을 단축해 상당한 금액을 절약하고 자연스럽게 탄소 배출량을 줄이려면 모니터링과 관측 가능성 듀오의 도움이 필요하다.

---

4 [옮긴이] 미국의 인기 애니메이션 시리즈인 <릭 앤 모티(Rick and Morty)>에서 릭과 모티는 서로에게 없어서는 안 될 존재인데, 이처럼 모니터링과 관측 가능성은 서로 보완적 관계에 있음을 의미한다.

5 https://oreil.ly/TC86X

11

부수 효과와 공동의 이익

가장 위대한 승리는 싸우지 않고 이기는 것이다.

—손자, 《손자병법》

친환경 소프트웨어를 추구하는 것이 쉽다고 말한다면 거짓말이다. 기술 산업에서 지속 가능성의 불가피성에 대해 다른 사람들을 설득하는 일은 쉽지 않다. 현재 경제 침체기에 들어서면서 많은 조직에서 지속 가능성이 뒷전으로 밀려났는데, 이에 대해 선뜻 동의하기 어렵다면 다시 한번 생각해보기 바란다.

이 장의 원래 의도는 친환경 컴퓨팅의 학제 간 측면을 더 깊이 파고들고 지속 가능성의 공동 이점을 탐구하는 것이었다. 친환경 소프트웨어의 경우 소프트웨어 공학의 모든 관심 영역이 상호 연결되어 있고 그 사이에서 미묘한 균형을 이루는 것이 쉽지 않은데, 지금은 이러한 친환경 소프트웨어의 학제 간 특성을 이해하고 있으리라고 생각한다.

그러나 지난 몇 달 동안 대부분의 기후 옹호자들은 전례 없는 도전에 직면했고 우리는 이를 무시할 수 없다. 역사상 처음으로 기후와 관련된 모든 기록이 깨지는 것을 목격하고 있다. 하지만 기후변화 대응 투자는 여전히 기술 부문을 포함한 많은 조직에서 최우선순위가 되지 못하고 있다(전 세계적으로 입법은 느리더라도 따라잡고 있지만, 여전히 진행 속도는 충분히 빠르지 않다).

따라서 우리는 이 장의 초점을 약간 바꾼다. 소프트웨어의 탄소 효율성 구현이 가져오는 긍정적인 부수 작용을 다루면서 실용적인 도구, 즉 멘탈 모델도 살펴본다. 이러한 도구는 친구, 동료, 관리자, 심지어 CTO에게 소프트웨어 운영과 개발에 친환경적인 관행을 채택할 때 환경에 도움이 될 뿐만 아니라 소프트웨어 시스템 성능, 신뢰성과 복원력의 향상, 비용 절감에도 도움이 된다는 것을 보여줄 것이다.

그러니 마음을 다시 한번 다잡고 이번 장을 시작해보자. 흥미진진한 내용이 많다.

11.1 돈이 문제인가?

가장 큰 효과를 얻을 수 있는 주제, 즉 친환경으로 전환함으로써 얻을 수 있는 비용 절감의 이점부터 시작하자. 9장에서는 비용을 탄소 배출량의 간접 측정값으로 사용하는 것의 장단점을 평가했다. 이 절에서는 지속 가능한 관행을 수용하는 것이 어떻게 예산에 최적화된 제품을 만들 수 있는지와 그 반대의 경우를 살펴볼 것이다.

11.1.1 왜 친환경적인 것이 더 저렴할까?

비용 효율적인 워크로드는 가능한 최저 비용으로 모든 비즈니스 요구사항을 충족하는 워크로드다. 그렇다면 비용 효율적인 워크로드는 지속 가능성 노력에 어떻게 기여하는지 살펴보자.

 예산 친화적이면서 비즈니스 가치도 제공하는 시스템을 구축할 때 비용 최적화를 위한 몇 가지 잘 정의된 패턴이 있다(예: AWS, 마이크로소프트, 구글 클라우드 플랫폼과 같은 공용 클라우드 제공 업체에서 제공하는 지침). 여기에서 이들을 모두 나열하는 대신 몇 가지 주목할 만하고 환경적인 이득도 있는 것만 선별해서 살펴보겠다.

1 적합한 것을 고르라
비용 효율성을 높이는 좋은 방법은 요구사항에 가장 적합한 리소스를 선택한 다음 목적에 맞게 사용하는 것이다. 예를 들어 클라우드 제공 업체 구글 클라우드 플랫폼GCP 호스트로 선택했다고 가정해보자. 이 경우 GCP를 서비스형 인프라Infrastructure-as-a-

Service, IaaS로 사용하는 대신 GCP의 클라우드 네이티브 설루션을 고려해봄직하다. 즉, GCP를 서비스형 인프라로 사용하면 빌드, 배포, 관리는 자체적으로 해야 하는데, GCP를 이런 방식으로 사용하는 것은 원래의 목적에 맞지 않을뿐더러 운영 비용을 크게 줄이지도 못하고 구글이 서비스에 쏟아부은 막대한 투자를 활용하지 못하는 결과를 가져온다.

'클라우드 네이티브(cloud native)'라는 용어는 처음부터 공용 클라우드 환경 내에서 작동하도록 특별히 설계된 설루션을 의미한다. 이러한 설루션은 일반적으로 컨테이너, 마이크로서비스, 그리고 가장 중요하게는 서비스와 같은 기술을 활용한다.

우리가 의미하는 바를 예를 통해 살펴보자. GCP 생태계의 애플리케이션을 지원하는 분산 추적 설루션을 구축하는 업무를 맡았다고 가정해보자. 이 시나리오에서 데이터 수집 백엔드에 가장 적합한 선택은 일반적으로 해당 목적으로 설계된 구글 클라우드 트레이스Google Cloud Trace[1]다. 또 다른 방법은 구글 클라우드 스토리지Google Cloud Storage[2] 위에 그라파나 템포Grafana Tempo[3]를 수동으로 구성하고 배포하는 것인데 이렇게 하려면 많은 노력이 필요하다.

공식 서비스를 선택하면 운영과 호스팅 비용을 절약하고 해당 환경에서 효율성을 위해 최적화된 서비스를 사용하기 때문에 탄소 배출량을 줄일 수 있다. 이것은 GCP를 원래 목적에 맞게 사용하는 것이며, 구글이 효율성을 위해 이미 투자한 결과와 향후 계속될 효율화 작업의 결과물을 활용할 수 있는 방법이다.

분산 추적(distributed tracing)은 마이크로서비스 환경으로 마이그레이션하면서 발생하는 복잡성에 대해 데브옵스와 SRE가 대응해 내놓은 해결책이다. 요청이 애플리케이션 내에서 여러 구성 요소를 거치는 과정을 추적할 수 있다. 예를 들어 프런트엔드에서 시작한 요청이 백엔드의 여러 마이크로서비스를 거쳐 마지막으로 데이터베이스까지 도달하는 과정을 추적할 수 있다.

---

1   https://oreil.ly/SCA2Y
2   https://oreil.ly/DHUu5
3   https://oreil.ly/lw3AK

시스템에 대해 훌륭한 운영 적합성을 얻기 위한 또 다른 중요한 모범 사례는 동적 자원 할당dynamic resource allocation인데, 이를 통해 처음부터 리소스를 과도하게 할당하고 이에 따라 비용이 커지는 것을 방지할 수 있다. 이에 대한 예는 변동하는 워크로드의 요구사항을 수용하기 위해 가능한 모든 곳에 자동 확장을 구현하는 것이다. 이러한 접근 방식은 (4장에서 논의한 것처럼) 비용을 절감할 뿐만 아니라 탄소 효율성에도 기여한다. 유휴 또는 사용률이 낮은 리소스의 제거가 더 용이해지고 비용 절감과 탄소 효율성 향상을 동시에 얻을 수 있다.

그렇다면 이 모든 것을 어떻게 연결할 수 있을까? 리눅스 재단Linux Foundation[4]의 핀옵스FinOps[5]는 급증하는 클라우드 컴퓨팅 비용에 대한 통제권을 조직이 다시 가져오는 데 도움이 되고자 탄생한 것으로서 기술, 금융, 비즈니스를 포함한 여러 분야를 연결하여 클라우드 비용을 절감하기 위한 공동의 노력을 나타낸다.

핀옵스와 그린옵스GreenOps는 출발은 다르지만 결국 목적은 동일하다. 둘 다 소프트웨어 시스템을 최적화하여 기계 요구사항과 값비싼 전기 사용을 줄이는 것이다. 그린옵스 컨설팅 회사 리:싱크re:cinq의 피니 레즈닉Pini Reznik에 따르면 클라우드 사용자는 핀옵스, 그린옵스의 튜닝, 최적화 모범 사례를 사용하면 비용을 최대 50%까지 절감할 수 있다. 친환경으로 전환하면 실제로 돈을 절약할 수 있는 셈이다.

11.2 신뢰성과 복원력

두 번째로 생각해볼 점은 신뢰성과 복원력이다. 신뢰성 있고 복원력 있는 소프트웨어 시스템을 운영하는 것이 환경 노력에 기여하는 이유와 방법에 대해 구체적으로 살펴볼 텐데 그 전에 먼저 두 용어를 구분할 필요가 있다. 둘은 같은 의미로 사용될 때가 많지만 각 용어가 어떻게 지속 가능성과 연관되는지 이해하고 이와 관련한 개념인 가용성과 구별해야 한다.

---

4 https://www.linuxfoundation.org/
5 https://oreil.ly/INsqX

가용성availability은 백분율이다. 99% 가용성을 가진 서비스는 응답시간이 느리거나 성능이 떨어지더라도 99%의 시간에 응답하는 서비스다. **신뢰성**reliability은 시스템이 시간이 지남에 따라 의도된 기능을 정확하게 일관적으로 수행하는 능력과 관련이 있으며, 장애와 오류를 견딜 수 있는 시스템의 용량을 측정한다. 예를 들어 3밀리초 이내에 요청을 처리해야 하는 서비스 수준 목표SLO를 가지고 있고 이러한 상황이 99% 발생한다면 이 시스템은 99% 신뢰할 수 있다.

반면에 **복원력**resilience은 시스템이 장애와 중단으로부터 신속하고 정상적으로 복구할 수 있는 능력을 나타내는데, 예상치 못한 상황에서 시스템이 기능을 재개할 수 있는 능력을 보여준다. 마이크로소프트의 <Well-Architected framework(잘 설계된 프레임워크)>⁶에 자세히 설명된 대로 '신뢰할 수 있는 워크로드는 복원력이 있고 가용성이 높아야 한다.' 복원력은 운영 효율성과 밀접하게 연관되어 있으며 시스템 안정성과 지속 가능성을 위한 큰 진전이다.

최근까지 시스템 안정성을 제공하기 위한 주요 전략은 중복성redundancy이었다. 문제가 발생하면 즉각 대처하기 위해 다양한 위치에 시스템의 물리적 사본을 복제해 유지했다. 문제는 사본을 유지 관리하는 것이 하드웨어와 전기 측면에서 낭비라는 것이다. 이러한 백업 시스템은 수명의 대부분을 유휴 상태로 보낸다. 중복성이라는 용어가 이를 잘 표현해준다.

문제 발생 시 이 복제 시스템을 가동해 문제가 해결될 것으로 기대하고 이를 구축하지만 이런 상황이 오지 않기를 희망한다. 안타깝지만 실제 이런 상황에 직면했을 때 복제 시스템이 문제를 해결하지 못할 때가 너무 많다. 이는 테스트 부족 때문이기도 하지만, 한 지역에 정전이 발생하면 다른 지역에서도 같은 문제가 발생하는 것이 흔하기 때문이다. 중복성은 탄소 비효율적일 뿐만 아니라 안정성을 위한 최상의 해결책도 아닌 것으로 밝혀졌다.

복원력 구축은 안정성에 대한 보다 효율적이고 현대적인 접근 방식으로서 보다 역동적이고 효과적일 뿐만 아니라 예비로 준비해놓아야 하는 하드웨어 리소스도 덜 필요하다.

---

6   옮긴이 https://learn.microsoft.com/en-us/azure/well-architected/

복원력은 자동화된 프로그래밍 방식의 운영 기술, 데브옵스와 SRE의 초고속 대응 조치를 수반한다. 여기에는 오류 모니터링, 자동 확장, 자동 재시작이 포함된다. 목표는 대기 중인 서버로 장애 조치를 취하는 것이 아니라 실시간으로 문제를 복구하는 것이며, 탄력적인 시스템은 기본적으로 자사 데이터 센터인 경우에도 유연한 클라우드 리소스를 활용할 수 있다.

복원력을 자동화하면 복구 시간의 단축과 안정성 향상을 얻을 수 있고 정적 백업의 필요성이 사라진다. 동시에 개선된 모니터링 기술을 통해 시스템이 에너지와 하드웨어 사용량을 더 잘 인식할 수 있다. 또한 효율성 전문가 피터 드러커Peter Drucker가 언급했듯이 측정되는 시스템은 개선되는 경향이 있다.

11.2.1 예시

속옷을 판매하는 전자상거래 매장을 생각해보자. 블랙 프라이데이 세일 기간에도 엄청난 트래픽 증가를 견뎌낼 수 있기 때문에 온라인 스토어가 안정적이라고 자신 있게 말할 수 있다. 트랜잭션 대기시간과 같은 SLO를 유지하면서 고객은 여전히 상품 정보를 찾아보고 장바구니에 추가하며 신용카드로 결제해 주문할 수 있다.

대기시간은 요청을 처리하는 데 걸리는 시간과 관련이 있다. 실제 예로, 온라인 스토어에서 버튼이 눌러졌을 때 응답하는 데 걸리는 시간이다.

또한 처음 배포된 위치에 정전이 발생했을 때 다른 지역으로 성공적으로 동적 이동을 할 수 있기 때문에 온라인 스토어는 복원력이 높다고 말할 수 있다.

우리가 방금 설명한 것은 소프트웨어 엔지니어링 영역에서 어려운 업적, 즉 안정적이고 탄력적인 서비스를 제공하는 능력이며, 그러한 모든 시스템의 이면에서는 각종 사고와 문제가 끊임없이 일어난다. 거의 모든 SRE 또는 호출기를 보유한 사람은 다양한 규모의 정전 사고에 대처했던 끔찍한 경험을 가지고 있겠지만 그런 사고로부터 배우고 개선할 수 있다. 사실 그렇기 때문에 우리 업계는 중복성에서 복원력으로 옮겨가기 시작했는데, 복원력은 보다 지속 가능하고 효과적이다.

SRE가 치명적인 시스템 중단을 이슈화해서 팀과 상위 관리자에게 처음부터 안정성을 우선시하는 것이 얼마나 중요한지 설득해 결국 더욱 강력한 시스템을 구축할 수 있다면 친환경 소프트웨어 엔지니어도 친환경 시스템을 얻기 위해 동일한 노력을 하지 못할 이유가 없다.

친환경 소프트웨어 전문가인 빌 존슨Bill Johnson이 말했듯이 '시간 경과에 따른 안정성은 지속 가능성을 정의하는 좋은 방법'이며 이러한 관심 영역은 서로 연결되어 있다. 에너지 전환 기간 동안 특정 시점의 전력 부족은 시스템에 완전히 새로운 장애 유형이 될 것이다. 게다가 기후 관련 기상 현상은 모든 물리적 인프라의 고장률을 증가시킬 것이다. 복원력은 시스템을 더 친환경적이고 저렴하게 만들 뿐만 아니라 변화하는 기후에 직면하여 더욱 안정적인 시스템을 제공한다.

11.3 성능

인류는 항상 경계를 허무는 것에 매료되어왔다. 시작은 신체적인 도전에서부터다. 예를 들어 단거리달리기, 마라톤, 장애물 코스 레이싱 등 다양한 형태의 경쟁 달리기가 있다. 인체에 대한 신체적 도전이 그 아이디어를 모두 소진했을 때 기계로 눈을 돌렸다. 다양한 기계장치 간 수많은 경쟁 대결이 있다. 무선 조종 자동차 경주, 보트 경주, 물론 빠르고 격렬한 포뮬러 원Formula One도 있다. 소프트웨어 엔지니어도 예외는 아니다. 개발자에게 어떤 시스템을 꿈꾸는지 물어보면 아마 대부분은 성능이 뛰어난 시스템이라고 말할 것이다. 소프트웨어 엔지니어링의 관점에서 **성능이 뛰어난 시스템**performant system은 발생하는 요구사항을 빠르게 처리할 수 있는 시스템을 가리킨다.

11.3.1 얼마나 빨라야 충분히 빠를까?

클라우드 컴퓨팅의 광범위한 사용과 주문형 서비스의 등장 이전에는 많은 엔지니어링 조직이 자사 데이터 센터에서 설정을 할 때 최대 요구사항을 예측해야 했으며(때로는 실패함) 비즈니스 요구사항을 충족할 수 있도록 의도적으로 리소스를 필요 이상으로 과도하게 할당했다.

앞서 지적했듯이 과도한 리소스 할당은 불행히도 낭비적인 관행이다. (서버 설정이 아마존의 익일 배송만큼 빠르지 않기 때문에) 추가 배선과 하드웨어로 인해 내재 탄소가 증가하고 혁신을 방해한다. 운영 효율성을 낮춰 추가 비용 발생과 탄소 배출 증가 등 전반적인 낭비를 초래한다.

따라서 과도한 리소스 할당에 의존하지 않는 지능적으로 성능이 뛰어난 시스템을 위해 노력하는 것은 모든 실무자가 추구해야 할 대단한 성과이자 중요한 목표이기도 하다. 왜냐하면 이러한 시스템은 친환경 시스템이기도 하기 때문이다.

11.3.2 최적합과 성능

성능을 위한 확립된 설계 원칙이 많지만 효과적인 방법 중 하나는 수행하려는 작업을 달성하는 데 필요한 최적의 리소스를 찾는 것이다. 이에 대한 한 가지 예는 의도한 사용 사례에 적합한 옵션을 선택하여 컴퓨팅 계층을 최적화하는 것이다(즉, 4D 게임용 메모리 최적화 시스템과 같이 워크로드에 맞는 올바른 유형의 머신 선택). 최적의 하드웨어를 선택하면 더 나은 성능을 얻을 수 있을 뿐만 아니라 전문적인 하드웨어는 범용 하드웨어보다 훨씬 더 에너지 효율적이기 때문에 에너지 및 탄소 절약에도 기여할 수 있다.

 범용이 아닌 전문적인 하드웨어를 선택할 때는 내재된 탄소 비용 측면에서 계산을 잘해야 하지만, 잘 관리되고 많이 사용되는 하드웨어의 경우에는 일반적으로 내재 탄소보다는 전기 사용이 기후변화에 더 큰 영향을 미친다. 좋은 데이터 센터에서는 일반적으로 에너지 효율성이 더 중요하다.

성능 향상을 위한 또 다른 접근 방식은 스토리지 계층을 최적화하는 것이다. 데이터 관리는 신중한 고려가 필요한 분야다. 대부분의 기업은 여러 국가, 심지어 여러 대륙에 걸쳐 데이터 스토리지에 대한 규제와 요구사항을 충족해야 한다.

예를 들어 서로 다른 보존 규칙의 적용을 받는 데이터를 다루는 저축예금 계좌 애플리케이션을 생각해보자. 고객의 이름, 계좌번호와 같은 신원 정보는 자주 액세스하지만 은행 거래 내역서는 빈번한 액세스가 필요하지 않을 뿐만 아니라 보관 기간도 지역마다 다를 수 있다. 이러한 각 요구사항에 대해 스토리지 유형을 적절하게 선택하는 것은 비용 절감, 성능, 지속 가능성을 위해 필수적이다.

다른 예로 AWS에서 이를 처리하는 방법을 생각해보자. 할 수 있는 일은 객체 스토리지 성능 시트(S3 스토리지 유형 간 성능 차트라고도 함)를 참조하는 것이다.[7] 10년 된 이메일과 같이 규제 요구사항을 위해 보관해야 하지만 지속적으로 액세스할 필요가 없는 데이터에는 글래시어glacier 유형의 스토리지를 선택하는 반면에 당월 신용카드 잔액과 같이 자주 액세스하는 객체에는 표준 유형을 선택할 수 있다.

올바른 스토리지 유형을 선택하면 더 나은 성능을 얻을 수 있을 뿐만 아니라 내재 탄소와 에너지 사용량이 감소해 AWS에서 더 효율적으로 리소스를 사용할 수 있다.

이 절을 통해 우리가 어디로 향하고 있는지는 분명하게 알 수 있을 것이다. 성능에 대한 대부분의 모범 사례는 3장과 4장에서 자세히 논의한 주제인 효율성을 통해 친환경적인 이점을 가져다준다. 필요하면 해당 장을 다시 읽어보기 바란다.

효율성은 소프트웨어의 성능과 탄소 감소를 이끄는 핵심 요소이며, 그 결과 더 친환경적인 소프트웨어는 일반적으로 더 빨라진다.

11.4 보안이 중요하다

많은 사람은 보안이 모든 소프트웨어 비즈니스에서 가장 중요한 고려 사항이라고 주장한다. 안전하지 않은 제품은 사용자에 대한 배신이다. 고객, 공급 업체뿐만 아니라 규제 기관과의 소중한 신뢰를 무너뜨려 조직의 신뢰도에 심각한 피해를 줄 수 있다.

정보 보안은 항상 복잡한 분야였으며 유감스럽게도 기후변화만큼 급격하게 변해왔다. 전 세계의 공격자들은 이제 그 어느 때보다 더 많은 컴퓨터 처리 능력을 보유하고 있

---

7   https://oreil.ly/v6PQl

다. 또한 (때로는 여러 호스팅 제공 업체에 걸쳐 있는) 복잡한 분산 시스템에서 발생하는 '알려지지 않은 미지의 존재'가 끊임없이 증가함에 따라 공격당할 수 있는 부분도 늘어나고 있다. 따라서 안전한 소프트웨어 설계에 대한 포괄적인 가이드를 여기서 제공하기는 어렵지만 다행스럽게도 참고할 수 있는 자료는 많다. 이 절에서는 환경에 긍정적인 영향을 미치는 안전한 시스템의 특성을 중심으로 살펴보고자 한다.

알려지지 않은 미지(즉, 사용자가 알지 못하거나 완전히 이해하지 못하는 내용이나 주제)는 럼즈펠드 매트릭스의 네 가지 사분면에서 비롯된다.[8] 이 프레임워크는 본질적으로 소프트웨어 엔지니어링, 운영과 관련이 없다. 그러나 의사 결정을 할 때 확실성과 불확실성에 대한 이해를 높이기 위해 현장과 다양한 영역에서 광범위하게 적용할 수 있는 패러다임이다. 예를 들어 카오스 엔지니어링에서는 취약한 부분을 파악하기 위해 럼즈펠드 매트릭스에 따라 실험을 수행하는 것이 바람직하다![9]

안전한 시스템은 악의적인 공격을 견딜 수 있어야 한다. 실수로 클릭하지 말아야 할 링크를 클릭하여 맬웨어malware를 설치하는 것에서부터 일반 트래픽을 방해하는 정교한 분산 서비스 거부distributed denial-of-service, DDoS 공격에 이르기까지 다양하다. 이러한 시나리오는 모두 매출의 손실, 신뢰도의 하락 등 심각한 결과를 초래할 수 있다. 탄소의 불필요한 배출 역시 초래되는 문제이지만 사람들의 주의를 끌지는 못한다.

11.4.1 보안은 친환경이다

CDN 회사인 클라우드플레어의 실제 비유를 변형해 설명하자면, DDoS 공격은 출근길을 막는 예상치 못한 교통 체증이라고 생각할 수 있다.[10] 여러분의 직장은 서버를 의미하고, 출근 중인 여러분은 해당 서버에 액세스하려는 일반 사용자를 나타낸다. 교통 체증은 실제로 이루어진 요청을 방해하거나 차단하는 DDoS 공격의 악의적인 네트워크 트래픽 증가를 의미한다.

DDoS 공격으로 인한 네트워크 부하 증가는 CPU, 메모리와 같은 리소스 과부하로 인

---

8 https://oreil.ly/EZsLF
9 https://oreil.ly/OOsHh
10 https://oreil.ly/CBBMi

해 에너지 소비 급증으로 이어질 수 있다. 또한 이러한 공격은 정상적인 서비스를 유지하면서 악성 트래픽을 처리하기 위해 추가 하드웨어가 필요하기 때문에 내재된 탄소를 낭비한다. 간단히 말하자면 DDoS 공격은 에너지를 낭비하고 (공격자를 제외하고) 아무에게도 이익이 되지 않는 온실가스 배출을 유발한다.

따라서 DDoS와 같은 공격에 대비해 과도하게 리소스를 할당하기보다는 공격을 방지하거나 차단하는 것이 더 친환경적이고 안전하다. 이런 기술에 대한 자료는 많은데,[11] 예를 들면 공격받을 가능성을 줄이거나 단위 시간당 서비스 요청 허용률을 제어하는 기술 등이 있다.

 보안 전문가 에드 해리슨(Ed Harrison)은 4장에서 공격받을 가능성을 줄이는 주된 방법 중 하나는 더 이상 필요하지 않은 좀비 시스템과 서버를 폐쇄하는 친환경 기술이라고 지적했다.

안전한 시스템은 안전하지 않은 시스템보다 더 친환경적이며 안전한 시스템은 본질적으로 더 신뢰할 수 있다. 이러한 신뢰성은 상당한 가치를 지니며 시장성을 향상시키고 판매의 증가로 이어진다. 따라서 지속 가능성과 보안은 서로에게 긍정적인 영향을 끼친다.

11.5 데이터는 어떤가?

데이터는 말 그대로 어디에나 있다. 우리가 착용하는 시계, 운전하는 자동차, 심지어 좋아하는 맥주를 보관하는 냉장고까지 모두 사물인터넷IoT 장치에 속한다. 2023년 IoT 현황 보고서[12]에 따르면 2022년 전 세계적으로 IoT 연결이 18% 증가하여 활성 엔드포인트가 143억 개에 이르렀다고 한다. 모두 데이터를 수집하며 이러한 통계는 2022년 IoT 장치만 대상으로 한 것으로서 LLM 모델을 위해 수집하는 데이터는 전혀 고려하지 않은 수치다.

---

11 https://oreil.ly/3_-tq
12 https://oreil.ly/ZFbvo

IoT 장치는 네트워크(일반적으로 인터넷)를 통해 다른 장치에 연결되는 동안 데이터를 수집하고 분석할 수 있는 센서가 장착된 모든 기계다.

이렇게 엄청난 양의 데이터를 체계적으로 관리하지 않을 경우 레고 조각처럼 위험할 수 있다(실수로 레고 조각을 밟고 고통을 당한 경험이 누구에게나 있을 것이다).

이 데이터를 전송, 처리, 저장하는 데에는 막대한 탄소 비용을 수반한다. 따라서 모든 단계(소스, 변환, 파이프라인, 대상, 사용, 동작)에서 철저한 고려, 계획, 관리가 필수적이다. 다시 말하지만, IoT 데이터 관리 모범 사례에 대한 자료는 무궁무진하다. 안타깝지만 친환경을 실천하려면 자료를 읽어야 한다.

11.5.1 LLM 제어

LLM과 AI의 부상으로 데이터 관리에 대해 잘 정리된 자료는 차고 넘친다. 이러한 자료는 데이터 분석부터 데이터 엔지니어링, 데이터 관측 가능성에 이르기까지 광범위한 주제를 다루고 있다. 다행히도 이러한 새로운 분야에서 친환경 소프트웨어 원칙에 잘 부합하는 실용적인 모범 사례 지침을 제공하므로 이를 따르면 된다. 예를 들어 데이터 정제data sanitization는 일반적으로 저장과 계산에 대한 요구를 줄이면서 최종적으로 더 정확하고 반복 가능한 결과를 제공한다. 따라서 깨끗하고 정확한 데이터는 효율성과 자동화를 진작하고 지속 가능성을 촉진한다.

11.5.2 데이터 모델

특정 사용 사례에 적합하고 업스트림과 다운스트림 프로세스의 요구사항에 맞는 데이터 모델을 만들도록 노력해야 한다(전체 조직 차원에서 하는 것이 이상적이다).

또한, 거의 모든 엔터프라이즈 엔지니어는 시스템이 사용할 수 있도록 데이터를 한 형식에서 다른 형식으로 변환하는 작업을 끊임없이 수행해야 한다. 이러한 데이터 변환은 자동화가 적용되더라도 리소스 집약적인 것으로 유명하다. 따라서 확장 가능하고 새로운 요구사항에 적응할 수 있으며 변환 방법이 많이 필요하지 않은 모델을 설계하면 더 친환경적이고 저렴하며 버그 발생이 적고 성능이 뛰어난 모델을 구축할 수 있다.

지속 가능성과 다른 데이터 관리 기술 사이에는 유사점이 더 있지만 이 분야의 주된 도전은 대용량 데이터이며, 이 데이터는 잠재적으로 탄소 비용을 갖는다는 점을 인식하는 것이 중요하다. 데이터를 다룰 때 모범 사례를 따르는 것은 비용, 성능, 보안, 법률 문제뿐만 아니라 환경 영향 측면에서도 중요하다.

11.6 실제로는 지금까지 다룬 모든 것이다

> 현명한 병사는 전투를 피한다.
>
> —손자, 《손자병법》

《손자병법》에서 한 가지 더 인용했는데 여기서 말하려는 것은 지속 가능성이 소프트웨어 개발과 운영의 다른 우선순위와 경쟁할 필요가 없다는 것이다. 긍정적인 사람이라면 친환경 소프트웨어 옹호자가 꿈꾸는 유토피아는 모든 것이 조화롭게 공존하는 꽃이 만발한 정원이다.

우리는 친환경 소프트웨어 관행이 우리가 구축, 관리, 운영하는 모든 것에 통합되어야 한다고 주장한다. 사실 단순히 통합되는 정도가 아니라 기반이 되어야 한다. 독자가 이 책을 11장부터 읽기 시작한 것이 아니라면 이러한 우리의 입장에 익숙할 것이다.

불행하게도 우리의 아름다운 지구는 현재 심각한 도전에 직면해 있는 상태다. 매일 비정상적인 가뭄, 예상치 못한 폭풍, 기록적인 기온을 경험하고 있다. 다행이라면 우리 업계에서 지속 가능성으로의 전환이 다른 항목과 함께 높은 우선순위를 가지고 있다는 점이다. 친환경은 효율성에 관한 것으로서 더 빠르고 저렴한 소프트웨어를 의미한다. 앞서 살펴본 바와 같이 이를 통해 보안과 복원력을 높이고 위험을 줄일 수 있다.

그림 11.1은 지속 가능성이 우선순위의 가장 중심에 있다는 것을 보여준다. 성능이나 보안과 같은 측면이 더 높은 우선순위를 가져야 한다고 주장할 수도 있다. 하지만 소프트웨어가 탄소 효율성을 이미 달성한 후에만 그것이 의미가 있다.

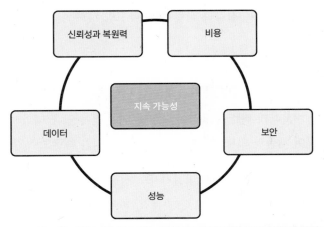

그림 11.1 **지속 가능성을 기반으로 하는 컴퓨터 프로그래밍 고려 사항의 마인드 맵**

지금까지 우리는 지속 가능성과 다른 기술 우선순위 사이의 유사점을 설명하는 데 많은 시간을 할애했다. 이처럼 두 가지를 나란히 놓고 비교하는 방식은 도구처럼 유용하게 사용할 수 있다(그림 11.2 참조). 예를 들어 데이터 팀 또는 최고 데이터 책임자와 대화하는 경우 친환경 소프트웨어와 데이터 엔지니어링 간의 강력한 연관성을 강조할 수 있을 것이다.

그림 11.2 **기술의 지속 가능성과 다른 영역 간의 긴밀한 연관성을 보여주는 또 다른 시각적 가이드**

친환경 소프트웨어와 다른 우선순위 간의 일치를 강조하는 전략은 이 중요한 주제에 대한 인식을 높이는 대안적 접근 방식이다. 과거에는 암울한 미래와 파멸을 경고하는 전술이 효과적이었겠지만, 이런 접근 방식은 더 이상 실용적이지 못하며 특히 예산이 빠듯할 때는 더욱 그렇다. 친환경이 단순한 비용 절감이 아닌 더 나은 소프트웨어를 만들 수 있는 기회라는 것을 보여줄 필요가 있다.

이어지는 12장에서 설명하는 성숙도 수준에 따라 다음과 같은 순서로 친환경 기술을 제시하기를 제안한다.

1. 탄소 효율성은 성능, 비용 절감과 관련된 기존 모범 사례 설계 원칙을 적용함으로써 달성할 수 있다.

2. 친환경 소프트웨어는 자신만의 이론에 갇혀 있는 것이 아니라 컴퓨팅에서 고려해야 할 잘 정의된 여러 기둥의 일부분이므로 완전히 새로운 작업 방식이 필요하지 않다.

3. 소프트웨어는 처음부터 탄소 효율성이 통합될 때 이점이 있다. 따라서 지속 가능성은 모든 소프트웨어 제품과 의사 결정 프로세스의 기본적인 측면으로 간주되어야 한다.

소프트웨어 엔지니어링의 모든 것과 마찬가지로 신중한 사고가 필요하다. 올바른 균형을 유지하고 적절한 절충안을 기반으로 기능적, 비기능적 관점에서 정확히 무엇이 필요한지 결정하면 예산 친화적이고 신뢰할 수 있으며 뛰어난 성능과 안전성을 자랑하는 친환경적인 시스템을 구축할 수 있다.

11.7 준비 완료

모든 준비가 끝났다! 롤러코스터를 타는 것 같았을 텐데 부디 여러분이 지치지 않았기를 바란다. 우리의 목표는 지속 가능성의 설계 원칙과 소프트웨어 엔지니어링의 다른 중요한 측면 사이에 존재하는, 하지만 쉽게 알 수 없는 유사성을 살펴보는 것이었다. 실제 비유, 몇 가지 지침과 함께 5개의 선택된 영역을 다루었다. 이제 여러분은 적합하다고 생각하는 다른 관심 영역에 대해 이와 비슷하게 적용해볼 수 있을 것이다.

소프트웨어 시스템에 지속 가능성을 통합하는 것이 순조롭지 않다는 것을 충분히 인정한다. 특히 경제 침체기에 빠져 있는 현 상황에서 다른 사람들에게 우선순위를 설득해야 하는 어려움까지 더해지다 보니 이 일은 작은 보트를 타고 바다의 폭풍을 헤쳐나가는 것과 같을 것이다. 그러나 이 장에서 안내한 여정을 통해 여러분도 이제 주변의 동료와 처음부터 지속 가능성을 통합하는 것에 대해 대화할 만반의 준비를 갖추었을 것이라고 확신한다.

지속 가능성을 조기에 구현하면 수많은 긍정적인 부수 작용이 있을 뿐만 아니라 처음 생각했던 것보다 쉬울 수도 있다. (친환경 소프트웨어를 위해 길을 닦아준 모든 모범 사례 개척자에게 감사한다.)

12

친환경 소프트웨어
성숙도 매트릭스

나는 문을 보여줄 수 있을 뿐 그 문을 통과하는 건 당신의 몫이다.

—모르페우스Morpheus

친환경 소프트웨어 성숙도 매트릭스 Green Software Maturity Matrix, GSMM는 리눅스 재단의 그
린 소프트웨어 재단에서 제공하는 자가 평가 도구다. GSMM은 조직이 얼마나 효과적
으로 친환경 원칙과 프로세스를 구현하는지, 그리고 다음 단계는 무엇인지를 이해하는
데 도움을 주도록 설계되었다. 이는 GSF의 '바닥과 천장 높이기' 캠페인의 일환으로, 녹
색 기술에 뒤처진 조직의 행동을 개선하고, 잘하고 있는 조직의 선도적 조치에 자극받
아 더 많은 것을 성취하도록 고취하는 것을 목표로 한다. GSMM의 목표는 잘 알려진
경로에 대한 방향을 제시함으로써 도구와 서비스에 대해 이루어진 발전을 공유하려는
것이다(그림 12.1 참조).

깃허브(GitHub)에서 이 프로젝트에 대해 GSF 회원이 아니더라도 누구나 의견을 제시하거나
기여할 수 있다.[1] 앤이 이 프로젝트의 리더이며, 여러분의 참여를 환영할 것이다.

GSMM은 소프트웨어 실무자들의 일상 업무에서 온실가스 배출량을 줄이는 방법에
초점을 맞춘다는 점을 주목해야 한다. 데이터 센터의 물 사용이나 생물종의 보호, 그

---

1 https://github.com/Green-Software-Foundation/green-software-maturity-matrix

밖의 가치 있는 다른 환경 목표는 다루지 않는다. 현재 이해하기로는 이러한 목표는 주로 데이터 센터가 선택한 것에 따라 결정되며, 개발자가 나중에 이것을 개선할 여지는 거의 없다. 따라서 데이터 센터를 현명하게 선택해야 한다.

	열망	인지	행동	훌륭	영감 고취
약속	해당 사항 없음	탄소 중립	상쇄를 통한 탄소 제로	10%(상쇄)	1%(상쇄)
발자국	알려지지 않음	범위 1과 2를 인식	단위당 감소	절대적 감소	0에 가까움
지표	해당 사항 없음	범위 1과 2를 보고	일일 범위 1, 2, 3	실시간	예측
탄소 운영	해당 사항 없음	수동	라이트스위치옵스	자동 크기 조정	탄소 SRE
에너지	해당 사항 없음	친환경 호스팅	동적 관리	수요 형성	24시간 탄소 배출 없는 전기
장치	해당 사항 없음	임의의 목표	10년/90%	10년/95%	순차적 유지 보수
사용 효율성	해당 사항 없음	일부 멀티테넌트	모든 멀티테넌트	최대의 오케스트레이션	에지 통합
제품	해당 사항 없음	탄소 인식	수요 형성	기능 추적	기능 탄소 오류 예산
교육	필요에 따라	초급/지지자	고급	여러분이 교육 담당자	여러분이 리더

그림 12.1 GSF의 친환경 소프트웨어 성숙도 매트릭스

12.1 성숙도 매트릭스의 역사

앤이 그 시절에 유행하던 형광 레그 워머를 입었고 세라와 사라는 아직 태어나지도 않았던 1986년에 최초의 성숙도 매트릭스(성숙도 모델이라고도 함)인 CMMICapability Maturity Model Integration[2]가 카네기 멜런 대학교Carnegie Mellon University의 소프트웨어 공학 연구소에서 개발되었다. 이는 조직의 프로세스 개선 노력을 평가하고 안내하기 위한 프레임워크로 설계되었다.

---

2   https://cmmiinstitute.com/

성숙도 매트릭스는 현재 프로젝트 관리와 사이버 보안을 포함한 다양한 분야에서 기업이 모범 사례 측면의 어느 위치에 있는지 평가하는 데 사용한다. 또한 더 높은 수준의 성과를 달성하기 위해 해당 조직이 취할 수 있는 실질적인 단계를 제시한다.

성숙도 매트릭스는 일반적으로 다섯 가지 수준을 갖는다(다음 목록과 그림 12.2 참조). 목표는 조직이 더 나은 프로세스와 도구를 채택하여 레벨 1에서 레벨 5로 상승하는 것이다.

- **레벨 1— 열망**aspiring: 프로세스는 예측 불가능하고 제대로 제어되지 않으며 기껏해야 수동적으로 반응할 뿐이다.
- **레벨 2— 인지**aware: 프로젝트별 프로세스. 여전히 수동적으로 반응할 때가 많다.
- **레벨 3— 행동**acting: 프로세스가 표준화, 문서화되고 잘 이해되며 검토가 이루어진다.
- **레벨 4— 훌륭**awesome: 프로세스가 측정되고 제어된다.
- **레벨 5— 영감 고취**inspiring: 정량적 피드백을 기반으로 지속적인 개선이 이루어진다.

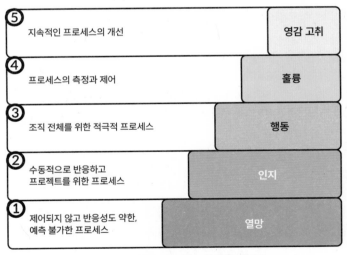

그림 12.2 **성숙도 매트릭스의 상향적 단계**

다음 절에서 이러한 레벨이 친환경 소프트웨어와 어떻게 관련되는지 자세히 살펴볼 텐데 대략적으로 다음과 같이 해석할 수 있다.

- **레벨 1:** 조직 차원의 전략은 없고 친환경에 관심이 있거나 지식이 있는 개인이 있다.

- **레벨 2:** 일관성 없이 몇 가지를 처리하기 시작한다. 얼마나 발전했는지는 프로젝트와 팀에 따라 다르다. 최소한의 배출 데이터를 보유하고 있다.

- **레벨 3:** 바람직하다. 조직 전체에 걸친 기본 지식과 적절한 회고 데이터를 보유하고 있다. 조직 전체에 적용되는 정의된 프로세스가 있다. 훌륭한 데이터가 필요하지 않은 친환경 개선에 이미 성공적으로 대응하고 있다.

- **레벨 4:** 훌륭하다. 진행 상황을 동적으로 측정할 수 있다(즉, 실시간 데이터를 확보했다).

- **레벨 5:** 더 높은 차원으로 올라섰다. 실시간 데이터를 기반으로 배출 성능을 모니터링하고 개선한다. 기술 콘퍼런스에서 야심 찬 이야기를 하고, 사람들이 열망했던 바를 오랫동안 실행해왔다. 여러분은 이제 기술계의 순수한 에너지와 같은 존재다. 키보드를 가진 요다Yoda를 생각해보라.

그린 소프트웨어 재단의 성숙도 매트릭스의 대상은 기술 조직의 고위 관계자와 조직 내 친환경 지지자다. 이 매트릭스의 목표는 그들의 높은 수준의 여정을 안내하고 진행 상황을 보고할 수 있는 무언가를 제공하는 것이다.

컨설턴트 또한 성숙도 매트릭스를 즐겨 사용한다. 왜냐하면 고객에게 제공하는 서비스와 장점을 설명하는 데 도움이 되기 때문이다. 따라서 고객은 진행 상황을 평가할 수 있다는 것을 알기에 프로젝트에 시간과 노력을 투자하도록 설득하기가 더 쉽다(그리고 그것이 단순히 그린워싱이 아니라는 것을 증명할 수 있다). 이것은 바람직하며 친환경 소프트웨어 분야에서 더 많은 사람들이 전문적인 서비스를 제공하기를 희망한다.

12.2 친환경 소프트웨어 성숙도 매트릭스

GSMM의 세부 사항에 대해 논의하기 전에 다행스러운 점을 언급해야 하는데, 그것은 유용한 데이터를 기다릴 필요 없이 더 친환경적으로 변하면서 성숙도를 '레벨 1: 열망 (현재 대부분이 여기에 속한다)'에서 '레벨 2: 인지' 단계로 높일 수 있다는 점이다. 9장에서 논의했듯이 온실가스 배출량을 측정하는 것이 아직 간단하지 않고 도구는 여전히 진화하고 있다.

GSMM의 레벨 1과 2에서는 효과적인 작업을 즉시 수행할 수 있다. 이 책의 서문을 쓴

에이드리언 콕크로프트는 '측정할 수 없으면 개선할 수 없다(이 말은 경영학 구루인 피터 드러커Peter Drucker로부터 기인함)'라는 널리 알려진 인용문이 친환경 문제에서는 사실이 아니라고 지적했다.

탄소 감축에 대한 확실한 성과를 보장하는 조치가 잘 알려져 있으며, 누구나 이를 시작할 수 있는데 예를 들면 다음과 같다.

- 활용도가 낮은 시스템(일명 좀비) 끄기, 수동으로 라이트사이징하기
- 더 친환경적인 전력망이 있는 호스팅 위치 선택
- 워크로드의 일부를 클라우드로 옮겨 서비스를 사용하거나 멀티테넌시 활용 방법 조사
- 깃옵스 또는 SRE 원칙에 대해 배우는 등 운영 기술 향상

호스팅 비용을 절감하기 위해 하는 모든 작업은 배출량을 줄이므로 이를 초기 간접 측정값으로 사용하면 된다. 오늘 바로 시작할 수 있다.

12.2.1 레벨

친환경 소프트웨어 성숙도 매트릭스 v1.0의 각 레벨을 자세히 살펴보자.

 측정과 관련한 용어는 9장을 참고하기 바란다.

1 레벨 1

레벨 1(열망)은 다음과 같다.

- 조직 내의 개인은 기술에 대한 친환경 목표에 관심을 가지고 있지만 조직 전체의 관심이나 프로세스, 약속은 없다.
- 일부 개발 팀은 탄소 배출량을 측정할 수 있지만 회사가 배출하는 탄소 발자국 전체를 알 수 없다.

- 탄소 제로 목표 또는 친환경 소프트웨어 전략이 없다(또는 2050년까지 넷제로net zero[3] 와 같은 모호한 탄소 제로 목표가 있지만 그에 대한 상세한 계획은 없다).

현실적으로 대부분은 여기에 속할 텐데 작은 노력만으로도 큰 개선을 가져올 수 있다.

3 레벨 2

레벨 2(인지)는 다음과 같다.

- 기술 조직의 주간, 월간 또는 연간 단위 범위 1과 범위 2의 배출량을 알고 있다.
- 기술 조직 내에서 탄소 감소를 추진하는 몇 가지 프로젝트가 있으며, 보유하고 있는 데이터를 사용할 수도 있고 그렇지 않을 수도 있다.
- 엔지니어는 친환경 시스템과 운영에 대한 교육을 받았다.
- 더 이상 사용되지 않는 좀비 서비스를 수동으로 끄거나, 할당 리소스를 조정하거나, 가능한 기능을 스폿 인스턴스로 전환하는 등 4장에서 언급한 간단한 작업을 수행하고 있다.

5년 전만 해도 범위 1과 범위 2의 배출량을 상쇄하고 IT 시스템에 탄소 중립 레이블을 지정하고 나면 이를 자축하는 보도 자료를 배포했을 것이다. 그러나 요즘에는 기대치가 높아진 터라 이러한 일은 5단계 중 두 번째 단계에 불과하다. 상쇄는 제한적인 가치를 지닌 것으로 간주되며 탄소 중립은 바람직하지만 아직 충분하지 않다. 그럼에도 불구하고 여기에 속해 있다면 괜찮다. 대부분은 여기에도 미치지 못한 실정이다.

 '탄소 중립'은 자신의 탄소 배출량을 상쇄하고자 어떤 조치를 취한 경우 스스로를 지칭하던 용어다. 예를 들면 나무 심기라든지 새로운 재생에너지 발전소 지원과 같은 것들이다. 요즘에는 이런 조치가 그다지 유용하지 않은 것으로 알려져 있다. 왜냐하면 재생에너지가 자체적으로 급성장하는 데다가 새로운 나무는 탄소를 충분히 오랫동안 저장하지 못해 의미 있는 차이를 만들어내지 못하기 때문이다. 그렇더라도 이것은 직접적인 배출량을 측정하고 있다는 것을 의미하며, 과거에는 재생에너지의 초기 고객이 되는 것만으로도 매우 효과적이었다.

---

3 https://oreil.ly/TEro_

③ 레벨 3

레벨 3(행동)은 다음과 같다.

- 범위 1, 2, 3 배출량을 일간, 주간, 월간 또는 연간 단위로 파악하고 있다.
- 내재된 탄소를 알고 있다.
- 범위 1과 범위 2의 배출량 감소를 위해 한동안 노력해왔으며, 일관된 조직별 출력 단위(예: 주문당)에 따라 탄소 발자국이 감소하고 있다.
- 모든 팀에 대한 프로세스를 정의하고 있다. 여기에는 모든 IT 관련 운영에 대한 CO_2 환산 배출량의 정기적인 보고와 검토가 포함되어 있다.
- 제품 관리 팀은 필요 이상으로 데이터를 저장하지 않고 반드시 필요할 때만 기능을 구현하는 등(린 사고방식Lean mindset이라고도 함) 낭비를 피하기 위한 책임을 갖는다.
- 좀비 또는 사용률이 낮은 서비스는 언제든지 쉽게 끌 수 있다(즉, 라이트스위치옵스를 지원한다).
- 전기의 탄소 배출과 내재된 탄소 사이의 잠재적인 상충 관계를 인식하고 있으며, 서버와 최종 사용자 기기의 예상 수명을 크게 연장하는 등 내재된 탄소 발자국을 최소화하기 위한 계획이 있다.

레벨 3은 바람직한 단계다. 여러분이 이미 이 단계에 도달했다면 다른 사람들보다 훨씬 앞서 있는 것이다.

④ 레벨 4

레벨 4(훌륭)는 다음과 같다.

- ESG, 비용, 복원력 또는 EU 시장 접근과 같은 이유로 조직의 기술 전략이 비즈니스 목표로서 친환경과 일치되도록 조정되었으며, 배출 목표 달성에 대한 논의와 보고가 시니어 직급에서 정기적으로 이루어진다.
- 한동안 사용해온 기본 범위 1, 2, 3 데이터를 사용해 상쇄는 10% 이하로 하면서 순 탄소 제로를 이미 달성한 상태다.[4] (상쇄는 대부분의 경우 문제가 있고 장기적인 탄소 포

---

4 https://oreil.ly/gXdpv

집과 저장[5]이 필요하다.)

- 측정 시스템을 갖추고 있으며 실시간으로 범위 1, 2, 3 데이터를 잘 측정하고 있다. 비즈니스를 이 데이터에 기반해 이끌어가지는 않지만 이것을 인식은 하고 있다.
- 현재 조건에 맞게 워크로드를 조정하기 위한 조치를 취하고 있다. 예를 들면 수요 형성, 사전 계산, 캐싱, 시간과 위치 이동을 수행하는 것이다. 정기적으로 사용하지 않는 데이터는 자동으로 삭제하거나 보관한다.
- 더 이상 사용되지 않는 서비스는 자동으로 꺼지고 자동으로 크기 조정이 이루어진다(즉, SRE 원칙을 적용한다).
- 애플리케이션은 린 방식으로 유지 보수를 하고 있으며, 지속적인 검토를 통해 충분히 사용되지 않는 기능은 폐기한다.
- 성장하는 동안에도 총 IT 탄소 발자국은 줄어들고 있다.
- 보안 패치 부족이나 애플리케이션의 이전 버전과의 호환성 부족으로 인해 10년 미만의 하드웨어가 수명을 다하는 경우는 절대 없다.
- 단순히 여러분의 서비스와 기기 사용을 넘어 고객의 탄소 발자국을 줄이기 위한 노력을 적극적으로 하는데, 예를 들면 여러분의 상품이나 서비스에 대한 범위 3 보고를 제공한다.

레벨 4는 현재 대부분의 기업이 수행하는 것을 훨씬 넘어서는 단계이며, 필요한 모든 기능을 제공하는 상용 서비스는 없다(스팟 인스턴스조차 아직 24시간 가동 탄소 기반 수요 이동을 제공하지 않음). 따라서 기업이 이 단계에 도달하기에는 아직 시기상조다. AWS, 애저, 구글[6]은 일부 측면만 여기에 해당한다.

5 레벨 5
레벨 5(영감 고취)는 다음과 같다.

---

5   https://oreil.ly/XDYKb
6   https://oreil.ly/wonps

- 24시간 무탄소 에너지(24/7 CFE)[7]를 달성했으며 이동이 어려운 내재 탄소를 처리하기 위한 상쇄가 1% 이하로 필요하다.
- 탄소 측정에 대한 팀 수준의 목표가 있다.
- 여러분의 서비스가 의존하는 서비스는 동적 그리드 에너지 데이터를 포함한 실시간 정보를 사용해 최소 배출량을 위해 최적화할 수 있는 신속하고 정량적인 결정을 내린다. 이는 여러분이 직접 구축한 것이 아니라 여러분이 사용하는 서비스를 통해 가능하다. 데이터는 공개 표준을 준수하므로 의미 있는 비교가 가능해진다.
- 여러분이 속한 조직은 이미 정전과 가동 중지 시간에 대한 오류 예산 측면에서 생각하는 SRE 인식 조직이며, 다른 측정 항목과 마찬가지로 탄소 배출에도 오류 예산이 있다고 생각한다.[8]
- 날씨와 그리드 혼잡과 같은 요소에 기반한 예측을 통해 전력 요구사항을 현지 친환경 전력 가용성에 맞추고자 거의 모든 워크로드를 미리 변경하고 이동한다. 시간에 민감한 워크로드는 최소한의 전력 사용을 위해 고도로 최적화되어 있다.
- 소프트웨어에 대한 보안 패치 부족 또는 이전 버전과의 호환성 부족으로 인해 하드웨어가 수명을 다하는 경우는 절대 없다.

 24/7 무탄소 에너지(carbon-free energy, CFE)는 해당 그리드에 공급되는 탄소 없는 전력이 필요한 사용량을 충당할 때만 그리드에서 전력을 끌어오는 경우를 일컫는다.

이제 여러분은 에너지 전환을 위한 준비가 되어 있으며 새로운 규칙이나 제약에 놀라지 않을 것이다. 미래에는 24/7 CFE보다 더 엄격한 기대치가 도입될 텐데(아직 어떤 모습일지는 모른다!) 그렇더라도 여러분은 충분히 준비되어 있을 것이다.

---

7   https://oreil.ly/P9jjw
8   https://oreil.ly/XMvxL

12.2.2 축

실제로 모든 비즈니스가 전체 기술 조직에서 동일한 수준에 있기는 어렵다(레벨 1은 제외!). 친환경 소프트웨어 성숙도는 팀마다 다르다. 따라서 모든 것을 축(영역)으로 나누고 각 축에 대한 성숙도 체크리스트를 정의하면 유용하다.

- 기후 약속
- 탄소 발자국
- CO_2 등가 메트릭
- 운영 효율성
- 전기 사용
- 최종 사용자 기기
- 서버
- 제품 관리
- 교육

여러 그룹이나 팀에 각 축에 대한 책임을 분산할 수 있으며, 그들이 얼마나 친환경적인지는 (적어도 처음에는) 크게 다를 수 있다. 조직은 어떤 축에서는 레벨 2지만 다른 축에서는 레벨 1, 3, 4일 수 있다.

12.2.3 축 체크리스트

1 미래 기술 기후 약속

- **레벨 1:** 2050년까지 순탄소 제로(넷제로)를 달성한다.[9]
- **레벨 2:** 2040년까지 범위 1, 2, 3에 대해 순탄소 제로를 달성한다(범위 1, 2 배출량에 대해서는 이미 탄소 중립 상태일 수 있다).
- **레벨 3:** 상쇄를 통해 이미 순탄소 제로를 달성했다.

---

9 https://oreil.ly/snRA0

- **레벨 4:** 10% 이하의 상쇄를 통해 이미 순탄소 제로를 달성했다.
- **레벨 5:** 1% 이하의 상쇄를 통해 이미 24/7 CFE를 달성했고 탄소 오류 예산으로 모니터링하고 있다.

❷ 현재 기술 탄소 발자국

- **레벨 1:** 이에 대해 알지 못한다.
- **레벨 2:** 범위 1, 2에 대해 알고 있다.
- **레벨 3:** 범위 1, 2, 3에 대해 알고 있다. 정의된 출력 단위(예: 주문)당 감소하고 있다.
- **레벨 4:** 완전히 감소하고 있으며 공급 업체도 마찬가지다.
- **레벨 5:** 0에 가깝다.

❸ 기술에 대한 CO_2 등가 메트릭

- **레벨 1:** 메트릭이 없다.
- **레벨 2:** 모든 공급 업체와 자체 시스템에서 범위 1과 2에 대한 연간, 분기별 또는 월간 수치를 제공한다.
- **레벨 3:** 모든 공급 업체와 자체 시스템에서 범위 1, 2, 3에 대한 정기적인 수치를 제공한다.
- **레벨 4:** 산업 표준 API를 통해 실시간 메트릭을 제공한다.
- **레벨 5:** 산업 표준 API를 통해 실시간 메트릭과 예측을 모두 제공한다.

❹ 운영 효율성

- **레벨 1:** 적정 규모로 조정이 이루어지지 않으며, 사용하지 않는 '좀비' 시스템에 대한 지식이 전혀 없다.
- **레벨 2:** 유휴 또는 가치가 낮은 시스템을 수동으로 끄고 불필요한 데이터를 삭제/보관하는 경우가 있다.
- **레벨 3:** 모든 시스템을 안전하게 끌 수 있고(일명 라이트스위치옵스) 이에 대한 정기적인 프로세스가 있다. 모든 시스템에서 실행 중인 내용을 알고 있으며 좀비 서비스가

없다. 크기 조정을 위한 프로세스가 존재한다. 불필요한 데이터는 저장하지 않으며 최적의 매체에 유지된다(예: 실시간 쿼리가 필요하지 않다면 테이프에 저장).

- **레벨 4:** 기후 지표를 지속적으로 모니터링한다. 모든 셧다운과 크기 조정은 자동으로 발생하며(버스트 가능 인스턴스와 같은 서비스를 통해) 정기적으로 사용되지 않는 데이터는 자동으로 삭제되거나 아카이브archive로 보관한다.
- **레벨 5:** 범위 3 내재 탄소를 포함해 엄격한 탄소 오류 예산을 가지고 있으며, 모든 리소스 사용량을 추적하고 관리한다.

⑤ 전력 사용

- **레벨 1:** 시스템이 항상 켜져 있고 전기에 대해 생각하지 않는다.
- **레벨 2:** 친환경 지역에 호스팅하거나 재생에너지를 구매한다.
- **레벨 3:** 최소한 시스템의 일부는 친환경 전기 가용성에 따라 동적으로 관리된다(직접 관리하거나 클라우드 서비스를 통해).
- **레벨 4:** 모든 시스템은 에너지 데이터를 기반으로 수요 이동과 형성을 지원한다.
- **레벨 5:** 엄격한 탄소 오류 예산으로 24/7 CFE를 실행한다.

⑥ 최종 사용자 기기의 내재 탄소 낭비 최소화

- **레벨 1:** 최종 사용자 기기에 대한 수명 목표가 없다.
- **레벨 2:** 기기 수명에 대한 임시 목표가 있다.
- **레벨 3:** 가장 일반적으로 사용되는 기기(90% 이상)의 10년 된 하드웨어의 소프트웨어 지원을 위한 프로세스가 정의되어 있다.
- **레벨 4:** 자동화된 프로세스를 통해 95% 이상의 기기에 대해 10년 된 하드웨어를 소프트웨어가 지원한다.
- **레벨 5:** 자동화된 프로세스를 통해 이전 버전과의 호환성을 보장하고 모든 장치에 대해 보안 패치가 적용된다(즉, 소프트웨어로 인해 기기의 동작이 멈추는 일은 일어나지 않는다). 테세우스의 배Ship of Theseus와 같이 영원히 지속되는 기기를 지원한다(이는 EU로 수입되는 상품에 대한 미래의 잠재적 요구사항이다).

테세우스의 배는 고전적 사고 실험의 주제로 유명한데, 어떤 사물의 모든 구성 요소가 새로운 것으로 교체되더라도 그것이 여전히 근본적으로 동일한 사물인지에 대한 것이다. 철학은 차치하고, 지속적인 유지 관리와 보수는 낭비를 최소화함으로써 내재된 탄소를 최소화하기 위한 방법이다. 우리가 사용하는 기기를 의미 없이 버릴 수 있는 것이 아니라 소중하고 보존할 가치가 있는 것, 예를 들어 테세우스의 배처럼 취급해야 한다.

7 서버

- **레벨 1:** 서버 활용 목표가 없다.
- **레벨 2:** 일부 시스템에서 활용도를 높이기 위해 멀티테넌시를 사용한다.
- **레벨 3:** 활용 목표를 정의하고 추적한다. 모든 시스템은 어떤 형태로든 멀티테넌시를 사용하며 실행 중인 모든 서버의 기대 수명은 5년이다.
- **레벨 4:** 자동화된 프로그래밍 방식의 오케스트레이션을 사용해 모든 서버에 대해 최적의 활용도를 달성한다. 사용하는 모든 서버의 기대 수명은 10년이다.
- **레벨 5:** 휴대폰, 노트북, 스마트 의류, 냉장고 등 최종 사용자 기기와의 완전한 전력망 인식 통합grid-aware integration을 통해 하드웨어 사용을 최소화한다.

8 제품 관리

- **레벨 1:** 제품 관리 팀은 탄소에 대한 인식이 없다.
- **레벨 2:** 탄소 인식이 제품 설계의 일부를 구성한다.
- **레벨 3:** 모든 신제품 설계는 수요 이동/형성을 지원하며 린 개념을 따른다. 최종 사용자 기기는 친환경/비수요 시간대 충전을 묻는 메시지를 표시하며 필요 이상의 데이터는 저장하지 않는다.
- **레벨 4:** 탄소 배출량은 기능별로 추적된다. 기능 사용이 모니터링되고 사용량이 적거나 탄소 ROI가 낮은 기능은 폐기된다.
- **레벨 5:** 시스템의 모든 개별 기능이 범위 1, 2, 3 탄소 오류 예산 측면에서 추적된다.

9 교육

- **레벨 1:** 모든 친환경 기술 교육은 임시방편으로 개인이 독자적으로 학습한다.

- **레벨 2**: 모든 소프트웨어 실무자를 위한 친환경 소프트웨어 개념에 대한 기본 교육을 제공하고 필요하면 고급 과정의 교육도 지원한다.
- **레벨 3**: 모든 엔지니어와 제품 관리자PM에게 고급 과정 교육을 필수적으로 제공한다.
- **레벨 4**: 플랫폼의 모든 것이 기본적으로 친환경적이기 때문에 대부분의 경우 기본 교육으로 충분하다.
- **레벨 5**: 달성한 내용에 대해 다른 사람들을 교육한다.

12.3 우리의 현재 위치는?

냉정하게 보면 대부분은 현재 친환경 소프트웨어 성숙도 매트릭스 1단계에 있으며 이후의 단계로 더 나아가야 한다. 이는 역설적으로 가장 큰 성과가 우리 눈앞에 있음을 의미한다. 사용하지 않는 서버를 끄는 것과 같이 레벨 1에서 레벨 2로 올라서기 쉬운 방법을 실천하면 온실가스 배출량을 즉시 절반으로 줄이고 비용을 절약하며 시스템의 보안을 강화할 수 있다. 그러니 지금 바로 시작해보자!

'당황하지 마세요!'

—더글러스 애덤스Douglas Adams, 《은하수를 여행하는 히치하이커를 위한 안내서》

더글러스 애덤스의 인용구는 어쩌면 이 책의 표지에 넣어야 했을지도 모른다. 왜냐하면 우리는 비관론자가 아니기 때문이다. 우리는 인류가 기후변화에 적응하고 이를 완화하며 생존하고, 나아가 새로운 재생에너지원을 기반으로 번영할 것이라고 믿는다. 하지만 모든 기업이나 조직 또는 소프트웨어 시스템이 그렇게 할 수는 없을 것이다. 흔히 말하듯 적응하지 못하면 도태될 수밖에 없다.

다행히도 소프트웨어 업계가 깨어나기 시작했다. 5년 전만 해도 기술 콘퍼런스에서 친환경 소프트웨어에 대해 논의하는 것은 논란의 여지가 있었다. 왜냐하면 이 주제가 '정치적'으로 여겨졌기 때문이다. 하지만 지금은 친환경 소프트웨어 채택이 실용적이지 않다고 생각한다면 시대에 뒤떨어진 것이다.

이 책의 목적은 실용적인 것이다. 과거의 신뢰할 만하고 기술적으로 성숙하지만 탄소 집약적인 화석연료 기반 전력망에서 미래의 새로운 재생에너지 기반 전력망으로의 전환을 잘 처리할 수 있는 시스템을 구축하는 데 도움이 되고자 한다. 이러한 시스템은 하드웨어를 보다 효율적으로 사용해야 한다.

덧붙이자면 이 책에서 우리는 기후변화의 현실을 설득하고자 노력하지 않았다. 지난 수천 년 동안의 지구 온도 상승을 보여주는 유명한 하키 스틱 그래프[1]를 보고도 별생각이 없는 독자 라면 이 책을 읽을 필요가 없다.

서두에서 언급했듯이 에너지 전환이 영원히 지속되지는 않을 것이다. 태양광, 풍력, 원 자력, 배터리 기술은 결국 원활하게 함께 작동하여 지금보다는 더 많은 청정 에너지를 더 저렴하게 사용할 것이다. 이 미래는 우리가 예상하는 것보다 더 빨리 도래할 것이다. 그러나 당분간은 수 세기 동안 의존해온 에너지원에서 완전히 새로운 에너지원으로의 전환이 이루어져야 한다.

솔직히 말해서 인간은 화석연료 사용에 능숙하다. 재생에너지에 대해서도 화석연료와 동일한 수준의 효율성에 도달하려면 수십 년이 걸릴 것이다. 이는 전기의 소비자인 우 리가 도움을 주어야 한다는 것을 의미한다.

13.1 왜 우리가 해야 하는가?

기술 산업과 여기서 사용하는 전력 사용이 기후변화에 가장 큰 영향을 미치는 요인은 아니며 농업, 제조업, 운송업, 건설업처럼 탈탄소화하기에 어려운 분야도 아니다.[2] 데이 터 센터가 사용하는 전기는 전체 화석연료 에너지 사용량의 단지 몇 퍼센트 정도만 차 지할 뿐이다.[3] 그러나 기술 기업이 제조하는 모든 휴대폰과 기타 기기의 탄소 발자국을 고려하면 기술 산업계가 미치는 영향은 더욱 커진다.[4]

기술 산업이 기후 위기의 주범은 아니지만, 그렇다고 책임이 전혀 없는 것도 아니다. 모 든 산업은 탄소 배출량을 줄여야 하며 기술 산업도 예외는 아니다. 여기에는 어떤 마법 같은 해결책도 없다. 한두 개 부문만 해결한다고 해서 문제가 해결되는 것도 아니다. 우 리 모두 직간접적인 배출량을 거의 0에 가깝게 줄여야 한다.

---

1   https://oreil.ly/Ole2s
2   https://oreil.ly/1gCCj
3   https://oreil.ly/zmmax
4   https://oreil.ly/ck2h-

사회적 책무 외에도 상업적인 이유도 존재한다. 기술 산업은 전력으로 운영되며, 전력 시장은 혁명을 겪고 있다. 언제라도 가용한 화석연료 전력이 가변적이지만 저렴한 재생에너지로 대체되고 있다. 배터리와 원자력은 바람이나 태양광이 부족할 때 어느 정도 백업 전력을 제공할 수 있지만, 이로 인해 전반적인 전력 비용은 크게 늘어날 수 있다.

친환경으로 전환하는 것은 단순히 기후변화에 맞서 싸우는 것뿐만 아니라 새로운 세상에 적응하는 것이기도 하다. 저탄소 전력을 위해 수요 이동과 조절을 할 수 있도록 설계된 시스템은 훨씬 저렴하고 무료 전력의 혜택을 누리는 것도 가능하다. 이는 이미 현실이 되고 있으며, 이 새로운 에너지 환경을 효과적으로 활용할 수 있는 기업이 번영할 것이다.

전력은 당근으로 사용되지만 채찍의 역할을 할 때도 있다. 이 책이 출판될 무렵에는 유럽연합EU이 탄소국경조정제도Carbon Border Adjustment Mechanism, CBAM라는 새로운 규정을 도입할 것으로 예상된다.[5, 6] CBAM은 EU로 수입되는 상품과 EU 국가의 시민에게 제공하는 서비스에 관세를 부과한다. 이 관세는 상품과 서비스 생산 과정에서 직간접적으로 배출되는 온실가스와 관련이 있다.

초기에는 철강, 석탄과 같은 심각한 오염 산업에만 이러한 수입 규정을 적용하지만, 향후 모든 상품과 서비스에 적용한다. 미래에 EU 시장에 접근하려면 범위 1, 2, 3 배출량에 대한 정확한 수치를 가지고 있어야 하며, 그것에 대한 상당한 양의 관세를 납부해야 할 것이다. 기술 기업들이 EU의 GDPR을 채택해야 했던 것과 같은 방식으로 CBAM 역시 준수해야 할 것이다. 다른 점이라면 CBAM 준수가 훨씬 더 어렵다는 점이다.

GDPR(General Data Protection Regulation)은 EU 지역의 사용자에 대한 데이터를 수집하는 모든 경우에 적용된다. 2018년 5월에 발효되었으며 그 직전에는 전 세계 기업이 이를 이해하고 준수하는 데 혼란이 일어나 자칫 잘못하면 막대한 벌금을 물 수도 있었다.

여기서 얻을 수 있는 교훈은 EU가 영향력을 행사하는 방법을 알고 있으며 경험 또한 충분하다는 것이다. EU의 관심은 이제 온실가스 배출에 있다. 배출 기준이 낮은 비EU 국가의 기업이 EU 기업보다 더 높은 가격 경쟁력을 갖추는 것을 허용하지 않을 것이다.

---

5   https://oreil.ly/r3YfW
6   [옮긴이] 2025년 1월 기준 6개 품목(알루미늄, 시멘트, 전기, 비료, 수소, 철강)에 대한 탄소 배출량 보고를 해야 하며, 2026년 1월부터 6개 품목에 대해 본격적으로 국경 탄소세를 부과한다. 2030년에는 전체 품목으로 확대될 예정이다. https://en.wikipedia.org/wiki/EU_Carbon_Border_Adjustment_Mechanism

문제는 이것이 어려운 일이라는 점이다. 친환경으로 전환하는 것은 기술 기업이 직면한 가장 어려운 과제다. 많은 기업은 12장에서 다룬 친환경 소프트웨어 성숙도 매트릭스 GSMM의 레벨 1에서 레벨 5까지 도달하는 데 족히 10년은 걸릴 것이다. 문제는 EU의 유예 기간 역시 기껏해야 10년 정도 혹은 그보다 더 짧을 수도 있다는 점이다.

13.2 매트릭스를 통한 이동

12장에서는 GSMM에 따라 어떻게 단계별로 전환할 수 있는지 살펴봤다. 대부분의 경우, 이는 레벨 1(효율적이고 수요 형성과 이동 가능한 시스템을 거의 시작하지 않은 상태)에서 출발해 레벨 5(탄소 없는 전력으로 24시간 연중무휴 운영 가능한 시스템)까지 도달하는 것을 의미한다.

레벨 5 달성은 장기 프로젝트다. 새로운 도구와 친환경 플랫폼을 개발할 수 있는 충분한 시간을 제공하기 위해 이를 점진적으로 진행해야 한다. 그러나 레벨 2 또는 3에 도달하기 위한 작업은 즉시 시작할 수 있다. 이를 위해서는 이미 사용 가능한 운영 도구만 있으면 된다.

우리가 조금만 노력을 집중하면 대부분의 경우 6개월 이내에 기존 시스템의 탄소 배출량을 절반으로 줄일 수 있을 것이라고 믿는다. 이것이 성숙도 매트릭스 레벨 1과 레벨 2에 해당하는 조직(즉, 거의 모든 조직)에게 주어진 과제다.

13.2.1 친환경 소프트웨어 50% 도전

일반적인 가정용품을 사용하여 어떻게 배출량을 절반으로 줄일 수 있는가?

아직 존재하지도 않고 값도 비싼 도구를 사용하지 못하더라도 현재 우리가 형편없다고 생각하는 초능력(우리 의견으로는 매우 과소평가된 초능력)을 발휘하면 배출량을 50%까지 빠르게 줄일 수 있다.

GSMM 레벨 1이 좋은 점은 적은 노력으로도 큰 효과를 볼 수 있다는 점이다. 배출량을 빠르게 줄이기 위한 비교적 손쉬운 옵션 몇 가지를 소개한다.

- 아무것도 하지 않는 (또는 거의 하지 않는) 좀비 서버를 발견하고 셧다운하라. 4장에서 논의했듯이 이것만으로도 VMWare는 싱가포르의 한 데이터 센터에서 배출량을 66% 절감했다.
- 모든 서버에 대해 일회성으로 라이트사이징 작업을 수행하라. 리소스는 처음부터 과도하게 할당되는 경향이 있기 때문이다.
- 저녁과 주말에는 테스트 시스템 가동을 중단하라.
- 클라우드는 극도의 멀티테넌시 때문에 사용 전력량이 자체 데이터 센터가 사용하는 양보다 적다. AWS의 주장에 의하면 평균적인 미국의 데이터 센터보다 3.4배, 유럽의 데이터 센터보다는 5배 더 에너지 효율적이라고 한다.[7] 전부는 아니더라도 서비스의 일부를 클라우드로 옮기기를 바란다. (참고: 클라우드가 아닌 호스팅 제공 업체에게 더 효율적이 되도록 요청할 수도 있다. 6개월 이내에 성과를 거두기는 어렵겠지만, 공용 클라우드를 사용하지 않으려면 장기적인 관점에서 접근해야 한다.)
- 이미 클라우드를 사용 중인 경우 인스턴스 유형을 검토하라. 스폿 또는 버스트 가능 인스턴스와 자동 확장을 사용하라.
- 현재 많은 클라우드에서 좀 더 효율적인 ARM 칩을 기반으로 하는 인스턴스를 제공하고 있다(예: 동일한 서비스에 대해 최대 60%의 탄소 배출 감소를 주장[8]하는 AWS의 그래비톤).

클라우드 전문가인 피니 레즈닉은 자신의 경험에 비추어볼 때 "평균적인 클라우드 시스템은 운영 튜닝과 최적화 모범 사례대로만 해도 리소스 소비와 비용을 최대 50%까지 줄일 수 있다"라고 말했는데, 이는 심지어 ARM 프로세서 이전의 상황이다. 비교적 간단하게 할 수 있는 데 비해 효과는 지대한 작업이다.

동일 조건에 대한 호스팅 비용의 감소를 통해 달성한 감축 규모를 측정할 수 있다. 호스팅 비용을 통해 배출량을 계산하는 것은 대략적인 추정이지만, 이 단계에서는 이것만

---

7   https://oreil.ly/D9mha
8   https://oreil.ly/88Xoq

으로도 충분히 유용하며 설명과 추적이 용이하다. 복잡한 도구가 필요 없다! 이렇게 하는 것만으로도 많은 돈을 절약하고 성숙도 매트릭스 레벨 2에 도달할 수 있다.

호스팅 비용은 배출량 측정 기준으로 완벽하지는 않지만, 진행 상황을 추적하고 전년 대비 변화를 확인할 수 있는 지표다. 9장에서는 다른 가능한 대체 지표에 대해서 알아봤다.

'동일 조건' 비교는 방문자 수 또는 주문 수를 기준으로 할 수 있다. 이미 '동일 조건' 보고에 사용하고 있는 항목이 있다면 그 항목을 사용해야 한다. 아직 이런 비교를 하고 있지 않다면 소매업 분야를 참고하자. 소매업에서는 연중 시기 등 다양한 요소를 고려한 '동일 매장 매출'이 보편적인 지표다.

호스팅 비용 절감은 실제로 이를 달성하기 위한 작업이 더 필요하기 때문에 직접적인 비용 절감은 아니지만 배출량 감소로 이어진다.

레벨 1에서 레벨 2로의 이행에는 정기적인 자동 감사, 라이트사이징, 사용하지 않는 리소스의 정리 등을 자동화보다는 수작업으로 하는 것을 목표로 해야 한다. 자동화할 수 있다면 더 좋겠지만 걷기도 전에 뛸 수는 없다. 자동화는 성숙도 매트릭스의 더 높은 단계에서 이루어져야 한다. 볼테르Voltaire가 말했듯이 '완벽은 선의 적The perfect is the enemy of the good'이다. 수작업으로 시작하지만 결국 자동화할 것이다.

13.2.2 다음 단계는?

이미 사용 중인 범용 도구와 서비스 중에 어떤 것들은 운영 비용을 절감해주기 때문에 이미 친환경적이라고 볼 수 있다. 일부 클라우드 서비스처럼 규모가 방대하여 코드 효율성이 높다든지, 서버리스처럼 뛰어난 머신 효율성을 제공한다든지, 스팟 인스턴스처럼 수요 이동을 지원한다. 이러한 플랫폼과 서비스를 사용하는 것이 바람직하다.

이미 존재하는 친환경 플랫폼이 대부분 클라우드상에서 실행된다는 것을 눈치챘을 것이다. 제프 베이조스Jeff Bezos가 사회 정의 구현을 위한 비밀 요원이라서 AWS가 친환경 플랫폼을 실행하는 것이 아니라 효율성이 운영 비용의 절감, 친환경과 관련 있기 때문에 그렇게 하는 것이다. 즉, 대규모 호스팅 서비스는 효율성을 높임으로써 엄청난 이득을 얻는다. 효율성을 달성하기 위한 노력을 기울여야 하는 제공 업체가 얻게 되는 보상은 오픈소스 도구를 통해 얻는 보상보다 훨씬 더 큰데, 오픈소스 도구도 결국 클라우드 비용을 지불해야 하기 때문이다.

 우리는 결과주의자다. 코드가 탄소 효율적인 동기나 배경에는 관심이 없다. 탄소 효율적인지 여부만 중요하다. 서론에서 말했듯이 이 책은 여러분의 영혼에 관한 것이 아니라 지구에 관한 것이다. 이산화탄소 분자를 대기 중으로 방출한 사람이 죄인이건 성인이건 관계없이 기후에 미치는 영향은 동일하다.

기체의 행동은 전적으로 통계에 의해 결정되므로 궁극적으로는 공리주의의 영역이다.

탄소 배출량을 추가로 30% 또는 40% 줄이기 위해 무엇이 필요한지 이미 충분히 알고 있으며, 이와 함께 성숙도 매트릭스 레벨 3의 달성 여부를 확인하기 위해 측정을 많이 할 필요도 없다.

- 호스팅 제공 업체 또는 운영 팀이 탄소 제로 호스팅 목표를 엄격하게 설정했는지 확인하고 클라우드와 비교해 부족하다면 압력을 가하라.
- 시스템이 재생에너지나 원자력 비율이 높은 지역 혹은 전력망에서 호스팅되도록 하라(예: AWS는 현재 19개의 지속 가능성 목표 지역[9]을 보유하고 있다).
- 저탄소 미래를 약속하고 그 약속을 지킬 수 있는 커뮤니티를 보유한 친환경 플랫폼만 선택하라. 필요한 경우 해당 플랫폼으로 전환하라.
- 수요 이동과 조절을 지원하는 아키텍처를 선택하라(즉, 항상 모놀리스는 아님).
- 운영 효율성과 시스템 활용률에 대한 높은 기준을 설정하라. 배출량과 탄소 발자국을 줄이는 가장 좋은 방법은 더 적은 서버를 사용하는 것이기 때문이다. 공용 클라우드는 비교적 매우 효율적이다. 다시 말하지만, 이는 클라우드 업체가 성인군자이기 때문이 아니라 규모와 인센티브 때문이다. 무엇이건 우리에겐 상관없다. 대부분의 경우 공용 클라우드로 이동하고 서비스를 잘 활용하면 배출량을 크게 줄일 수 있다('리프트 앤드 시프트'는 어느 정도 효과가 있지만, 그 이상으로 나아가야 한다).
- 탄소 인식을 위한 수요 형성과 이동을 지원하도록 설계하라.

---

9 https://oreil.ly/80_l3

- 린 접근 방식을 취하고 불필요한 작업을 줄여라. 필요 없는데 미리 구축하고 저장하지 말라.
- 최종 사용자 기기에서 작동 중인 소프트웨어가 이전 버전과의 호환성 부족 또는 보안 패치 부재로 인해 치명적인 영향을 받지 않도록 하라.
- 시스템에 기본 성능 메트릭을 구축하고 최소한 기본적인 성능 분석을 수행하라. 발견된 심각한 병목현상을 해결하라(틀림없이 발견될 것이다). 이러한 병목현상은 속도를 늦추고 돈을 낭비하며 온실가스를 배출하는 버그일 뿐이다. 3장에서 언급했듯이 성능은 탄소 배출량을 잘 보여주는 지표일 때가 많다.
- 레벨 1에서 수행한 라이트사이징을 자동화하고 필요하다면 더 이상 사용되지 않는 시스템을 끌 수 있도록 라이트스위치옵스를 고려하라. 이를 위해서는 거의 사용되지 않는 서버를 찾아낼 수 있는 간단한 메트릭이 필요하다.
- 항상 실행해야 하는 코드는 효율적으로 작성하라.

친환경 플랫폼은 여기에서 핵심이 된다. 코드 효율성은 어렵고 비용이 많이 들 수 있다. 대부분의 경우 코드 효율성은 직접 구현하기보다는 도구나 플랫폼이 그렇게 되도록 요구해야 한다(성능 병목을 초래하는 명백한 버그의 수정은 제외). 공급 업체에게 친환경 플랫폼을 요구해야 하며, 그들이 이런 요구를 수용하지 않으려고 한다면 이 요구사항을 수용할 의향이 있는 공급 업체로 전환해야 한다.

시스템을 친환경화하는 이 단계는 측정하기가 더 어렵긴 하지만 가능하다. 모든 공용 클라우드 제공 업체는 현재 기본적인 탄소 발자국 도구를 제공한다(9장에서 자세히 다루었다). 클라우드를 사용하지 않는 경우 호스팅 공급 업체에 탄소 발자국 정보 제공을 요청해야 한다. 데이터 없이도 조치를 취할 수 있지만 다소 불확실하게 진행될 것이며, 장기적으로 EU에서 사업을 하려면 데이터가 필요할 것이다.

여기까지 성공적으로 도달했다면 친환경 소프트웨어 성숙도 매트릭스 레벨 3에 거의 도달한 것이다.

13.2.3 모든 것에는 때가 있다

이 단계에서는 측정 및 튜닝 시스템과 성숙도 매트릭스 레벨 4, 5에 도달하는 것에 대해 이야기할 수 있지만, 이 책의 독자 대부분에게 그리 큰 도움이 되지 않을 것이므로 생략한다. 레벨 2 또는 레벨 3에 도달하는 것만으로도 엄청난 성과다.

 이 책의 2판이 나온다면 성숙도 매트릭스 레벨 4, 5에 도달하는 방법도 다룰 것이다. 그때까지는 유용한 도구와 플랫폼이 나올 것이다. 현재로서는 모든 것을 맞춤형 방식으로 진행해야 한다.

공급 업체로부터 얻은 배출량 데이터를 사용 가능하도록 전처리하는 작업은 시간이 걸린다. 이 작업을 이미 완료한 상태라면 자동화를 해야 한다. 자동화까지 다 완료한 상태라면 책을 써야 할 사람은 바로 여러분 자신이다.

라이트사이징이나 운영 상태를 양호하게 유지하며 자동화하는 것 대신 코드를 분석하고 효율적으로 수정하는 작업을 먼저 하는 것은 시간 낭비다. 앞서 언급했듯이 친환경 소프트웨어를 위해서는 운영을 효율적으로 하는 것이 코드를 효율적으로 작성하는 것보다 더 중요하다. 예를 들어 3년에 걸쳐 모놀리스를 최적화하여 CPU와 메모리 사용량을 95% 이상 줄인다고 해도, 서버를 그대로 사용하면 탄소 발자국은 별 차이가 없다. 즉, 효율적으로 운영하지 않으면 다른 노력은 낭비에 불과할 수 있다.

운영 효율성, 기본 성능 테스트와 비용 절감, 수요 형성과 이동 가능한 아키텍처를 우선순위에 두고 이 모든 것이 이루어진 후에 코드 효율성을 높이도록 해야 한다(이것도 친환경 플랫폼을 통해 달성하면 이상적이다).

13.3 비용은?

빌 게이츠는 《빌 게이츠, 기후재앙을 피하는 법》(김영사, 2021) 에서 '친환경 프리미엄'에 대해 논하는데, 이는 친환경으로 전환하는 비용을 말한다. 이것을 0으로 줄여야 한다. 다행히도 기술 기업의 호스팅 비용에는 친환경 프리미엄이 부과되지 않는다. 친환경으로 전환하면 시스템 수와 전력 사용량을 줄이고 비용을 절약할 수 있다. 실제로 11장에서 논의했듯이 핀옵스(시스템 운영 비용 최소화)는 온실가스 배출량을 줄이는 데 매우 효과적이다. 친환경으로 전환하면 비용을 절약할 수 있다.

그렇다고 해서 기술 분야가 무조건 친환경으로 전환해야 하는 것은 아니다. 접근 방식에 따라 잠재적 위험 요소가 있다. 특히 러스트나 C로 시스템을 재구현하는 것과 같이 코드를 고도로 효율적으로 구현하고자 하면 개발자 생산성이 낮아질 수 있다. 이런 경우에 많은 작업이 필요하기 때문에 기회 비용이 발생한다.

코드 효율성에 주된 초점을 두는 접근 방식이 개발 속도를 저해한다면 친환경 이니셔티브가 흔들릴 수 있다. 불확실한 세상에서 빠르게 대응할 수 있는 능력은 누구도 포기하지 않을 것이다. 우리 저자들도 여러분이 그런 능력을 포기하지 않기를 원하며, 코드 효율성을 친환경 소프트웨어의 올바른 정의라고도 생각하지 않는다.

우리는 친환경 소프트웨어를 완전히 다르게 정의한다.

13.4 모든 것!

친환경은 이제부터 모든 소프트웨어가 갖춰야 할 속성이다. 틈새시장이 아니다. 따라서 모든 요구사항을 충족해야 한다. 개발자는 생산적이어야 한다. 또한 시스템은 뛰어난 복원력, 안정성, 안전성을 기반으로 성능이 뛰어나고 확장 가능해야 한다. 이 모든 것을 다 갖춰야 한다.

이 책의 앞에서 그린 소프트웨어를 탄소 효율적이고 탄소를 인식하는 소프트웨어로 정의했지만, 이는 부분적으로만 정확한 정의다. 그린 소프트웨어의 진정한 정의는 탄소를 인식하고 효율적일 뿐만 아니라 현재의 모든 요구사항을 충족하는 소프트웨어다.

이 책에서 종종 '운 좋게도 친환경 소프트웨어를 사용하면 모든 것을 얻을 수 있다!'라고 말하는 것처럼 들렸을지 모르겠다. 놀랍겠지만 실제 우리가 의도한 바도 그렇다. 하지만 이는 운이 좋은 것은 아니다. 우리가 이러한 모든 요구사항을 충족할 수 있는 친환경 소프트웨어를 다루는 것은 그것을 보편적으로 채택해야 하기 때문이다.

물리적으로는 앞서 언급한 배출량을 줄이기 위한 요구사항에 대한 기대치를 줄일 수 있다. 예를 들어 안정성을 포기하면 이에 대한 요구사항을 최소한 절반까지 줄일 수 있다. 효율성을 10배 또는 100배 높이기 위해 C 언어로 코드를 다시 작성할 수 있지만, 개발자 생산성은 떨어질 것이다. 반면 여러분의 코드를 태양광 전력이 가용할 때만 실행할 수도 있을 텐데, 이 경우에는 세상에서 가장 긴 지연시간을 감수해야 할 수도 있다. 하지만 여러분의 상사는 이것을 별로 달가워하지 않을 것이다.

 안정성, 성능 또는 개발자 생산성을 낮춰야 하는 상황이 발생할 수 있다. 이 경우 앞서 언급한 옵션이 매우 효과적이겠지만 일반적인 것은 아니다.

근본적으로 친환경 전략을 대규모 비즈니스에 적용할 수 없다면 그것은 친환경이 아니라 희망과 선의에서 출발한 그린워싱의 한 형태일 뿐이다.

13.5 그렇다면 어떻게 해야 할까?

다행히 기술 산업은 친환경으로 전환하는 데 드는 대부분의 비용을 피할 수 있는 유리한 위치에 있다. 나아가 배출량을 줄이는 동시에 다른 모든 목표에 대한 성과를 향상시킬 수 있다. 이 모든 것이 가능하다! 어떻게 그것이 가능할까? 지난 10년 동안 우리가 놀라운 발전을 이룬 것과 같은 방식인데, 바로 코드를 재사용하는 것이다.

13.5.1 코드 재사용

작성하기 어려운 고효율 코드 또는 유지 관리가 어려운 하드웨어 효율적인 멀티테넌시 플랫폼의 경우, 많은 사람들이 반복적으로 사용할 수 있어야만 투자할 만한 가치가 있고 코드가 제대로 동작하게 될 것이다. 프로덕션 환경에서의 테스트는 언제나 중요하다. 기술 산업에서 이것이 의미하는 바는 오픈소스 혹은 서비스, 특히 초대규모로 제공되는 서비스 중 하나를 의미한다.

보안 전문가들은 '암호화 코드를 자체적으로 구현하지 말라'고 조언한다.[10] 보안 설계를 올바르게 하는 것은 매우 어렵기 때문이다. 우리가 직접 암호화 코드를 작성하지 않지만 다양한 보안 및 암호화 제품과 서비스를 사용해 보안을 유지하고 있다. 이러한 도구와 플랫폼이 안전할 것이라는 높은 기대치가 없다면 그것을 사용하지 않을 것이다.

자신의 역할을 잘 수행하는 도구를 사용하면 보안 외에도 개발자 생산성, 확장성, 성능, 복원력을 얻을 수 있다(이러한 요소는 보안 도구 또는 서비스에도 필요한 요구사항이다).

이제 우리는 탄소 효율성 및 인식과 관련해서도 플랫폼에 이와 동일한 기대치를 가질 수 있어야 한다. 확장성, 사용 편의성, 보안, 복원력, 성능분만 아니라 탄소 효율성 및 인식도 필요하다. 이 모든 것을 저렴한 비용으로 이용할 수 있어야 한다.

이러한 것들은 충분히 달성할 수 있다. 우리는 이 모든 것을 제공하는 친환경 플랫폼을 요구해야 한다. 요구하지 않으면 얻을 수 없다.

13.6 그렇다면 친환경 소프트웨어란 무엇인가?

친환경 소프트웨어는 단순히 탄소 효율적이고 탄소를 인식하는 소프트웨어만은 아니다. 그것이 다가 아니라는 뜻이다. 저탄소 또는 탄소 제로는 필요하지만 이것만으로는 충분하지 않다.

친환경 소프트웨어는 저렴하고, 복원력이 뛰어나고, 안전하고, 성능이 뛰어나고, 확장 가능해야 하며 개발자에게는 생산성을 높여줘야 한다. 친환경 소프트웨어가 세상을 변혁하려면 이 모든 것을 갖춰야 한다. 이는 모든 것을 가능하게 하는 도구와 서비스를 요구해야 한다는 것을 의미한다. 우리에게는 그러한 친환경 플랫폼이 필요할 뿐만 아니라 우리 스스로가 반드시 친환경 플랫폼을 사용해야만 한다. 쉽지는 않겠지만, 그것만이 친환경이 되는 길이다.

---

10 https://oreil.ly/tNNmq

13.7 에필로그

우리 각자에게는 해야 할 좋은 일이 많으며 우리는 그것을 시작해야 한다.

—웬델 베리Wendell Berry

드디어 끝났다고 만세를 부를지 모르겠지만 아직 완전히 끝난 것이 아니다. 이 책 전체를 관통하는 주제는 탄소다. 그러나 우리는 다른 환경 요소의 영향도 무시할 수 없다. 물 공급(특히 깨끗한 물), 플라스틱 오염, 하드웨어용 귀금속 채굴로 인한 생태계 파괴 등을 예로 들 수 있다. 대규모 언어 모델과 같은 최신 기술은 학습과 운영에 엄청난 양의 데이터 센터를 필요로 하여 물 문제가 많은 관심을 받기 시작했다. 하지만 다른 분야에 대한 관심은 여전히 부족한 실정이다. 여러분은 이런 분야에 참여할 수 있다.

우리 기술 전문가들은 문제 해결을 잘하기로 유명하니, 지금까지 다루지 않은 모든 문제에 대한 대화의 물꼬를 트는 데 여러분의 도움이 필요하다. 이 책을 읽는 것은 단지 시작일 뿐이다.

다음에 또 만날 때까지 작별 인사를 전한다! 지구 방위 기술자들Techies for the Planet에 대한 사가saga는 이 책 2판에서 계속될 것이다!

i   Jens Malmodin and Dag Lundén, "The Energy and Carbon Footprint of the Global ICT and E&M Sectors 2010–2015," *Sustainability* 10, no. 9 (2018): 3027, https://oreil.ly/k88lj

ii "Average Lifespan (Replacement Cycle Length) of Smartphones in the United States from 2013 to 2027", Statista, accessed January 16, 2024, https://oreil.ly/zZhpE

iii "Alphabet Announces Fourth Quarter and Fiscal Year 2022 Results", Alphabet Investor Relations, February 2, 2023, https://oreil.ly/J5T4C

iv "Amazon.com Announces Fourth Quarter Results", Amazon, February 3, 2022, https://oreil.ly/CJETs

v   Gordon E. Moore, "Cramming More Components onto Integrated Circuits", orig. pub. in *Electronics* 38, no. 8 (April 19, 1965), The Wayback Machine, accessed January 16, 2024, https://oreil.ly/Wf1xv

vi Wassen Mohammad, Adel Elomri, and Laoucine Kerbache, "The Global Semiconductor Chip Shortage: Causes, Implications, and Potential Remedies," *IFAC-PapersOnLine* 55, no. 10 (2022): 476–483, https://oreil.ly/p3wbr

vii "Intel® QuickAssist Technology—Envoy TLS Acceleration with Intel® QAT Solution Brief," Intel, January 27, 2023, https://oreil.ly/Au4x9

viii Bahram Rashidi, "Efficient and High-Throughput Application-Specific Integrated Circuit Implementations of HIGHT and PRESENT Block Ciphers," *IET Circuits, Devices & Systems* 13, no. 6 (September 2019): 731–740, https://oreil.ly/ldO7a

ix Sara Bergman, Mikael Asplund, and Simin Nadjm-Tehrani, "Permissioned Blockchains and Distributed Databases: A Performance Study," *Currency and Computation Practice and Experience* 32, no. 12 (2020), https://oreil.ly/jkOYf

x   "What Is E-waste?" StEP, accessed January 16, 2024, https://oreil.ly/zw70N

xi Olanrewaju S. Shittu, Ian D. Williams, and Peter J. Shaw, "Global E-Waste Management: Can WEEE Make a Difference? A Review of E-Waste Trends, Legislation, Contemporary Issues and Future Challenges", *Waste Management* 120, no. 1 (February 2021): 549–563, https://oreil.ly/ubO35

xii "UN Report: Time to Seize Opportunity, Tackle Challenge of E-Waste", UN Environment Programme, January 24, 2019, https://oreil.ly/6XRre

xiii Ibid.

xiv "Cleaning Up Electronic Waste (E-Waste)", EPA, updated November 15, 2023, https://oreil.ly/yv9gU

xv "Right to Repair: Commission Introduces New Consumer Rights for Easy and Attractive Repairs", European Commission, March 22, 2023, https://oreil.ly/E8qrq

xvi Divya J. Shekhar, "Right to Repair: When Can We Stop Shopping and Start Repairing?" *Forbes India*, May 3, 2023, https://oreil.ly/KRnKS

xvii Jennifer Switzer, Gabriel Marcano, Ryan Kastner, and Pat Pannuto, "<Junkyard Computing: Repurposing Discarded Smartphones to Minimize Carbon", arXiv, October 25, 2022, https://oreil.ly/eE_7w

xviii   "Climate Change and Energy Management", TSMC, accessed January 16, 2024, https://oreil.ly/kl_Xs

xix   "Steadfastly Committed to a Sustainable Future", Intel, accessed January 16, 2024, https://oreil.ly/zbYSY

xx   "Intel Resale Corporation", Intel, accessed January 16, 2024, https://oreil.ly/LYiDl

xxi   "Building the Future of Computing", Arm, accessed January 16, 2024, https://oreil.ly/aQdPT<Building the Future of Computing>, Arm, accessed January 16, 2024, https://oreil.ly/aQdPT

xxii   "Our Sustainability Vision", Arm, accessed January 16, 2024, https://oreil.ly/BQ8f_

xxiii   "Environment", Apple, accessed January 16, 2024, https://oreil.ly/BA2Wi

xxiv   Brad Smith, "Microsoft Commits to Achieve 'Zero Waste' Goals by 2030", *Official Microsoft Blog*, August 4, 2020, https://oreil.ly/_77RY

xxv   "End-of-Life Management and Recycling", Microsoft, accessed January 16, 2024, https://oreil.ly/HQHkZ

xxvi   "Microsoft Certified Refurbished", Microsoft, accessed January 16, 2024, https://oreil.ly/PAUxz

xxvii   A. M. Turing, "Computing Machinery and Intelligence", *Mind* 49 (1950): 433–60, https://oreil.ly/kcDul

xxviii   "AI and Compute", OpenAI, accessed May 16, 2018, https://oreil.ly/BO63Q

xxix   Gordon E. Moore, "Cramming More Components onto Integrated Circuits", *Electronics* 38, no. 8 (April 19, 1965), https://oreil.ly/r73lX

xxx   Irene Solaiman, "The Gradient of Generative AI Release: Methods and Considerations", *FAccT '23: Proceedings of the 2023 ACM Conference on Fairness, Accountability, and Transparency* (June 2023): 111–12, https://oreil.ly/mn57W

xxxi   "Transfer Learning and Fine-Tuning", TensorFlow, December 7, 2023, https://oreil.ly/6vs5_

xxxii   Brendan McMahan and Daniel Ramage, "Federated Learning: Collaborative Machine Learning Without Centralized Training Data", Google Research, April 6, 2017, https://oreil.ly/OjVMi

xxxiii   Saif M. Khan, "AI Chips: What They Are and Why They Matter", Center for Security and Emerging Technology, April 2020, https://oreil.ly/vDlNS

xxxiv   Dominik Ruderer, "Infrastructure Solutions: The Power of Purchase Agreements", European Investment Bank, July 12, 2022, https://oreil.ly/60qbQ

xxxv   "Corporate Clean Energy Buying Tops 30GW Mark in Record Year", BloombergNEF, January 31, 2022, https://oreil.ly/LDNJO

xxxvi   "ISO/IEC PRF 21031: Information Technology-Software Carbon Intensity (SCI) Specification", ISO, accessed January 18, 2024, https://oreil.ly/IMkyO

xxxvii   "ISO 14064-1:2018-Greenhouse Gases-Part 1: Specification with Guidance at the Organization Level for Quantification and Reporting of Greenhouse Gas Emissions and Removals", ISO, accessed January 18, 2024, https://oreil.ly/Nslw0

xxxviii   "ISO 14064-2:2019-Greenhouse Gases-Part 2: Specification with Guidance at the Project Level for Quantification, Monitoring and Reporting of Greenhouse Gas Emission Reductions or Removal Enhancements", ISO, accessed January 18, 2024, https://oreil.ly/qt3v2

xxxix   "ISO 14064-3:2019-Greenhouse Gases-Part 3: Specification with Guidance for the Verification and Validation of Greenhouse Gas Statements", ISO, accessed January 18, 2024, https://oreil.ly/SCXzP

xl   Mark Harnas, "Top 5 Cloud Market-Share Leaders: AWS, Microsoft, Google in Q3 2022," CRN, October 28, 2022, https://oreil.ly/vD1jC

찾아보기